HYPNOFORCE

Die Kraft der Hypnose

Das Geheimnis eines erfolgreichen Lebens

Philippe Morando

HYPNOFORCE

Die Kraft der Hypnose

Das Geheimnis eines erfolgreichen Lebens

© SYNAMAIL 1999

Inhalt

Einführung

Kapitel 1. Vorurteile abbauen

Hypnose im Alltag

Vorurteile bekämpfen

Die zehn Gebote der Hypnose

Kapitel 2. Allgemeine Hypnoseverfahren

Die hypnotische Entspannung von Körper und Geist

Entspannung durch richtiges Atmen

Übung Nr. 1: Die Brustatmung

Übung Nr. 2: Die Bauchatmung

Übung Nr. 3: Die bewußte Atmung

Übung Nr. 4: Die leib-seelische Entspannung

Die idealen Bedingungen der Selbsthypnose

Einführung in die hypnotische Entspannung

Methode Nr. 1: Das eigene Erkennen

Methode Nr. 2 oder die Methode der Mönche des Bergs Athos

Methode Nr. 3 oder die Methode des dritten Auges

Methode Nr. 4: Die Klanginduktion

Methode Nr. 5: Die Yogi-Technik

Methode Nr. 6: Die gelbe Blase

Methode Nr. 7: Die Lichtinduktion

Methode Nr. 8: Das Mantra

Methode Nr. 9: Die Raben

Methode Nr. 10: Die schwarzen Fische

Methode Nr. 11: Die zielgerichtete Atmung

Methode Nr. 12: Der Goldstaub

Methode Nr. 13: Die schwarze Wolke

Methode Nr. 14: Der Leuchtpunkt

Methode Nr. 15: Die auditive Entspannung

Die zwei Phasen einer Hypnosesitzung

Kapitel 3. Kraft und Vitalität tanken

Für einen erholsamen Schlaf

Einschlafübung Nr. 1

Einschlafübung Nr. 2

Einschlafübung Nr. 3

Morgens Energie tanken

Belebungsübung Nr. 1

Belebungsübung Nr. 2

Belebungsübung Nr. 3

Kapitel 4. Die Gesundheit stärken

Allgemeine Hypnosetechniken zur Stärkung der Gesundheit

Das Mantra der bewußten Atmung

Die energetisierende Blase zur Vorbeugung gegen Krankheiten

Der reinigende Goldstaub

Fortgeschrittene Hypnosetechniken zur Stärkung der Gesundheit

Die kraftspendende Treppe

Die audiotherapeutische Methode

Kapitel 5. Migräne erfolgreich bekämpfen

Methode zur BEKÄMPFUNG VON MIGRÄNE

Kapitel 6. Schlank werden und schlank bleiben

Die auditive Methode zur Bekämpfung von Gewichtsproblemen

Kapitel 7. Sich von Müdigkeit befreien

Einfache Methoden zur Bekämpfung von Müdigkeit

Erweiterte Methode zur Bekämpfung von Müdigkeit

Kapitel 8. Im Schlaf Erholung finden

Einfache Methoden zur Förderung des Schlafs

In den Schlaf hinübergleiten

Kapitel 9. Alkoholprobleme überwinden

Kapitel 10. Nie mehr oder weniger rauchen

Kapitel 11. Die eigene Persönlichkeit entdecken

Seinen inneren Mut hervorholen

Hypnoseübung zum Wachrufen des eigenen Muts

Das Selbstvertrauen stärken

Methode zum Wachrufen des Selbstvertrauens

Übung zur Stärkung des Selbstvertrauens

Den eigenen Willen stärken

Methode zum Wachrufen des eigenen Willens

Methode zur Stärkung des eigenen Willens

Kapitel 12. Das Gedächtnis stärken

Selbsthypnosesitzung zur Stärkung der Gedächtnisleistung

Kapitel 13. Ängste abbauen

Die psychologische Simulation: der Schlüssel zum Glück

Erkennen Sie Ihre Ängste

Die Methode der Simulation

Die Bewältigung vergangener Situationen

Die Anpassung an zukünftige Situationen

Kapitel 14. Ein erfülltes sexuelles Leben führen

Wecken Sie den Verführer in Ihnen

Die Anziehungskraft des Gesichts

Die Fixierung mit den Augen

Der sinnlich beladene Blick

Die Verführung aus der Ferne

Der Aufbau des inneren Verführers

Die Anrufung der begehrten Frau kraft der Hypnose

Telehypnose mit Hilfe eines Photos

Kapitel 15. Im Beruf erfolgreich sein

Die richtige Einstellung zur Arbeit finden

Arbeitslosigkeit bekämpfen

Mit dem eigenen Beruf zufrieden sein

Methode zur inneren Akzeptanz der eigenen Arbeit

Den Arbeitsplatz wechseln

Methode für eine berufliche Veränderung

(Wieder) Arbeit finden
Methode des positiven Denkens

Kapitel 16. Zu materiellem Wohlstand gelangen

Materieller Wohlstand: eine Frage der Geisteshaltung

Methode zur generellen Steigerung des Wohlstands

Methode zum Erwerb eines bestimmten Guts

Methode für erfolgreiche Geschäftsabschlüsse oder eine erfolgreiche Unternehmensgründung

Kapitel 17. Andere aus der Ferne beeinflussen

Der Mechanismus der Telesuggestion

Die Voraussetzungen einer richtigen Telesuggestion

Der Ablauf einer Telesuggestionssitzung

Der ideale Zeitpunkt einer Projektion

Im Sinne des Ziels handeln

Kapitel 18. In der therapeutischen Regression Hilfe suchen

Ratschläge vor der praktischen Durchführung

Die Regressionssitzung

EINFÜHRUNG

Wenn es Ihnen bisher nicht gelungen ist, Ihre Probleme zu lösen, aber Sie die Hoffnung noch nicht aufgegeben haben, ist dieses Handbuch der Persönlichkeitsentwicklung genau das richtige für Sie.

Glauben Sie mir, es gibt eine sehr wirksame Methode, mit der sich jedes Problem lösen läßt, die Ihnen hilft, Ihre Gesundheit zu stärken, Ihre Ängste zu überwinden, selbstbewußt zu werden, geliebt zu werden oder ein Leben in Wohlstand zu führen. Kurz... eine Methode, die Ihre Persönlichkeit zur vollen Entfaltung bringt.

Diese Methode, von der ich spreche, ist die Hypnose. Noch ist sie Ihnen unbekannt, aber schon in ein paar Stunden, ja Minuten, werden Sie mehr darüber wissen und ihre wohltuende Kraft am eigenen Leib erfahren.

Die Hypnose ist der Weg, der Sie aus einem mittelmäßigen, gewöhnlichen Dasein herausführen kann und Ihnen ein erfülltes Leben verheißt. Dank der einzigartigen Möglichkeiten der Selbsthypnose werden Sie dieses wunderbare Wesen entdecken, das in Ihnen schlummert, weil Sie Zugang zu den Kräften Ihres Unterbewußtseins erhalten.

Mit der Hypnose erwerben Sie keine neuen Fähigkeiten, sondern Sie rufen lediglich das in Ihnen ruhende Potential auf den Plan. All das, was Sie für ein erfolgreiches Leben benötigen, ist in Ihnen bereits vorhanden. Nur stehen Sie sich im Augenblick selbst im Wege, Sie blockieren Ihre Entwicklung und verhindern Ihr eigenes Glück, weil Sie nicht wissen, wie Sie dahin gelangen!

Die meiste Zeit ist dieses Verhalten jedoch unfreiwillig. Die Ursachen Ihrer psychischen Blockaden liegen in Ihrer Erziehung, in Ihrer Kindheit, in der materialistischen Ideologie unserer Gesellschaft usw.

Ganz gleich jedoch, wie gravierend Ihre Probleme sind und welche Ursachen ihnen zugrunde liegen, Sie können Ihre Situation jederzeit verändern, ohne einen großen Aufwand betreiben zu müssen. Eine fünfzehn- bis zwanzigminütige Hypnoseübung täglich genügt bereits - vorausgesetzt Sie üben wirklich regelmäßig. Das ist die einzige Bedingung, die Sie erfüllen müssen, damit die Hypnose Sie ans Ziel bringt.

Niemand ist für die positiven Veränderungen, die regelmäßige Hypnosesitzungen in uns hervorrufen können, unempfänglich, auch nicht, wenn diese nur über kurze Zeit praktiziert werden. Ihr Leben wird sich zum Besseren wenden, wenn Sie täglich etwas Zeit für die Hypnose aufbringen.

Mit den Techniken der Hypnose werden Sie die Schranken des Bewußtseins durchbrechen und in die Tiefen Ihres Geistes, Ihres Unterbewußtseins hinabsteigen. Diese geheimnisvolle Welt bleibt in der Regel jenen Menschen verschlossen, die die Schlüssel zu diesem verborgenen Reich nicht in Händen halten. Die Hypnose ist der Schlüssel zu dieser Welt, einer Welt, die Ihnen im Augenblick aufgrund Ihrer unbewußten psychischen Blockaden versperrt ist.

Wenn Sie mir Schritt für Schritt folgen, wird Ihnen die geheimnisvolle Kraft der Hypnose all das ermöglichen, wonach Sie sich im Leben sehnen - und noch weit mehr.

Denn Sie werden dank der Hypnose nicht nur Ihr eigenes Ich entdecken, sondern es werden neue Wünsche in Ihnen entstehen, Wünsche, die Sie sich heute in Ihren kühnsten Träumen noch nicht vorzustellen wagen.

Mit dem Erreichen einer höheren Bewußtseinsebene werden Sie mehr Selbstvertrauen entwickeln. Sie werden von Erfolg zu Erfolg fliegen und damit sich selbst mehr denn je bejahen können. Und schließlich werden Sie ohne zu zögern das wollen, was Ihnen heute unmöglich erscheint. Das Unmögliche, das Wunder, wird Ihre zukünftige Realität sein. Ihr Wort wird

Gewicht haben, Sie werden ein Mensch sein, dem man zuhört, der bewundert und respektiert wird.

Führen Sie das Leben, das Sie sich wünschen

Je besser Sie im Laufe der Zeit die Techniken der Hypnose beherrschen, desto mehr negative Aspekte werden aus Ihrem Leben verschwinden. Die Hypnose wird in Ihrer Hand zu einer Wunderwaffe. Ihre Anwendung wird Ihnen nach und nach so selbstverständlich sein wie die Tatsache, daß Sie atmen und gehen. Sie sollte also Teil Ihrer selbst werden, ein Art zweite Natur.

Die subtile Kraft der Hypnose wird Sie Ihr ganzes Leben unterstützend begleiten und Ihnen in allen Lebenslagen hilfreich sein. Jeder Mensch stößt früher oder später auf Schwierigkeiten. Das ist Teil des menschlichen Daseins. Wer seinen Problemen aus dem Weg gehen will, erkennt das Leben nicht. Die einfache Tatsache, daß wir leben, versetzt uns bereits in eine Situation gegenseitiger Abhängigkeiten und führt unweigerlich dazu, daß wir so manche Prüfung bestehen müssen. Das ist eine Bedingung unserer Entwicklung. Anders gesagt, das Glück besteht nicht darin, keine Probleme zu haben, sondern zu wissen, wie man sie löst. Die Hypnose ist das geeignete Instrument dafür.

Wer sein Leben erfolgreich gestalten will, muß ein Ziel (oder mehrere Ziele) haben. Außerdem bedarf es dazu der nötigen Motivation, vor allem aber einer geeigneten Methode, deren regelmäßige Anwendung zu dem gewünschten Ziel führt.

Von diesen vier Faktoren, die das Glück ausmachen, sind Sie für drei selbst zuständig: das Ziel bzw. die Ziele, die Motivation, das regelmäßige Training.

Den vierten Pfeiler Ihres persönlichen Erfolgs möchte ich Ihnen bieten: die Methode. Ich kann weder Ihre Ziele festsetzen noch mich an Ihrer Stelle in der Anwendung eines Verfahrens befleißigen. Allerdings kann ich Ihnen helfen, Ihre Motivation aufrechtzuerhalten, denn mit der Hypnose gebe ich Ihnen ein wirksames Mittel an die Hand, das Ihnen die Erfüllung Ihrer Wünsche garantiert. Wir werden uns also die „Aufgabe" teilen. Sie müssen dabei Ihren Teil erfüllen. Vergessen Sie das nicht, sonst werden Sie keine dauerhaften Veränderungen in Ihrem Leben erzielen.

Erklärungen zur Methode

Grundvoraussetzung der Hypnose ist, daß zunächst die existentiellen Bereiche festlegt werden, in denen eine Veränderung herbeigeführt werden soll, also: Geld, Gesundheit, Liebe, Sexualität, Selbstvertrauen, Aussehen usw.

Anschließend wird die Reihenfolge bestimmt, in der die Probleme gelöst werden sollen. Packen Sie ein Problem erst an, wenn das vorherige gelöst oder so gut wie gelöst ist.

Jagen Sie nicht zwei Zielen gleichzeitig nach. Wenn Sie alles gleichzeitig erreichen wollen, werden Sie nichts erreichen! Sie stiften möglicherweise Verwirrung, Sie verzetteln sich, Sie werden ungeduldig mit sich selbst, Sie kommen nicht ans Ziel... und lassen schließlich von der Methode ab!

Konzentrieren Sie sich also stets auf ein Ziel. Üben Sie sich in Geduld, und führen Sie regelmäßig Ihre (Selbst-)Hypnoseübungen durch, dann erhalten Sie Zugang zu einer neuen Welt.

Sobald Sie festgelegt haben, in welcher Reihenfolge Sie Ihre Probleme in Angriff nehmen, folgen Sie Schritt für Schritt meinen Anweisungen.

Unabhängig von Ihren Zielsetzungen oder den Hoffnungen, die Sie hegen, sollten Sie vorliegendes Handbuch der Persönlichkeitsentwicklung auf folgende Weise benutzen.

1 - Lesen Sie zunächst die Einführung sowie Kapitel 1 aufmerksam durch, und wenden Sie anschließend alle oder einige der in Kapitel 2 beschriebenen Techniken an. Die Lektüre und die Anwendung dieser Grundtechniken sind für eine spätere optimale Wirkung der Hypnose unumgänglich.

2 - Lesen Sie anschließend, aber wirklich erst anschließend, jene Kapitel, die Ihr persönliches Problem betreffen.

Ihre aktive Mitwirkung ist von entscheidender Bedeutung, denn die Hypnose ist keine Zauberformel, die man nur sprechen muß, damit ein Wunder sich sofort einstellt.

Die „Arbeit", die Sie leisten müssen, um den wohltuenden Effekt der Hypnose zu spüren, ist im Grunde nicht schwer. Wie ich bereits sagte, reichen fünfzehn bis zwanzig Minuten pro Tag aus, um Ihr Leben in neue Bahnen zu lenken.

Dieser geringe Zeitaufwand mag Sie überraschen. Sie werden jedoch schnell feststellen, daß Sie damit bereits positive Veränderungen bewirken können. Die Hypnose erfordert nicht mehr Aufwand, um Früchte zu tragen.

Wie der Alchimist im Labor Tag für Tag seine chemischen Substanzen neu kombiniert, um den „Stein der Weisen" zu finden, habe ich das vorliegende Hypnosetraining als ein System sich ergänzender Bausteine konzipiert, das an der einen Stelle durch ein bewußtes Atemtraining, an der anderen durch eine kleine Entspannungsübung, hier durch eine Suggestionsübung, dort durch eine Trance-Sequenz usw. ergänzt wird. Das alles ergab schließlich dieses umfassende Programm, das Ihnen als Grundlage für Ihre persönliche Entwicklung dienen soll.

Was Sie hier in Händen halten, ist also ein „schlüsselfertiges" Verfahren der Selbsthypnose, das direkt und indirekt anwendbar ist. Ohne den Anspruch erheben zu wollen, ein universelles Instrument zur Lösung aller menschlichen Probleme zu bieten, glaube ich dennoch, ein in sich geschlossenes und wirksames System entwickelt zu haben, mit dem Sie schnell geistiges und körperliches Wohlbefinden erlangen.

Die aktive Mitwirkung: der Schlüssel zu einem erfolgreichen Leben

Wenn Sie zu jenen Menschen gehören, die in ihrem Leben wirklich etwas verändern wollen, die nicht tatenlos darauf warten, daß ihnen das Glück in den Schoß fällt, wird dieses Hypnoseprogramm wahre Wunder für Sie vollbringen. Das Leben lacht den Wagemutigen zu, jenen, die andere, die erfolgreich sind, nicht eifersüchtig beargwöhnen und beneiden.

Die Eifersucht läßt Gedanken entstehen, die unserer Entwicklung abträglich sind. Wie durch einen Spiegeleffekt verhindern sie positives Handeln, weil der Erfolg anderer nicht selten unser eigenes Scheitern verdeutlicht.

Deshalb verhält sich richtig, wer andere Menschen nicht beneidet, sondern das offensichtliche Glück seiner Mitmenschen als Motivation begreift, sich für die eigenen Ziele zu engagieren.

Jeder Mensch ist einmalig. Der Erfolg Ihres Nachbarn hängt von Entscheidungen ab, die für Sie niemals Gültigkeit besitzen können. Ihre beiden Leben sind in keiner Weise vergleichbar. Eine uniforme Welt mit Menschen, die alle dasselbe tun und denken, wäre trostlos. In der Mannigfaltigkeit liegt der Reichtum der menschlichen Existenz.

Außerdem wissen Sie ja meist nicht, auf welche Weise ein anderer sein Glück erreicht hat, ganz gleich, wie umfassend es sich in Ihren Augen darstellen mag. Sie wissen nicht, wieviel Arbeit, Einsatz, Energie, Opfer oder Zugeständnisse hinter diesem äußeren Anschein stecken.

Wenn Sie die Biographien berühmter Menschen lesen, werden Sie überrascht feststellen, wie unzählig viele Probleme diese schillernden Persönlichkeiten überwinden mußten und welche Leistung hinter dem großen Erfolg steckt, den sie schließlich für sich verbuchen konnten.

All jene, die im großen oder kleinen Menschheitsgeschichte schrieben, mußten einen steinigen Weg zurücklegen, bevor ihnen der Erfolg gewiß war. Denken Sie an meine Worte. „Glück bedeutet nicht, keine Probleme zu haben, sondern zu wissen, wie man sie löst."

Das ist das Geheimnis des Lebens.

Jedem Menschen ist es im Leben bestimmt, sein eigenes Schicksal zu bauen, einen eigenen Weg zu gehen. Dieser Weg ist voller Hindernisse, es müssen Umwege gegangen, steile Gipfel überwunden, reißende Flüsse durchquert werden usw.

Wie es uns ergeht, hängt weitgehend davon ab, wie sehr wir in der Lage sind, unsere Probleme zu bewältigen.

Weichen Sie also einem Hindernis nicht aus, sondern bieten Sie ihm die Stirn, bis es endgültig beseitigt ist. Ansonsten wird es Ihnen in der einen oder anderen Form immer wieder begegnen.

Das hier beschriebene Hypnoseprogramm kann Ihnen dabei gute Dienste leisten. Es umfaßt verschiedene Techniken, die Sie je nach Art der in Kapitel 3 bis 30 beschriebenen Schwierigkeiten anwenden.

Ganz gleich, ob Sie ein Problem lösen oder sich von schlechten Gewohnheiten befreien wollen (Sie möchten weniger trinken, essen, rauchen; Sie wollen schlank werden; Sie haben sexuelle Probleme; Sie leiden unter chronischer Müdigkeit, hartnäckigen Kopfschmerzen usw.), die

Selbsthypnose ist in jedem Fall ein geeignetes therapeutisches Verfahren. Dabei ist ihre Anwendung flexibel und einfach. Sie erweist sich in den kompliziertesten Situationen als hilfreich, vorausgesetzt Sie sind innerlich bereit dazu und leisten den Anweisungen dieses Handbuchs vorbehaltlos Folge.

Für viele werden die hier beschriebenen Techniken eine Entdeckung, ja geradezu eine Offenbarung sein. Öffnen Sie sich, und zweifeln Sie nicht an der Wirksamkeit dieser Verfahren. Werfen Sie eventuelle Vorurteile über Bord! Falls Sie von Vorurteilen nicht frei sein sollten, lesen Sie zunächst Kapitel 2, in dem die gängigsten Klischees widerlegt werden.

Es ist absolut unerläßlich, daß Sie vor jedem weiteren Schritt zunächst eventuell bestehende Zweifel ausräumen. Wenn Sie das nicht tun, sind Ihre Versuche unaufrichtig, und die Wirksamkeit der hypnotischen Kraft wäre in Frage gestellt. Es kursieren so viele fälschliche Informationen über die Hypnose, daß Sie diesbezüglich so schnell wie möglich Klarheit schaffen sollten.

Natürlich steht es Ihnen offen, die Wirksamkeit der Hypnose zu bezweifeln. Lassen Sie sich aber zuvor auf einen Versuch ein! Nehmen Sie die Empfehlungen dieses Handbuchs an, und urteilen Sie dann!

Wenn das eine oder andere Verfahren sich bei Ihnen als wirkungslos erweisen sollte, mögen Sie darüber lächeln. Es würde mich allerdings erstaunen, denn die Techniken der Autosuggestion funktionieren in der Regel beim ersten Mal.

Sie werden von diesem Programm nicht enttäuscht sein. Lassen Sie sich ganz einfach leiten! Es werden sich neue Perspektiven in Ihrem Leben eröffnen.

Die tägliche Anwendung der autohypnotischen Formeln ermöglicht uns, unser inneres Wesen zu entdecken und versteckte Potentiale ans Tageslicht zu fördern. Besonders Begabte werden vielleicht sogar übersinnliche Fähigkeiten an sich entdecken.

Ihr wahres Ich liegt unter den tiefen Schichten Ihrer schlechten Gewohnheiten und psychischen Blockaden verborgen. Mit dem Erreichen einer höheren Bewußtseinsebene werden Sie sich von diesen Fesseln befreien, und Ihr eigentliches Ich, das frei von negativen Einflüssen ist, wird endlich sichtbar.

Dabei werden Sie nicht nur ein bislang ungekanntes Glück erfahren. Sobald Ihre Persönlichkeit von diesen geistigen Giften befreit ist, könnten parapsychologische Fähigkeiten (Telepathie, Telekinesie, Hellsehen, Kommunikation mit dem Jenseits, Reisen außerhalb des Körpers usw.) zum Vorschein kommen.

Aber Vorsicht, zügeln Sie jetzt Ihre Begeisterung. Dieser Königsweg ist jenen vorbehalten, die den Anweisungen dieses Buchs exakt Folge leisten und letztendlich die Geduld aufbringen, die Leiter, die sie zu ihrer wahren Persönlichkeit und einer vollkommenen körperlichen und geistigen Erfüllung bringt, Sprosse für Sprosse hinaufzusteigen.

Sie sind die Frage und die Antwort

Da unsere übersinnlichen Fähigkeiten in den Tiefen unseres Unterbewußtseins verborgen liegen, ist der Weg dorthin keine leichte Herausforderung.

Dieses geheimnisvolle Reich ist nur mutigen Abenteurern zugänglich, die den Weg der Hypnose beharrlich bis zum Ende gehen.

Der Weg steht allen offen und erfordert keinen großen Einsatz. Es genügt wenn Sie motiviert sind und mit dem aufrichtigen Wunsch nach Veränderung meine Ratschläge befolgen.

Ich werde Sie auf Ihrer Reise dorthin begleiten. Vorliegendes Buch gibt Ihnen auf alle Fragen eine Antwort und leistet Ihnen bei der Lösung Ihrer Probleme Hilfestellung. Sie sind im Grunde Fragesteller und Befragter in einer Person, also Frage und Antwort zugleich.

Sie sind bereits im Besitz der Lösungen zu all Ihren Problemen. Nur haben Sie bisher die Tür nicht aufgestoßen, die Ihnen Zugang zu diesem inneren Reichtum verschafft. Mit der Hypnose öffnen Sie diese Tür. Sie leitet Sie an, diesen verborgenen Schatz zu finden. Ihre Kraft bringt Sie zu Ihrem inneren Licht.

Mit der Hypnose setzen Sie die in Ihnen vorhandene Energie frei, die Sie allein befähigt, sich von Ihren Sorgen zu befreien. Damit diese Energie sich voll entfalten kann, dürfen Ihre Hypnoseübungen jedoch nicht zu einer mechanischen Pflichtübung werden, von der Sie anschließend ein Wunder erwarten. Sie müssen sich vollständig und aktiv in jede Sitzung einbringen, wenn Sie wirklich substantielle Hilfe daraus erfahren wollen.

Mit einem regelmäßigen Training setzen Sie Ihre Intuition frei, die die wahre Quelle Ihres Glücks ist. Tatsächlich führen uns unsere vom Verstand geleiteten Gedanken häufig in die Irre. Die Intuition dagegen täuscht sich selten, weil sie Ausdruck des in uns verborgenen Wesens, unserer wahren Natur ist. Sie weiß in jedem Moment, was gut für uns ist. Häufig trifft sie jedoch auf die Logik unseres Verstandes, das Symbol unseres oberflächlichen Wesens und unserer Ängste, die wir fälschlicherweise für unsere Identität halten.

Mit der Kraft der Hypnose können wir die Fesseln sprengen, die uns unser

Verstand, der die eigentliche Ursache unseres Unglücks ist, zu Unrecht angelegt hat. Wer seine Intuition frei walten läßt, befreit sich unweigerlich von Traurigkeit und Mühsal.

Erste Ergebnisse schon nach ein paar Stunden

Wenn es Ihnen gelingt, sich von Anfang an vom „Geist der Hypnose" erfüllen lassen, werden Sie die wohltuende Wirkung Ihrer Übungen sofort spüren.

Ohne daß Sie sich dessen bewußt wären, hat die Lektüre der ersten Zeilen dieses Handbuchs bereits eine Veränderung in Ihnen hervorgerufen. Sie nehmen eine neue Geisteshaltung an.

Sie lesen dieses Buch, weil in Ihrem Leben etwas anders werden soll. Dieser Wunsch ist bereits der erste Schritt zur Veränderung. Ein körperliches oder geistiges Problem läßt sich nur dann lösen, wenn Sie aus eigenem Entschluß zum Handeln bereit sind. Ohne freie Entscheidung ist kein Entwicklungsprozeß möglich.

Sobald Sie entschlossen sind, Ihre Situation nicht länger hinzunehmen, wird der Prozeß der Veränderung in Gang gesetzt. Und dank Ihrer Motivation werden Sie ihn zu einem erfolgreichen Abschluß zu bringen.

Seien Sie aber vorsichtig, denn bei den geringsten Anzeichen von Schwäche oder Fehlern werden Sie in Ihrer Entwicklung zurückgeworfen. Falls Sie - insbesondere zu Beginn Ihres Programms - einmal in Ihrer Disziplin nachlassen, ist das nicht tragisch, sondern korrigierbar. Wenn Sie jedoch während Ihrer Sitzungen unkonzentriert sind, wird es Ihnen schwerfallen, an die bereits erzielten Erfolge wiederanzuknüpfen. Die Motor Ihres Erfolgs ist die Regelmäßigkeit und nicht das Ungestüm.

Wie bereits gesagt, empfehle ich Ihnen, täglich zwanzig Minuten zu üben, anstatt die Dinge zu überstürzen und anschließend Ihr Training ein bis zwei Wochen auszusetzen, bevor Sie die Übungen wiederaufnehmen.

Denken Sie niemals: „Heute lasse ich es sein, dafür übe ich morgen um so mehr." Diese Rechnung geht nicht auf, denn am nächsten Tag sagen Sie möglicherweise dasselbe, und so weiter. Ihre bereits erzielten Erfolge könnten zunichte gemacht werden, und Sie riskieren, erneut in Ihre alten Gewohnheiten zu verfallen und keinen Ausweg mehr zu finden.

Ihr Devise sollte lauten: „Zwanzig Minuten pro Tag, um den ganzen Tag glücklich zu sein."

Motivieren Sie sich selbst, indem Sie sich sagen, daß Sie sich einer Quelle des Glücks und der Stärkung Ihrer Persönlichkeit berauben, wenn Sie auf diese ersten Übungen verzichten.

Damit setzen Sie einen Prozeß in Gang, der Ihnen in allen Bereichen Ihres Lebens einzigartige Chancen eröffnet. Und die Basis dieses Prozesses bildet die Hypnose, eine in so mancher Hinsicht noch geheimnisvolle Wissenschaft.

Dank der Kraft der Hypnose können Sie Probleme in Chancen des persönlichen Vorankommens verwandeln. Sie ebnet Ihnen den Weg zu materiellem Wohlstand, sie schenkt Ihnen geistige Erfüllung und eröffnet Ihnen ein aufregendes und leidenschaftliches Leben. Die Hypnose setzt Kräfte frei, die in Ihnen bereits vorhanden sind, insbesondere die Kräfte des Unbewußten, über die Sie anschließend frei verfügen können.

Wenn Sie die Kraft der Hypnose zu nutzen wissen, werden Sie zu den wenigen Privilegierten gehören, die aus ihren inneren Potentialen schöpfen. Die meisten Menschen gebrauchen nur zehn oder zwanzig Prozent ihrer Fähigkeiten; die restlichen achtzig oder neunzig Prozent bleiben ungenutzt. Es ist, als wäre in Ihrem Haus ein Schatz versteckt, aber Sie wissen es nicht!

Die Nutzung oder Vergeudung der Fähigkeiten, die in uns allen schlummern, erklärt den Unterschied zwischen den einen, die erfolgreich sind, die sich einer guten Gesundheit erfreuen und in Wohlstand leben, und den anderen, denen nichts im Leben gelingt.

Unsere wirkliche Kraft liegt darin, daß wir uns darauf verstehen, nach den in uns vorhandenen Möglichkeiten zu greifen. Denn unser wahres Leben und unsere Motivation liegen tief in unserem Inneren verborgen.

Nur über den Zugang zu Ihrem Unterbewußtsein wird es Ihnen gelingen, Ihr Leben aktiv zu gestalten. Ansonsten sind Sie den Launen des Bewußtseins ausgeliefert, das sich von äußeren Umständen und den Wechselfällen des Lebens beeinflussen läßt.

Vorliegendes Programm ist ein sicheres und einfaches Mittel, um Kontrolle über das Unterbewußtsein auszuüben. Setzen Sie Ihre geistige Kraft frei, dann wird Ihnen Ihr Leben in jeder Hinsicht gelingen.

KAPITEL 1
Vorurteile abbauen

Bevor ich Sie in die Technik der Hypnose einweise (siehe Kapitel 2), sollten Sie unbedingt wissen, was man unter (Selbst-)Hypnose und der hypnotischen Kraft versteht, und vor allem, was man nicht darunter versteht. Es existieren diesbezüglich so viele falsche Vorstellungen, daß eine Klärung unbedingt notwendig ist. Wir könnten die Entstehung des neuen Menschen, der Sie schon bald sein werden, mit dem Bau eines Hauses vergleichen. Keinem Architekten würde es in den Sinn kommen, mit dem Dach zu beginnen, wenn die Fundamente noch nicht fertiggestellt sind!

Dasselbe gilt für die Persönlichkeitsentwicklung. Sie müssen zunächst eine klare Basis, solide mentale Strukturen schaffen, auf die Sie sich stützen können, um bei Ihrem Streben nach Glück und innerer Zufriedenheit keine Zeit zu verlieren.

Wenn Sie also mit den Übungen beginnen und gleichzeitig Vorurteile gegenüber der (Selbst-)Hypnose hegen, werden Sie von diesem Weg schnell abkommen. Ihre Entwicklung wird gebremst, und Sie laufen Gefahr, Ihre Bemühungen vorzeitig einzustellen. Wenn Sie allerdings eine klare Vorstellung von der Hypnose haben, werden Sie für Ihren Einsatz zweifellos belohnt.

Sobald von Hypnose oder Selbsthypnose die Rede ist, lassen Klischees und Vorurteile nicht lange auf sich warten. Nicht selten wird die Hypnose als eine mysteriöse Wissenschaft angesehen, die von einem Menschen ausgeübt wird, der mit suchendem Blick in den Tiefen Ihrer Seele wühlt und sich Ihren Willen gefügig macht!

Dieses Bild sollten Sie schnell vergessen, denn es entspricht in keiner Weise der Wirklichkeit. Es waren Scharlatane, die diese verzerrte Darstellung der Hypnose mit dem Ziel schufen, mit rätselhaften Attributen eine höchst respektable Disziplin zu verschleiern und damit die Leichtgläubigkeit unzähliger Menschen zu mißbrauchen. Diese Mystifizierung machte die Hypnose zu einer obskuren Praktik, die ein paar wenigen Eingeweihten vorbehalten blieb, welche über die zweifelhafte Macht verfügten, andere Menschen zu manipulieren. Der respektlose Umgang mit einem sehr lobenswerten Verfahren hat viel Leid über die einen gebracht und den anderen unverdienten Reichtum beschert.

Werfen Sie also alles über Bord, was Sie bisher zu diesem Thema erfahren haben, und nähern Sie sich völlig unvoreingenommen dem immensen Gebiet der Hypnose.

Lesen Sie die folgenden Seiten aufmerksam. Denken Sie darüber nach, und lassen Sie das Gelesene auf sich wirken, bevor Sie (Selbst-)Hypnose in der einen oder anderen Form betreiben.

Hypnose im Alltag

Um Klarheit zu schaffen, wollen wir die Hypnose ein für allemal als ein Verfahren definieren, *mit dem im Geist eines anderen Menschen während einer hypnotischen Sitzung Suggestionen verankert werden, die unmittelbar nach dieser Sitzung wirksam werden.* Bei der Selbsthypnose verankert der Hypnotisierte diese Suggestionen selbst in seinem Bewußtsein.

Die Hypnose ist ein natürliches Phänomen, über das man Zugang zum eigenen Unterbewußtsein erhält und dieses beeinflussen kann, um mit dem Überschreiten der Bewußtseinsschwelle im Leben etwas verändern zu können.

Die Hypnose ist in keinem Fall eine obskure Disziplin, die nur wenige beherrschen, sondern ein Instrument der Persönlichkeitsentwicklung, das jedem schnell und einfach zugänglich ist.

Mit Sicherheit haben Sie schon einmal eine hypnotische Übung durchgeführt, ohne daß Sie sich dessen bewußt waren!

Oder ist es Ihnen noch nie widerfahren, daß Sie jemanden von Ihren Ideen überzeugen konnten, daß der Betroffene Ihre Argumente schließlich akzeptierte und das Gesagte in die Tat umsetzte? Das kann sich im freundschaftlichen Bereich, im Beruf, im Privatleben usw. zugetragen haben. Nun, dann haben Sie hier ein Beispiel für angewandte Hypnose! Es ist Ihnen dank Ihrer Überzeugungskraft, Ihrer Klugheit oder Ihres Geschicks gelungen, *„im Geiste eines anderen Ideen zu verankern, die nach Beendigung Ihres Gesprächs ihre Wirkung zeigten."* Damit sind wir wieder bei der Definition der Hypnose!

Wenn Sie über unsere sogenannte Kommunikationsgesellschaft ein wenig nachdenken, werden Sie feststellen, daß Sie nicht der einzige Mensch sind, der diese Art von Hypnose praktiziert. Überzeugungstechniken werden überall und nicht zuletzt auf kollektiver Ebene von Staatschefs, Politikern, Ökonomen, den Medien, der Werbung usw. reichlich angewandt.

Auch im privaten Bereich sind wir gewiß schon alle einmal Momenten der Autosuggestion erlegen. Unser ganzes Leben lang werden wir von Ideen beeinflußt, die unserem eigenen Geist entspringen, aber auch von außen auf uns eindringen. Unsere Eltern, die Schule, die Gesellschaft usw. setzen uns Gedanken in den Kopf, die wir aufnehmen und - freiwillig oder unfreiwillig - verinnerlichen, bis wir sie schließlich für unsere eigenen halten.

Wären Sie gegenwärtig in der Lage, Ihre ureigenen Gedanken von jenen zu trennen, die Ihnen vom Zeitgeist, der Kultur, der Religion, von Ihrer geographischen Umgebung usw. aufgedrückt wurden?

Ich wette, daß Sie es nicht auf Anhieb schaffen. Der Grund Ihres Unglücks sind nicht Ihre Probleme (Probleme werden Sie Ihr ganzes Leben haben, sie sind Teil unseres Daseins), sondern die Kluft zwischen dem Leben, das Sie führen, und der Existenz, die Sie sich wünschen.

Mit der Hypnose werden Sie Ihren wahren Weg finden, denn sie hilft Ihnen, sich von diesen fremden Gedanken zu befreien, die Ihren Geist überlagern und Sie in Ihrer Entwicklung behindern.

Diese schädlichen Gedanken geißeln Ihr Leben und sind der Ausdruck jenes körperlichen und geistigen Unwohlseins, das Sie derzeit quält.

Mit der Kraft der Hypnose werden Sie Ihren Körper und Geist von diesen Giften befreien und Ihr wahres Ich ans Licht holen.

Tatsächlich fegt von morgens bis abends ein Sturm suggestiver Einflüsse über Sie hinweg und reißt Sie mit, wenn Sie nicht achtgeben. Radio, Fernsehen, Zeitungen, Ihr berufliches, privates und soziales Umfeld erlegen Ihnen unzählige Regeln, Dogmen, Gesetze, Prinzipien und Werte auf, denen Sie sich kaum entziehen können.

Ihr Gehirn ist von früh bis spät Anforderungen und Angriffen ausgesetzt. Je nachdem, wie bewußt Sie sich dessen sind oder wie kritisch Ihr Geist ist, werden Sie bestimmte Einflüsse zurückdrängen können, andere dagegen werden in Ihr Bewußtsein eindringen. Dank der Hypnose werden Sie aktiv eingreifen und fremde Gedanken abwehren können.

Den ersten Schritt in diese Richtung unternehmen Sie, wenn Sie Ihre Vorurteile gegenüber der (Selbst-)Hypnose abbauen.

Vorurteile bekämpfen

Bestimmte Klischees bezüglich der Hypnose, die auch heute noch weit verbreitet sind, machten dieses wirkungsvolle Verfahren, dessen Anwendung im Grunde allen offensteht, zu einer mysteriösen Wissenschaft, deren Kenntnis angeblich einigen wenigen Menschen mit starken magnetischen Fähigkeiten vorbehalten ist. Die Entstehung der sogenannten „Bühnenhypnose" ist dafür verantwortlich, daß diese fälschliche Vorstellung sich behaupten konnte.

Wenn Sie Ihr eigenes Wissen über die Hypnose überprüfen wollen, beantworten Sie am besten nachstehende Fragen.
Kreuzen Sie die Fragen an, die Sie mit „ja" beantworten würden.

Man muß über eine besondere Begabung verfügen, um einen anderen Menschen hypnotisieren zu können.

Ein Hypnotiseur muß dominant und autoritär sein.

Die Hypnose ist eine Art von Schlaf.

Der hypnotische Zustand ist ein oberflächlicher Zustand.

Die Hypnose ist ein äußerlicher Prozeß, der vom Hypnotiseur erzeugt wird.

Eine hypnotisierte Person ist dem Hypnotiseur ausgeliefert.

Die Hypnose heilt alles.

Frauen sind leichter hypnotisierbar.

Nur schwache Menschen lassen sich hypnotisieren.

Es ist unmöglich, alleine aus dem Zustand der hypnotischen Trance zurückzukehren.

Die Hypnose bringt parapsychologische Fähigkeiten zum Vorschein.

Hypnose kann gefährlich sein.

Fall Nr. 1

Wenn Sie alle Felder angekreuzt haben, sind Sie der Meinung, daß sämtliche Behauptungen wahr sind... Sie haben Unrecht!

Sie sind alle falsch und gleichzeitig die gängigsten Vorurteile, die über die Hypnose herrschen.

Sie sind für die bestehenden Vorurteile sehr empfänglich. Deshalb sollten Sie unbedingt folgende Abschnitte aufmerksam lesen, in denen diese Klischees einzeln aufgegriffen werden.

Fall Nr. 2

Wenn Sie nicht alle Felder angekreuzt haben, ist Ihnen manches über die Hypnose bekannt und manches nicht!

Der Grad Ihrer Unkenntnis spiegelt sich in der Zahl der ausgefüllten Felder wider.

Dennoch sollten Sie dieses Kapitel lesen und dabei Ihr Interesse insbesondere auf die Abschnitte richten, in denen Ihr persönliches Vorurteil widerlegt wird.

Fall Nr. 3

Falls Sie keines der Felder angekreuzt haben, wußten Sie, daß alle diese Behauptungen falsch sind. In diesem Fall wird es Ihnen leichter fallen, den

Inhalt der folgenden Kapitel zu verinnerlichen und die vorgeschlagenen Hypnosetechniken anzuwenden.

Man muß über eine besondere Begabung verfügen, um einen anderen Menschen hypnotisieren zu können.
NEIN.

Die Hypnose erfordert kein besonderes Talent; sie ist vielmehr eine Gesamtheit verschiedener Techniken, die häufig und regelmäßig angewandt werden müssen, wenn sie schnelle Erfolge garantieren sollen.

Ob die Hypnose wirksam ist, hängt mehr von Ihrer persönlichen Motivation und einem konstanten Training ab als von einer Begabung irgendwelcher Art. Im übrigen führt kein Talent ohne Fleiß zum Erfolg. Auch die schönste Blume verwelkt, wenn sie nicht regelmäßig gegossen wird!

Natürlich gibt es Menschen, die für die Hypnose besonders talentiert sind. Wenn Sie jedoch Zeit und Mühe in Ihre Übungen investieren, werden Sie in jedem Fall belohnt.

Vergleichen Sie Ihre eigenen Fortschritte niemals mit denen anderer. Wenn Sie meinen, daß andere schneller vorankommen als Sie, oder wenn Ihnen die Erfolge anderer spektakulärer erscheinen, dürfen Sie nicht verzweifeln. Fahren Sie mit Ihren Übungen unbeeindruckt fort. Jeder Mensch ist einmalig und hat seine eigene Geschichte. Die Hypnose zeigt bei jedem Menschen eine unterschiedlich starke Wirkung. Sie ist eine flexible Methode, die sich jeder Persönlichkeit anpaßt. Was zählt, ist, daß Sie vorankommen, ganz gleich in welchem Rhythmus. Vermeiden Sie also illusorische Vergleiche, sondern konzentrieren Sie sich auf Ihren eigenen Weg. Glauben Sie an sich selbst, dann werden Sie schon bald Ihre neue (hypnotische) Kraft spüren.

Eine gute sprachliche Ausdrucksweise ist jedoch von Vorteil, denn mit einer klaren und präzisen Formulierung der Suggestionen erzeugen Sie eine stärkere Wirkung bei sich und anderen. Wenn Ihr Gegenüber nicht genau versteht, was Sie sagen, und Sie bitten muß, die Sätze zu wiederholen, könnte die Wirkung Ihrer Sitzung zum Teil verlorengehen.

Eine richtige Hypnosesitzung läuft wie von selbst. Sie holt Sie aus Ihrem normalen Bewußtseinszustand und versetzt Sie in tiefere Ebenen, die jenseits des Bewußtseins liegen.

Auch in der Selbsthypnose werden Sie bei einem reibungslosen Ablauf der Sitzung die hypnotische Trance leichter erreichen.

Bevor Sie eine der beschriebenen Hypnosetechniken anwenden, sollten Sie die Anweisungen genau lesen und verinnerlichen. Gehen Sie den Ablauf mindestens einmal vollständig durch, damit Sie im entscheidenden Moment nicht ins Stocken geraten. Wiederholen Sie die Sätze so lange, bis Sie sie vollständig beherrschen. Auf diese Weise werden Ihnen die Übungen leichter fallen, und Sie kommen schneller voran.

Ein Hypnotiseur muß dominant und autoritär sein.
NEIN.

Wer sich selbst oder andere hypnotisieren will, muß kein dominantes oder autoritäres Auftreten an den Tag legen. Ein derartiges Gebaren trifft man bei Jahrmarkts-Hypnotiseuren an, die die Hypnose zu einem Spektakel reduziert haben. Sie arbeiten mit jenen Reaktionen, die sich über Hypnose am einfachsten auslösen lassen, das heißt Bewußtseinsverlust, Eintreten von

Körperstarre, Verlust des Schmerzempfindens usw. Nicht selten präsentieren sie übrigens eine Mischung aus Zauberkünsten, Taschenspielertricks und Hypnose. Um ihr Leben bestreiten zu können, setzen sie auf die Leichtgläubigkeit und Unwissenheit der Menge und umgeben die Hypnose mit eines geheimnisvollen Aura, weshalb ihr nicht selten der Beigeschmack einer okkulten Zeremoniells anhaftet.

Deshalb ist es höchste Zeit, daß die Hypnose als authentisches Verfahren der Persönlichkeitsentwicklung wieder zu Ehren kommt.

Die Hypnose ist ein Verfahren, das von jedem Menschen angewandt werden kann und bei regelmäßigem Training solide und dauerhafte Resultate garantiert.

Wenn Sie jedoch einen anderen Menschen hypnotisieren wollen, müssen Sie unbedingt zunächst feststellen, welche Vorstellung diese Person bezüglich der Hypnose pflegt. Ansonsten könnte der Erfolg Ihrer Sitzung in Frage gestellt sein. Erkundigen Sie sich also.

Machen Sie sich zu diesem Zweck zunächst ein Bild von diesem Menschen, das dessen eigener Auffassung zu diesem Thema in etwa gleichkommt, und tragen Sie anschließend nach und nach und vor allem in jenem Moment, in dem Sie diesen Menschen bei seiner Problembewältigung unterstützen, dieses anfängliche klischeehafte Bild ab.

Eine Hypnosesitzung ist auch kein Kampf zwischen einem dominanten Hypnotiseur und seinem armen Opfer. Es ist eine Zusammenarbeit zwischen zwei Menschen, die beschlossen haben, aus gemeinsamer Kraft bestimmte Probleme zu lösen. Voraussetzung für den Erfolg einer Sitzung ist also immer die Freiwilligkeit und das Vertrauen des Patienten zum Therapeuten.

Im Fall der Selbsthypnose kontrollieren Sie die Hypnosesequenz von Anfang bis zum Ende in Eigenregie.

Wer ein guter (Selbst-)Hypnotiseur sein will, muß natürlich

Überzeugungskraft, Energie und einen starken Willen besitzen. Diese Eigenschaften lassen wirkliche Hypnotiseure häufig sehr entschlossen und autoritär wirken.

Die Hypnose ist eine Art von Schlaf

Das ist zweifellos das häufigste Klischee, das man über die Hypnose zu hören bekommt. Die Hypnose ist auf keinen Fall eine Art von Schlaf.

Dieser allgemeinen Verwirrung liegen zwei Ursachen zugrunde: Zum einen liegt es an dem Wort Hypnose selbst, das vom Griechischen *hypnos* stammt und tatsächlich Schlaf bedeutet. Der zweite Grund ist die mißbräuchliche Verwendung des berühmten Satzes: „Sie schlafen jetzt ein..." Das eigentliche Ziel dieses Befehls ist, beim Patienten einen emotionalen Schock auszulösen, der ihn in einen unbewußten hypnotischen Zustand versetzt.

Tatsächlich ist die hypnotische Trance ein Zwischenzustand zwischen Wachsein und Schlaf. Sie entspricht einer Bewußtseinsebene, die höher ist als diejenige, in der wir uns normalerweise befinden.

Den besten Beweis hierfür liefert die Medizin. Messungen der Gehirnströme von schlafenden Patienten und hypnotisierten Personen zeigten völlig unterschiedliche Ergebnisse.

Ein schlafender Patient wäre niemals in der Lage, Anweisungen, die ihm gegeben werden, zu hören und schließlich auszuführen. Dafür ist eine gewisse Art von Bewußtsein erforderlich, das im Fall eines Schlafs keinesfalls gegeben ist.

Dennoch ist es möglich, daß eine Hypnosesequenz in den Schlaf führt – in einen Schlaf, der übrigens sehr erholsam ist.

Der hypnotische Zustand ist ein oberflächlicher Zustand

Die Tatsache, daß eine hypnotisierte Person während der Sitzung bei Bewußtsein ist, bedeutet nicht, daß die erreichte Trance ein oberflächlicher oder flüchtiger Zustand ist.

Ganz im Gegenteil, die Hypnose ist eine sehr intensive Erfahrung, die Ihnen Zugang zu Ihren inneren Potentialen verschafft und Ihnen gleichzeitig ermöglicht, im Unterbewußtsein dauerhafte Verhaltensweisen und neue Geisteshaltungen zu verankern.

Bei einer regelmäßigen Anwendung der Suggestionstechniken werden Sie übrigens auch eine Erweiterung Ihres normalen Bewußtseinszustands erreichen. Sie werden mit jedem Tag Ihre Realität deutlicher erkennen. Das versetzt Sie in die Lage, in Kenntnis der Dinge zu handeln und Probleme zu lösen.

Die Hypnose ist ein äußerlicher Prozeß, der vom Hypnotiseur erzeugt wird.
NEIN.

In diesem Fall ist die Antwort jedoch nicht ganz eindeutig. Tatsächlich ist der hypnotische Zustand ein Prozeß, der vom Hypnotiseur hervorgerufen wird, allerdings ist er bereits in uns vorhanden. Mit dem Verfahren der Hypnose wird er lediglich an die Oberfläche geholt und ins Bewußtsein gerufen. Der Hypnotiseur fördert ihn also nur zutage.

Dieser Zustand existiert somit in uns. Wir suchen nach nichts in der äußeren Welt, sondern besinnen uns lediglich auf das, was uns bereits gehört! Auch wenn Sie bisher noch nie (Selbst-)Hypnose betrieben haben, sind die hypnotischen Kräfte bereits Teil Ihrer selbst.

**Eine hypnotisierte Person ist dem Hypnotiseur ausgeliefert.
In der Mehrzahl der Fälle NEIN.**

Wie ich bereits erwähnte, erfordert eine wirkliche Hypnose- oder auch Selbsthypnose-Sitzung die Zusammenarbeit von zwei Menschen. Der eine gibt zunächst dem anderen die Erlaubnis, von diesem hypnotisiert zu werden. Auch bei Hypnose-Shows ist die Freiwilligkeit Voraussetzung. Hier dient entweder ein Komplize als Versuchskaninchen, oder der Freiwillige akzeptiert mit Betreten der Bühne die Manipulation, deren Gegenstand er sein wird.

Diese geistige Aufgeschlossenheit des Betroffenen muß unbedingt gegeben sein, wenn feststehen soll, daß der Klient den Suggestionen des Hypnotiseurs keinen Widerstand entgegensetzt. Da der Hypnotisierte zu einem gewissen Grad in seiner normalen Bewußtseinsebene verbleibt, und sei nur, um die Anweisungen des Hypnotiseurs zu hören, verliert er den Kontakt mit der Wirklichkeit niemals vollständig.

Ein Hypnotisierter kann in keinem Fall gegen seinen Willen handeln. Unter Hypnose wird kein Mensch etwas tun, das seinen inneren Werten oder Überzeugungen widerspricht, es sei denn, die erteilten Anweisungen rufen latente Neigungen oder verdeckte Wünsche wach, die der Betroffene bislang nicht kannte. Eine Suggestion führt nur dann zu authentischen Ergebnissen, wenn sie vom Patienten akzeptiert wird.

Frauen sind leichter hypnotisierbar.

NEIN.

Noch ein Klischee, mit dem Sie aufräumen müssen. Männer sind ebenso hypnotisierbar wie Frauen. Dieses Vorurteil ist zum einen auf die einstige Annahme zurückzuführen, daß Frauen sensibler und damit schwächer seien. Später, in der Zeit des Dr. Charcot, eines Mitbegründers der wissenschaftlichen Hypnose gegen Ende des 19. Jahrhunderts, wurde die Hypnose als therapeutisches Verfahren zur Behandlung von Hysterie bei jungen Mädchen eingesetzt.

Nur schwache Menschen lassen sich hypnotisieren.

Ob ein Mensch hypnotisierbar ist, hängt in erster Linie von seiner Sensibilität ab. Je empfindsamer ein Mensch ist, desto besser läßt er sich hypnotisieren, das steht fest. Fast alle Menschen sind hypnotisierbar, was variiert, ist der Grad ihrer Suggestionsfähigkeit, auch Suggestibilität genannt. Manche Menschen lassen sich nur in eine leichte bis mittlere Trance versetzen. Andere erreichen sehr schnell einen Zustand der Tiefenhypnose.

Auch diese Unterscheidung ist nicht endgültig, denn die Hypnotisierbarkeit läßt sich durch stetes Training steigern.

Auf der anderen Seite kann auch ein Freiwilliger, der bereit ist, sich hypnotisieren zu lassen, sich aufgrund von Vorurteilen oder unbewußten Blockaden gegen eine Hypnose sperren.

Die Hypnotisierbarkeit eines Menschen hängt also im wesentlichen davon ab, ob der Betroffene freiwillig handelt und ob er einer Hypnose aufgeschlossen gegenübersteht und den Anweisungen des Hypnotiseurs Folge leisten will. Die Frage nach der Suggestibilität hat nichts mit einer eventuellen Persönlichkeitsschwäche zu tun. Es ist erwiesen, daß Menschen, die am leichtesten zu hypnotisieren sind, häufig sehr intelligent und sensibel sind und eine ausgeprägte Persönlichkeit besitzen.

Es ist unmöglich, alleine aus dem Zustand der hypnotischen Trance zurückzukehren.

Das ist eine Angst, die so weitverbreitet ist wie die Furcht, dem Hypnotiseur ausgeliefert zu sein. In Wirklichkeit wird Sie der Hypnotiseur immer aus der hypnotischen Trance zurückholen, und sei es nur, damit Sie die Anweisungen ausführen, die er Ihnen während der Sitzung erteilt hat. Denn wozu sollte es gut sein, Sie anzuweisen, Ihr Verhalten zu ändern, wenn er Sie anschließend in der Trance läßt?

Falls es doch einmal geschehen sollte, findet der Hypnotisierte nach einer bestimmten Zeit von selbst zu seinem normalen Bewußtsein zurück. Es ist eine Frage von ein paar Minuten.

Sie können auch während einer Hypnosesitzung aufgrund der körperlichen Entspannung einschlafen, die Sie herstellen müssen, damit Sie in die Trance gehen können. Das geschieht vor allem dann, wenn Sie bereits müde oder gestreßt sind. Im übrigen ist der während der Hypnose eintretende Schlaf weitaus erholsamer als der normale Schlaf.

Die Hypnose bringt parapsychologische Fähigkeiten zum Vorschein.

Wenn Sie in die Tiefen Ihres Unterbewußtseins hinabsteigen, stoßen Sie auf ein inneres Potential, das Ihnen bisher verborgen war. Vielleicht entdecken Sie sogar parapsychologische Kräfte in sich, zum Beispiel die Fähigkeit zur Telepathie, zur Telekinesie, des Hellsehens usw.

Im Grunde verfügen wir alle über diese Talente, aber es kommen nur jene zum Vorschein, die wir intensiv entwickeln wollen und die unserem eigenen Vorankommen dienlich sind. Für gewöhnlich bleiben sie verborgen, denn die meisten Menschen sind nicht in der Lage, sie nutzen oder glauben ganz einfach nicht an diese Möglichkeit. Damit sie zutage treten, ist ein regelmäßiges Training erforderlich, das wenige zu leisten bereit sind.

Wenn Sie sich um Ihre hypnotischen Kräfte bemühen und regelmäßig Hypnoseübungen durchführen, werden Ihre übersinnlichen Fähigkeiten automatisch zunehmen. Sobald Sie offenkundig sind, sollten Sie sie regelmäßig anwenden, damit sie nicht wieder verkümmern.

Hypnose kann gefährlich sein

Hypnose ist niemals gefährlich - wenn Sie sich an die Anweisungen halten, die ich Ihnen in diesem Buch gebe. Ich empfehle Ihnen, folgendermaßen vorzugehen:

1. Verinnerlichen Sie den Inhalt der Einführung und dieses Kapitels.
2. Lesen Sie die wichtigsten Hypnosetechniken in Kapitel 2, und wenden Sie sie an.
3. Lesen Sie die Kapitel, die Ihre persönlichen Probleme betreffen, und führen Sie die beschriebenen Übungen durch.

Wenn Sie diese Vorgehensweise exakt einhalten, werden Sie mit Hilfe der

Hypnose Ihr angestrebtes Ziel mit Sicherheit erreichen.

Vermeiden Sie, den Inhalt dieses Buchs gierig zu „verschlingen" und systemlos von Punkt zu Punkt zu springen, vor allem, wenn es um die praktische Anwendung geht. Auf diese Weise gelangen Sie nie ans Ziel.

Wenn Sie zum Beispiel versuchen, sich die Hypnosetechnik anzueignen, die Ihr persönliches Problem betrifft, ohne vorher die Technik der körperlichen und geistigen Entspannung in Kapitel 2 erlernt zu haben, wird Ihnen der Erfolg versagt bleiben. Versuchen Sie also nicht, das Pferd von hinten aufzuzäumen.

Auch wenn sich das gewünschte Ergebnis nicht sofort einstellt, ermöglicht Ihnen die richtige Gestaltung einer Sitzung zumindest die Erfahrung einer leib-seelischen Entspannung, die Sie in dieser Form mit kaum einer anderen Methode erreichen.

Wenn Sie - vor allem abends - während einer Sitzung einschlafen, ist das nicht weiter schlimm. Die Erholung, die Sie dadurch erfahren, schenkt Ihnen neue Kraft. Sie haben in keinem Fall Ihre Zeit verschwendet.

Sie werden sich zweifellos mit der Zeit besser fühlen und frei von Streß und Nervosität sein, die zwei Geißeln unseres urbanen Lebens. Das wäre bereits ein großer Schritt nach vorne, ein Schritt, der Sie in der Bewältigung Ihrer Probleme voranbringt.

Hypnose ist für jedermann geeignet, außer für Menschen mit Herzleiden bzw. einer Neigung zu Krampfanfällen. In diesem Fall sollten Sie einen Hypnotherapeuten aufsuchen. Die Anwendung von Hyperventilationstechniken (schnelles Aus- und Einatmen) könnte Schwindel, Tachykardien oder unkontrollierte Reaktionen des Körpers hervorrufen.

Versuchen Sie auch nicht, schwere geistige Störungen oder Psychosen durch

Hypnose zu heilen.

Abgesehen von diesen verständlichen Ausnahmen kann die Hypnose uneingeschränkt praktiziert werden.

Die zehn Gebote der Hypnose

1 - Um ein guter Hypnotiseur zu sein, muß man über kein besonderes Talent verfügen und auch kein spezielles Verhalten an den Tag legen.

2 - Die Hypnose ist keine Form des Schlafs, sondern ein Bewußtseinszustand zwischen Wachsein und Schlaf.

3 - Fast alle Menschen sind hypnotisierbar. Nur wenige sprechen auf einen Versuch der (Selbst-)Hypnose nicht an.

4 - Die hypnotische Trance ist ein natürliches Phänomen. Sie ist ein Zustand, der in uns bereits vorhanden ist, eine Art erweitertes Bewußtsein, das unserem normalen Bewußtseinszustand überlegen ist.

5 - Die Selbsthypnose kann jede medizinische Behandlung ergänzen. Sie darf diese jedoch auf keinen Fall ersetzen.

6 - Nach einer Hypnosesitzung werden Sie sich in jedem Fall entspannter fühlen und neue Kraft geschöpft haben.

7 - Es genügt, wenn Sie täglich fünfzehn bis zwanzig Minuten üben.

8 - Während einer (selbst-)hypnotischen Trance werden Sie niemals ganz das Bewußtsein verlieren. Niemand kann Sie zwingen, gegen Ihren Willen zu handeln.

9 - Mit Hilfe der (Selbst-)Hypnose können Sie geistige und körperliche Veränderungen herbeiführen.

10 - Die (Selbst-)Hypnose ist eine einzigartige Methode, mit der Sie von ein paar wenigen Ausnahmen abgesehen all Ihre Probleme lösen können.

Lernen Sie diese zehn Grundsätze auswendig, und betrachten Sie sie als Grundlage Ihrer persönlichen Vorbereitung auf die Hypnose.

Versuchen Sie, sie innerlich anzunehmen. Solange Sie das nicht getan haben, sollten Sie keine der nachstehend beschriebenen Techniken anwenden.

KAPITEL 2

ALLGEMEINE HYPNOSEVERFAHREN

Sie sind nun innerlich auf die Hypnose vorbereitet.

Nachdem Sie sich von den gängigsten Vorurteilen befreit haben, ist Ihr Geist für eine Reise in das Unterbewußte bereit.

Unabhängig von Ihrer aktuellen Situation und Ihren derzeitigen Problemen erfordert die Hypnose:

1 - die Fähigkeit zur geistigen und körperlichen Entspannung,

2 - eine erhöhte Konzentrationsleistung.

Die leib-seelische Entspannung ist unerläßlich, damit Sie Ihren Körper und Geist in den Zustand der hypnotischen Trance versetzen können, also jenen Zustand, in dem Sie die Suggestionen in Ihrem Unterbewußtsein verankern, die unmittelbar nach der Sitzung wirksam werden sollen.

Über eine hohe Konzentrationsfähigkeit sollten Sie deshalb verfügen, um eine Sitzung von A bis Z ohne geistige Zerstreutheit durchhalten zu können. Denn ob eine Sitzung erfolgreich ist, hängt im wesentlichen von ihrem guten

Verlauf ab. Das erklärt, warum ein hohes Maß an Konzentration so wichtig ist.

Die hypnotische Entspannung von Körper und Geist

Um die unendlichen Möglichkeiten der Hypnose auch wirklich nutzen zu können, müssen Sie zunächst nach einer Entspannung von Körper und Geist streben.

Diese Form der Entspannung ist Grundvoraussetzung für den Erfolg jeder Hypnosesitzung.

Entspannung durch richtiges Atmen

Dazu ist als erstes wichtig, daß Sie Ihre Atmung beherrschen. Glücklicherweise ist unsere Atmung ein unbewußtes physiologisches Phänomen. Sie ist auch dann aktiv, wenn wir nicht an sie denken, das heißt also auch nachts, während wir schlafen.

Die Tatsache, daß wir atmen, bedeutet aber noch nicht, daß wir wissen, wie man richtig atmet. Tatsächlich handelt es sich hier um zwei sehr unterschiedliche Dinge.

Meist tendieren wir zur Brustatmung, die sehr kurz und abgehackt ist. Sie erhält uns zwar am Leben, ist aber nicht unbedingt wohltuend. Diese „minimale Atemleistung" reicht nicht aus, um unsere Potentiale auszuschöpfen.

Wenn alle Methoden der (Selbst-)Hypnose und zu einem großen Teil auch sonstige Therapiemaßnahmen die Atmung als grundlegendes Element benutzen, ist das kein Zufall.

Atmen ist Leben. Sämtliche Funktionen von Körper und Geist hängen von der Atmung ab. Ein unregelmäßiger und kurzer Atemrhythmus könnte Sie auf ein mittelmäßiges und banales Leben reduzieren. Ein tiefer und bedachter Rhythmus dagegen ermöglicht Ihnen ein erfülltes Dasein.

Darin liegt das wichtigste Geheimnis der Hypnose. Wenn Sie lernen, Ihre Atmung zu beherrschen, haben Sie auch Kontrolle über Ihr Leben.

Übung Nr. 1: Die Brustatmung

Ziehen Sie sich ein paar Minuten an einen ruhigen Ort zurück, und beobachten Sie Ihre Atmung. Vielleicht nehmen Sie sie in diesem Moment kaum wahr. Vielleicht ist Ihre Haltung gekrümmt, oder Sie fühlen sich nicht wohl in Ihrer Haut und sind unglücklich. Stellen Sie fest, ob das zutrifft.

Oft braucht es nicht viel, um glücklich zu sein. Setzen Sie sich bequem hin, richten Sie Ihren Oberkörper auf, jedoch langsam, um Ihrem Rücken nicht zu schaden, und konzentrieren Sie sich auf Ihre Atmung.

Schließen Sie die Augen und den Mund, und atmen Sie tief durch die Nase aus und ein, jedoch ohne Ihre Atmung zu erzwingen.

Drücken Sie während des Ausatmens die Luft aus dem Brustkorb soweit wie möglich heraus, jedoch ohne daß ein Gefühl des Erstickens sich einstellt.

Füllen Sie während des Einatmens Ihre Lunge soweit wie möglich mit Luft, jedoch ohne daß ein Gefühl des Erstickens sich einstellt.

Testen Sie zunächst Ihre Atemkapazität. Gehen Sie jedoch dabei nicht über Ihre Grenzen hinaus.

Führen Sie diese Übung zehnmal durch.

Wenn Sie sich gut fühlen, können Sie 10 Atemzyklen wiederholen (ein Zyklus = einmal ausatmen + einmal einatmen).

Zweifellos fühlen Sie sich nach dieser Übung weniger gestreßt, und Ihre Ängste haben etwas nachgelassen. Sie sind entspannter, und vielleicht nehmen Sie Ihre Umwelt nun intensiver wahr: Sie sehen, hören, fühlen mehr...

Jetzt haben Sie bereits eine erste Vorstellung davon, wie wertvoll eine regelmäßige Atmung sein kann.

Führen Sie diese Übung Nr. 1 mehrere Male am Tag fünf bis zehn Minuten und (oder) zwanzig Minuten nach dem Aufstehen bzw. vor dem Zubettgehen durch. Nach zwei Tagen gehen Sie zur nächsten Übung über.

Übung Nr. 2: Die Bauchatmung

Diese zweite Übung lehnt sich an die erste an. Der einzige Unterschied besteht darin, daß Sie dieses Mal in den Bauch und nicht in den Brustkorb atmen.

Ziehen Sie beim Ausatmen den Bauch ein, aber erzwingen Sie nichts.

Blähen Sie beim Einatmen den Bauch auf, aber erzwingen Sie nichts.

Schließen Sie die Augen und den Mund, und atmen Sie tief durch die Nase aus und ein, jedoch ohne Ihre Atmung zu erzwingen.

Drücken Sie während des Ausatmens die Luft aus dem Brustkorb soweit wie möglich heraus, jedoch ohne daß ein Gefühl des Erstickens sich einstellt.

Füllen Sie während des Einatmens Ihre Lunge soweit wie möglich mit Luft, jedoch ohne daß ein Gefühl des Erstickens sich einstellt.

Testen Sie zunächst Ihre Atemkapazität. Gehen Sie aber dabei nicht über Ihre Grenzen hinaus.

Führen Sie diese Übung zehnmal durch.

Wenn Sie sich gut fühlen, können Sie 10 Atemzyklen wiederholen (ein Zyklus = einmal ausatmen + einmal einatmen).

Sie verspüren ein ähnliches oder vielleicht sogar noch intensiveres Wohlbehagen als nach Übung Nr. 1.

Diese Bauchatmung durch die Nase sollten Sie unbedingt vor jeder Hypnosesitzung durchführen.

Mit dieser Atemtechnik erreichen Sie eine stärkere leib-seelische Entspannung als mit der identischen Brustübung.

Versuchen Sie, diese Bauchatmung ebenfalls während des Tages einige Male zu praktizieren, damit Sie sie für die Hypnosesitzungen besser beherrschen.

Üben Sie diese Atemweise so lange, bis Sie Ihnen selbstverständlich ist, und gehen Sie erst dann zu nächsten Übung über.

Übung Nr. 3: Die bewußte Atmung

Richtiges Atmen ist eine Sache, eine zweite ist, sich seiner Atmung bewußt zu sein. Folgende Atemtechnik eignet sich übrigens hervorragend als Vorbereitung auf den nächsten Schritt, die Steigerung der Konzentrationsfähigkeit.

Bewußtes Atmen bedeutet, daß man während des Atmens seine eigene Atemaktivität wahrnimmt.

Gehen Sie dabei folgendermaßen vor:

- Lassen Sie sich bequem nieder, das heißt sitzend auf einem Stuhl oder ausgestreckt auf dem Boden oder einem Bett liegend. Wenn Sie sich für einen Stuhl entschieden haben, lockern Sie die Schultern und legen die

Arme über die Lehnen des Stuhls oder auf die Oberschenkel.

- Schließen Sie die Augen, führen Sie die Bauchatmung durch, und beginnen Sie dabei mit dem Ausatmen, um die verbrauchte Luft aus Ihrer Lunge herauszustoßen.

Sagen oder denken Sie während des Ausatmens: „Ich atme aus, ich weiß, daß ich ausatme."

Sagen oder denken Sie während des Einatmens: „Ich atme ein, ich weiß, daß ich einatme."

Praktizieren Sie diese Übung zehn Minuten lang, oder führen Sie vierzig Atemzyklen durch, wobei Sie folgendermaßen zählen:

„1. Ich atme aus, ich weiß, daß ich ausatme. Ich atme ein, ich weiß, daß ich einatme."

„2. Ich atme aus, ich weiß, daß ich ausatme. Ich atme ein, ich weiß, daß ich einatme."

„3. Ich atme aus, ich weiß, daß ich ausatme. Ich atme ein, ich weiß, daß ich einatme."

Usw. bis 40.

Diese Übung wirkt außerordentlich beruhigend auf Ihren Geist. Gleichzeitig stärken Sie damit Ihre Konzentrationsfähigkeit.

Wenn Gedanken in Ihnen aufsteigen, lassen Sie sie ruhig zu. Kehren Sie anschließend zu Ihrer Atemübung zurück.

Beschränken Sie sich nicht auf Ihren Intellekt, indem Sie sich ausschließlich auf das Formulieren der Sätze konzentrieren. Sprechen Sie die Sätze, und versuchen Sie dabei, Ihre Atmung bewußt wahrzunehmen. Reduzieren Sie also die Übung nicht zu einer bloßen Verstandesübung, sondern bemühen Sie sich, sie wirklich zu erleben.

Führen Sie diese Übung eine Woche lang morgens und abends jeweils fünfzehn Minuten durch. Anschließend können Sie zur nächsten Übung übergehen.

Übung Nr. 4: Die leib-seelische Entspannung

Jetzt wissen Sie, wie Sie Ihren Geist beherrschen können. Im folgenden werden Sie die Kontrolle über die Einheit von Körper und Geist erlernen, in der Sie die wirkliche und vollkommene Entspannung erfahren.

Körper und Geist sind niemals voneinander zu trennen. Alles, was eine Wirkung auf den einen Teil hat, beeinflußt auch den anderen. Wenn der Körper nicht funktioniert, nimmt auch der Geist Schaden, und umgekehrt.

Es ist sehr wichtig, daß Sie vor jeder Hypnosesitzung zu einer tiefen inneren Ruhe finden. Wenn Sie über das Auslösen des hypnotischen Prozesses in Ihr Unterbewußtsein hinabsteigen wollen, sollten zwischen Ihnen und diesem Prozeß möglichst wenig Hindernisse liegen. Wenn Ihr Geist zerstreut oder abgelenkt ist, wenn Sie körperlich angespannt oder nervös sind, richten sich Körper und Geist wie zwei Mauern auf, die Sie auf dem Weg zu Ihrer persönlichen Erfüllung nur schwer überwinden werden.

Aus diesem Grund sollte jede ernstgemeinte Hypnosesitzung mit der leib-seelischen Entspannung beginnen.

Dafür wenden Sie das an, was Sie bereits gelernt haben, das heißt die bewußte Atmung, die Sie nun durch eine Technik der tiefen körperlichen Entspannung ergänzen.

- Lassen Sie sich bequem nieder, das heißt sitzend auf einem Stuhl oder ausgestreckt auf dem Boden oder einem Bett liegend. Wenn Sie sich für einen Stuhl entschieden haben, lockern Sie die Schultern und legen die

Arme über die Lehnen des Stuhls oder auf die Oberschenkel.

- Schließen Sie die Augen, und führen Sie die Bauchatmung durch, wie in vorheriger Übung beschrieben. Beginnen Sie mit dem Ausatmen, um die verbrauchte Luft aus Ihrer Lunge herauszustoßen.

- Praktizieren Sie die Bauchatmung so lange, bis Ihre Atmung langsam und tief wird, oder führen Sie zwanzig aufeinanderfolgende Atemzyklen durch.

- Richten Sie anschließend während des Ausatmens Ihren Atem mental und physisch auf die verschiedenen Teile Ihres Körpers, das heißt auf: Füße, Waden, Oberschenkel, Bauch, Sonnengeflecht, Brust, Hände, Unterarme, Oberarme, Schultern, Kiefer, Stirn, Haare, Hinterkopf, oberer Rücken, unterer Rücken.

Hauchen Sie mit jedem neuen Zyklus in Richtung eines neuen Körperteils, beim einundzwanzigsten Ausatmen auf die Füße, beim zweiundzwanzigsten Ausatmen auf die Waden, beim dreiundzwanzigsten Ausatmen auf die Oberschenkel usw.

Beginnen Sie folgendermaßen:

„Ich atme aus und entspanne meinen linken Fuß, ich atme ein und entspanne meinen linken Fuß."

„Ich atme aus und entspanne meine linke Wade, ich atme ein und entspanne meine linke Wade."

„Ich atme aus und entspanne mein linkes Knie, ich atme ein und entspanne mein linkes Knie."

„Ich atme aus und entspanne meinen linken Oberschenkel, ich atme ein und entspanne meinen linken Oberschenkel."

Und so weiter.

- Sobald Sie diesen Vorgang abgeschlossen haben, verweilen Sie einen Augenblick in dem erreichten Entspannungszustand und konzentrieren sich auf den Rhythmus Ihrer Atmung.

Sie sind nun körperlich und geistig völlig entspannt. Ihr Bewußtseinszustand ist tief und erweitert.

Dabei sind Sie in keiner Weise eingeschlafen, sondern völlig wach. Ihr Geist funktioniert einwandfrei! Sie verspüren jetzt mehr Vitalität und Optimismus...

Üben Sie diese Technik eine Woche lang, bevor Sie zur nächsten Übung übergehen.

Die idealen Bedingungen der Selbsthypnose

Jetzt wissen Sie, wie Sie mit der Methode der leib-seelischen Entspannung Kontrolle über die Einheit von Körper und Geist gewinnen. Vielleicht haben Sie bereits erste Veränderungen in Ihrem Verhalten festgestellt. Ihr Leben nimmt allmählich eine Wendung. Sie sind (je nach Fall) ruhiger, dynamischer, ehrgeiziger, fröhlicher usw. geworden.

Sie haben den Weg in Richtung eines erfüllten Lebens eingeschlagen. Wenn Sie diesen Weg nicht aus eigenem Entschluß wieder verlassen, werden Sie ihn unbeirrbar weitergehen, bis Sie Ihre Ziele erreicht haben.

Nun müssen Sie die Rahmenbedingungen für eine ideale Selbsthypnose schaffen.

Nachstehende Ratschläge basieren auf Erfahrungen. Sie können sie Ihren eigenen Lebensumständen anpassen, aber halten Sie bitte unbedingt den Ablauf der jeweiligen Übungen ein, damit Sie von Ihrer neu entdeckten hypnotischen Kraft auch wirklich profitieren können.

Wenn Sie mir bis hierher gefolgt sind, müssen Sie nun Ihr Leben allmählich ändern bzw. einige Ihrer Lebensgewohnheiten umstellen, ansonsten werden

Sie während der nächsten, weitaus anspruchsvolleren Phasen scheitern.

Nehmen Sie diese notwendigen Veränderungen jedoch Schritt für Schritt vor. Sie haben übrigens bereits damit begonnen, indem Sie obige Übungen durchführten. Die nun folgenden weiterführenden Methoden sind die Fortsetzung dieser ersten Versuche.

Ob Ihre Hypnosesitzungen erfolgreich sind, hängt nicht zuletzt von der Wahl der äußeren Bedingungen (Ort und Zeitpunkt) ab.

a) Der Ort

Versuchen Sie, für Ihre Hypnosesitzungen einen Ort ohne äußere Lärmeinwirkung (Nachbarn, Straßenverkehr, Bauarbeiten usw.) zu finden. Den Raum sollten Sie außerdem vollständig abdunkeln können. Wenn Ihre Wohnung nicht gut schallisoliert ist, wählen Sie den Bereich, der am besten vor Lärm und Licht geschützt ist (Badezimmer, Speicher, Keller usw.).

Gestalten Sie den Raum so, daß er alle Voraussetzungen erfüllt. Sie benötigen einen Stuhl, einen kleinen Tisch, auf dem Sie Ihre Arbeitsmaterialien ablegen können, d.h. dieses Handbuch, Ihr Hypnosetagebuch (siehe später), einen Kassettenrecorder, Induktionshilfen (Kerze, Metronom, Wecker usw.).

Schaffen Sie auch ausreichend Platz, damit Sie sich ausgestreckt hinlegen können, und legen Sie eine Decke für den Fall bereit, daß Ihnen während längerer Entspannungsphasen kalt wird. Der ideale Ort ist das Schlafzimmer. Geeignet ist aber auch ein Wohnzimmer mit einer Couch oder einer auf dem Boden ausgebreiteten Decke.

Der Raum sollte über eine angenehme Atmosphäre verfügen. Sie müssen sich wohl darin fühlen. Lüften Sie ihn häufig, oder zünden Sie vor und während der Sitzung Räucherstäbchen an, um eine gute Stimmung zu erzeugen und schlechte Gerüche zu vertreiben.

b) Der Zeitpunkt

Wählen Sie für Ihre Sitzung einen Zeitpunkt, zu dem Sie mit Sicherheit nicht gestört werden. Stecken Sie das Telefon aus, oder schalten Sie Ihren Anrufbeantworter ein. Achten Sie darauf, daß Sie über genügend Zeit verfügen und Sie durch nichts gedrängt werden. Planen Sie für die ersten Sitzungen ungefähr eine Stunde sein, in der Sie absolut nichts erledigen müssen. Es ist wichtig, daß kein Termin auf Sie wartet (kein beruflicher Termin, kein Kind, das abgeholt werden muß, kein Zahnarztbesuch usw.). Nur so können Sie sich von Ihrer Sitzung einen optimalen Nutzen versprechen.

Der günstigste Zeitpunkt für das Abhalten einer Hypnosesitzung sind der frühe Vormittag und die Nacht.

Wie wirksam die Techniken der (Selbst-)Hypnose bei Ihnen sind, hängt ganz davon ab, wie Sie diese Form der Selbsthilfe angehen. Bei den ersten Versuchen sollten Sie sich unbedingt genügend Zeit lassen und die Übungen auch wirklich exakt durchführen. Die hier beschriebenen Hypnosetechniken sind zum Teil sehr ausführlich. Lassen Sie sich jedoch nicht entmutigen, nach ein paar Versuchen werden Sie sie schnell und mühelos anwenden können. Wichtig ist zunächst, daß Sie Schritt für Schritt vorgehen, wenn Sie von den Übungen wirklich profitieren wollen.

In der Hypnose spielt die Wiederholung eine wichtige Rolle. Je öfter Sie die Übungen durchführen, desto leichter werden Sie Ihnen fallen.

Mit den nachstehenden Verfahren lassen sich zum Teil identische Probleme lösen. Gehen Sie jede dieser Übungen mehrere Male durch. Sie werden rasch feststellen, daß Ihnen einige besser gefallen als andere. Manche

Menschen fühlen sich zum Beispiel von der Entspannungstechnik mit Konzentration auf den Nabel stärker angesprochen, andere bevorzugen die Fixierung auf das dritte Auge. Je nach persönlichen Vorlieben werden Sie bestimmte Übungen besser im Gedächtnis behalten, sie werden Sie stärker faszinieren und schließlich eine größere Wirkung zeigen.

Damit Sie jedoch mit jeder Methode vertraut sind, sollten Sie sie jeweils eine Woche lang regelmäßig praktizieren. Sobald Sie die einzelnen Abläufe verinnerlicht haben, reicht eine tägliche fünfzehn- bis zwanzigminütige Anwendung aus, damit sie schnell Ihre Wirkung zeigen.

c) Verlieren Sie nicht die Geduld

Die Techniken der Selbsthypnose sind erstaunlich wirksam, das werden Sie selbst bald feststellen. Aber wie bei jeder Disziplin muß man sich zunächst in Geduld üben, bevor sich ein Erfolg verbuchen läßt. Konkret heißt das, daß Sie je nach Schwere und Dauer Ihres Problems regelmäßig üben müssen.

Manchmal genügen bereits ein paar Minuten, um die Wirkungen der einen oder anderen Methode zu spüren; häufig sind jedoch mehrere Wiederholungen notwendig. In der Regel ist nach drei oder vier Wochen Ihr Problem verschwunden oder zum Teil gelöst.

d) Führen Sie ein Hypnosetagebuch

Ein Hypnosetagebuch ist absolut unerläßlich. Sie halten darin nach jeder Sitzung die angewandte Methode, aber auch die erzielten Fortschritte fest. Dieses systematische Vorgehen wird in ganz beachtlicher Weise zum Heilungsprozeß bzw. zur Bewältigung Ihrer Probleme beitragen.

Wenn Sie sich von mehreren Problemen befreien wollen oder verschiedene Ziele anstreben, sollten Sie eine Liste erstellen. Schämen Sie sich nicht, auch noch so peinliche Fehler und Laster einzugestehen. Eine Grundvoraussetzung der Problembewältigung ist das Erkennen von Schwierigkeiten. Das ist ein auch in der Psychologie anerkanntes Prinzip. Wenn Sie versuchen, ein offensichtlich vorhandenes Problem loszuwerden, aber es gleichzeitig leugnen, kommen Sie nur schwer, wenn überhaupt voran.

Sobald Sie Ihre Liste erstellt haben, bringen Sie Ihre Probleme in die Reihenfolge, in der Sie sie in Angriff nehmen wollen. Setzen Sie diejenigen an den Anfang Ihrer Liste, deren Bewältigung Ihnen am leichtesten erscheint. Wenn Sie auf diese methodische Weise Ihren persönlichen „Berg abtragen", werden Sie schnelle Fortschritte erzielen.

Falls es Ihnen schwerfällt, Ihre verborgenen psychischen Blockaden ausfindig zu machen, sollten Sie trotzdem mit der Durchführung nachstehender allgemeiner Hypnosetechniken beginnen. Denn dank der durch die Hypnose erzielten Bewußtseinserweiterung werden Sie Ihre „wunden Punkte" spontan erkennen.

Einführung in die hypnotische Entspannung

Im folgenden werden Sie nun einige Übungen kennenlernen, die Sie in das weite Gebiet der Hypnose einführen. Praktizieren Sie diese Übungen zwei bis drei Wochen lang, bevor Sie sich an die Lösung Ihrer speziellen Probleme wagen.

Halten Sie die drei Techniken fest, die Ihnen am meisten zusagen, und listen Sie sie in der Reihenfolge Ihrer persönlichen Bevorzugung auf. Das

Kriterium der Wahl sollte sein, daß Ihnen ihre Durchführung tatsächlich Freude bereitet.

Die hypnotischen Entspannungsübungen werden zwangsläufig erste Veränderungen in Ihrem Wesen und Verhalten hervorrufen. Vielleicht gelingt es Ihnen sogar schon, gewissen persönlichen Schwächen und Schwierigkeiten ein Ende zu setzen.

Diese Übungen werden Ihnen das spätere Erlernen der Techniken der Selbsthypnose erleichtern, die Gegenstand der nachfolgenden Kapitel sind. Sie bilden übrigens nicht selten die erste Phase der leib-seelischen Entspannung, die der zweiten Phase, in der neue Konzepte im Unterbewußtsein verankert werden, auch Lösungsphase genannt, unbedingt vorausgehen muß.

Die meisten dieser Übungen führen gleichzeitig zu einer Zunahme der Konzentrationsfähigkeit, die für die Durchführung langer Hypnosesitzungen unbedingt erforderlich ist.

Methode Nr. 1: Das eigene Erkennen

Dank dieser Technik, die von Chris Papis, einem der Mitbegründer der wissenschaftlichen Hypnose inspiriert ist, können Sie Probleme schnell ausfindig machen, die sich mittels Selbsthypnose lösen lassen.

- Listen Sie die Ihnen bewußten Beweggründe auf, die Sie dazu veranlassen, Selbsthypnose zu betreiben. Seien Sie aufrichtig zu sich selbst, und lassen Sie kein Detail, keinen Fehler aus.
- Ordnen Sie Ihre Probleme nach ihrer Dringlichkeit, wobei Sie mit den harmlosesten beginnen und zu jenen vorstoßen, die Ihnen am gravierendsten

erscheinen. Beantworten Sie dabei folgende Fragen:

Warum habe ich dieses Problem?

Wie äußert es sich?

Wie lange quält es mich schon?

Warum habe ich nicht versucht, mich davon zu befreien?

- Setzen Sie sich bequem hin, oder legen Sie sich hin.
- Führen Sie zehn Bauchatmungen durch, und entspannen Sie nach und nach sämtliche Teile Ihres Körpers, indem Sie sie in folgender Reihenfolge visualisieren: Füße, Waden, Oberschenkel, Po, Bauch, Sonnengeflecht, Brust, Hände, Unterarme, Oberarme, Schultern, Kiefer, Stirn, Haare, Hinterkopf, oberer Rücken, unterer Rücken, Wirbelsäule.
- Sobald Sie den Zustand der hypnotischen Entspannung erreicht haben, fassen Sie bezüglich des Problems, das Ihre Liste anführt, einen positiven Gedanken.

Wenden Sie diese Technik zunächst an, um jene Vorurteile aus Kapitel 1 abzubauen, die Sie möglicherweise noch mit sich herumtragen. Wenn Sie sich zum Beispiel von der Angst vor Selbsthypnose befreien wollen, sagen Sie: „Ab jetzt vertraue ich auf mich. Ich bin absolut in der Lage, die wohltuenden Wirkungen der hypnotischen Kraft zu spüren. Vielen Menschen ist das bereits gelungen. Deshalb wird es auch mir gelingen."

* **Empfehlung:** Führen Sie die Übung regelmäßig, d.h. einmal täglich durch, und halten Sie die Ergebnisse fest. Auf diese Weise motivieren Sie sich selbst.

Gehen Sie das zweite Vorurteil auf Ihrer Liste erst dann an, wenn Sie das erste vollständig abgebaut haben.

Methode Nr. 2 oder die Methode der Mönche des Bergs Athos

Diese Übung ist den Meditationstechniken der Mönche des Bergs Athos in Griechenland entliehen.

- Lassen Sie sich im Schneidersitz an einem ruhigen Ort nieder. Wenn Ihnen diese Position zunächst unangenehm ist (Sie sind nicht daran gewöhnt; Sie leiden an Gelenkschmerzen, Rheuma usw.), setzen Sie sich auf einen Stuhl. Halten Sie sich gerade, und lassen Sie die Schultern locker nach unten fallen. Die Augen sind halb geschlossen. Sie können sich auch ausgestreckt hinlegen.
- Konzentrieren Sie sich auf Ihre Atmung. Folgen Sie dem natürlichen Rhythmus Ihrer Atmung, aber erzwingen Sie sie nicht. Ihre Atmung wird mit der Zeit langsamer und tiefer.
- Visualisieren Sie Ihren Nabel, und atmen Sie dabei wie oben beschrieben weiter.
- Lassen Sie Ihren Gedanken freien Lauf. Nehmen Sie keinen Einfluß darauf. Versuchen Sie nicht, den einen oder anderen Gedanken zurückzuhalten oder zu verdrängen. Sobald Ihre Aufmerksamkeit von einem dieser Gedanken in Anspruch genommen wird, lenken Sie Ihr Bewußtsein erneut auf Ihre Atmung, und der Gedanke wird von selbst verschwinden.

* **Dauer:** Mindestens fünfzehn Minuten pro Tag. Keine zeitliche Begrenzung nach oben. Mit etwas Übung können Sie täglich bis zu dreißig Minuten schaffen.

Am besten führen Sie die Übung morgens nach dem Aufstehen durch, um Kraft für den Tag zu schöpfen.

* **Wirkung:** Entspannung, Bewußtseinserweiterung, Steigerung der Vitalität.

Methode Nr. 3 oder die Methode des dritten Auges

Es handelt sich hier um eine Technik, die der hinduistischen Meditation entstammt.
- Setzen oder legen Sie sich hin, und schließen Sie die Augen.
- Atmen Sie ca. 20 mal langsam in den Bauch ein und aus. Es wird Sie sofort ein Gefühl der Ruhe erfassen.
- Stellen Sie sich Ihr drittes Auge vor. Das dritte Auge ist nach orientalischer Tradition ein geöffnetes Auge, das sich in einem Dreieck befindet und zwischen den Augenbrauen direkt oberhalb der Nase liegt.
- Konzentrieren Sie sich auf dieses dritte Auge, und führen Sie weiterhin die Bauchatmung durch. Falls irgendwelche Gedanken diesen Prozeß überlagern sollten, kehren Sie sofort zur Ihrer Visualisierungs- und Atemtechnik zurück.

* **Dauer:** Zunächst sollten Sie diese Übung eine Woche lang ca. zehn Minuten täglich durchführen, damit sie Wirkung zeigt. Anschließend können Sie sie praktizieren, wann immer es Ihnen nötig erscheint.
* **Wirkung:** Ideal, um einen Zustand der Tiefenentspannung herzustellen, oder wenn Sie geistig zur Ruhe kommen oder Ihre Vitalität steigern wollen. Wenn Sie diese Übung regelmäßig morgens nach dem Erwachen durchführen, wird sie Ihnen Energie für den ganzen Tag spenden.
Diese Methode ist auch dann empfehlenswert, wenn Ihnen morgens das Aufstehen schwerfällt. Stellen Sie Ihren Wecker zehn bis fünfzehn Minuten

früher als üblich, und nutzen Sie die gewonnene Zeit, um diese Übung langsam und konzentriert durchzuführen. Sie wird Ihnen ein intensives Entspannungsgefühl vermitteln und Ihnen das morgendliche Aufstehen erleichtern. Gleichzeitig wird Ihr Bewußtsein klar und aktiv.

Auch während des Tages bei Ermüdungserscheinungen zu empfehlen.

Diese Übung ist so einfach, daß Sie überall (am Arbeitsplatz, zu Hause, in öffentlichen Verkehrsmitteln) durchgeführt werden kann.

Methode Nr. 4: Die Klanginduktion

Diese Methode ist sehr wichtig, denn die Klanginduktion (das Auslösen der hypnotischen Trance durch Konzentration auf ein regelmäßiges Geräusch) ist eines der schnellsten und wirksamsten Verfahren, um den Zustand der Hypnose zu erreichen, der häufig bereits ausreicht, um eine leib-seelische Entspannung zu erfahren.

Die Klanginduktion kann auch den einleitenden Teil einer Hypnosesitzung darstellen. In diesem Fall bereitet sie auf die Lösungsphase vor, in der der Hypnotiseur im Klienten neue Gedanken- und Verhaltensmuster in Form von post-hypnotischen Suggestionen verankert, die der Hypnotisierte nach Rückkehr zu seinem normalen Bewußtsein in die Tat umsetzt.

Dieses Induktionsverfahren erfordert eine Geräuschquelle. Es kann das Ticken einer Uhr oder die Nadel eines Chronometers sein, oder besser noch ein Metronom, das den Vorteil bietet, daß sich Geschwindigkeit und Zahl der Schläge variieren lassen. Mit der Veränderung des Rhythmus kann zudem ein „sonorer Wiege-Effekt" erzeugt werden, der schnell zu einem hypnotischen Entspannungszustand führt, der sich wiederum durch einen verlangsamten Rhythmus verstärken läßt (ein „Tak" alle zwei Sekunden zum Beispiel). Mit einem Metronom können Sie das „Tak-Tak" modulieren und Ihrer Persönlichkeit anpassen.

- Wiederholen Sie laut oder leise mehrere Male das Ziel, das Sie mit dieser Übung anstreben (Herbeiführen eines Entspannungszustands, Steuerung des Gedankenflusses, Erzeugung einer inneren Ruhe usw.).
- Lassen Sie sich an einem ruhigen Ort nieder, und entspannen Sie Ihre Muskeln nacheinander von den Füßen bis zum Kopf wie unter Methode Nr. 1 beschrieben.
- Schalten Sie die Geräuschquelle ein, schließen Sie die Augen, und konzentrieren Sie sich auf das erzeugte Geräusch.
- Sprechen Sie mehrere Male folgenden Satz, und achten Sie dabei darauf, daß Sie die Bauchatmung durchführen: „Dieser Ton erfaßt meine gesamte Aufmerksamkeit und beruhigt mich..."
- Kehren Sie anschließend zu Ihrem normalen Bewußtseinszustand zurück, und beobachten Sie Ihre innerlichen Veränderungen sowie Ihre veränderte Wahrnehmung der äußeren Welt.

* **Dauer:** Zunächst genügt es, wenn Sie die Übung eine Woche lang zehn Minuten täglich durchführen. Anschließend können Sie sie beliebig oft und lange praktizieren, bis Sie das gewünschte Maß an Konzentration erreicht haben.
* **Wirkung:** Beruhigung des Geistes, Konzentration auf ein Ziel, das Sie anstreben, oder auf eine bestimmte Aufgabe, die Sie ausführen wollen.
* **Empfehlung:** Diese Übung eignet sich vor allem zur Steigerung der Konzentrationsfähigkeit sowie zur Vermeidung von geistiger Zerstreutheit. Ich empfehle Ihnen, sie vor jeder geistigen Arbeit durchzuführen, damit Sie

Ihre Gedanken vollständig und anhaltend auf Ihr Vorhaben richten können. Wenn Sie diese Methode mehrmals täglich oder auch nur einmal am Tag (zum Beispiel morgens) anwenden, wird es Ihnen leichter fallen, Ihre Motivation für ein langfristiges Projekt aufrechtzuerhalten.

Ein Vorteil dieser Methode ist, daß sie die Gedächtnisleistung verbessert und den Willen stärkt. Das Verfahren der Klanginduktion erweist sich insbesondere im Studium und im beruflichen Leben als hilfreich.

Methode Nr. 5: Die Yogi-Technik

Diese Methode ist von der alternierenden Atmung der Yogi beeinflußt. Sie regt die Atmung an und ermöglicht uns eine bewußte Wahrnehmung unserer Atemaktivität.

Die meisten Menschen atmen schlecht oder zu schnell und können diesen Prozeß nicht steuern, wozu man jedoch in der Lage sein sollte, um in allen Lebenslagen Ruhe bewahren zu können.

Mit Sicherheit ist Ihnen bei den oben beschriebenen Methoden aufgefallen, welch großen Wert ich auf die Bauchatmung lege.

Die Beherrschung der Yogi-Technik macht ihre Wichtigkeit einmal mehr deutlich. Wenn Sie diese Technik der alternierenden Atmung regelmäßig anwenden, werden Sie ständig Kontrolle über Ihre geistigen Fähigkeiten behalten.

- Setzen, stellen oder legen Sie sich hin. Atmen Sie einmal tief ein, und drücken Sie anschließend die linke Nasenöffnung mit dem Daumen der linken Hand zu.

- Atmen Sie durch die rechte Nasenöffnung aus, und zählen Sie bis 5. Atmen

Sie anschließend durch dieselbe Nasenöffnung wieder ein.

- Sobald das Einatmen beendet ist, drücken Sie die rechte Nasenöffnung mit dem rechten Daumen zu. Halten Sie nun den Atem an, und zählen Sie dabei bis 5.

- Lassen Sie anschließend die linke Nasenöffnung los, und atmen Sie langsam und tief aus. Zählen Sie nach dem Ausatmen bis 5.

- Atmen Sie nun wieder langsam und tief ein, und drücken Sie anschließend erneut die linke Nasenöffnung mit dem linken Daumen zu.

- Zählen Sie bis 5, und lassen Sie dann die rechte Nasenöffnung los. Beginnen Sie die Übung von vorne.

* **Dauer:** Zehn aufeinanderfolgende alternierende Atemzyklen pro Tag sind ausreichend.

* **Wirkung:** Kontrolle der Gefühle, Entspannung von Körper und Geist, Steigerung der Konzentrationsfähigkeit, Behebung von Schlafstörungen (Schlaflosigkeit, Alpträume).

Je langsamer und tiefer Ihre Atmung wird, desto wohler werden Sie sich fühlen. Das Zählen dient nur als Hilfestellung. Es ermöglicht Anfängern, die Übung durchzuführen, ohne ein Gefühl des Erstickens zu verspüren, das dem positiven Verlauf der Übung abträglich sein könnte. Wenn es Ihnen möglich ist, können Sie die einzelnen Phasen der Übung auch verlängern, aber erzwingen Sie nichts. Die obere Grenze ist stets der Augenblick, in dem Sie zu ersticken meinen. Auf diese Weise können Sie die Dauer eines jeden Atemzyklus (ein Zyklus = einmal ausatmen + einmal einatmen) nach und nach steigern.

Für diese Übung muß die Nase natürlich frei sein. Sie sollten also zum Beispiel nicht erkältet sein.

Methode Nr. 6: Die gelbe Blase

- Setzen oder legen Sie sich hin. Legen Sie eine Hand flach auf das Sonnengeflecht, und schließen Sie die Augen.
- Beginnen Sie mit der Bauchatmung.
- Stellen Sie sich vor, daß inmitten Ihrer Brust ein gelbe, durchsichtig schimmernde Blase entsteht, die nach und nach größer wird.
- Konzentrieren Sie sich auf diese Blase. „Betrachten" Sie sie eingehend. Erfreuen Sie sich an ihrer makellos runden Form und der gelben Farbe ihrer Oberfläche.
- Lassen Sie die Blase größer werden, bis Sie sie vollständig umhüllt.
- Stellen Sie sich vor, daß Sie in ihrem Licht baden, bis Sie ein Gefühl des inneren Friedens verspüren.
- Verweilen Sie fünf Minuten in diesem Entspannungszustand.
- Konzentrieren Sie sich anschließend erneut auf Ihre Atmung. Führen Sie drei oder vier Atemzyklen (einatmen und ausatmen) durch, öffnen Sie anschließend die Augen, und wiederholen Sie die Übung.

* **Dauer:** Fünfzehn Minuten.
* **Wirkung:** Kontrolle der Gefühle, Entspannung und Regenerierung von Körper und Geist, Verbesserung der Konzentrationsfähigkeit.
* **Empfehlung:** Diese Übung basiert auf einer Technik der Farbvisualisierung, das heißt der Vorstellung der Farbe Gelb, einer spirituellen Farbe mit revitalisierender Kraft. Die Visualisierung von farbigen kreis- oder kugelförmigen Gebilden hat eine sichere und schnelle Wirkung auf die Psyche. Sie können sich anstatt der gelben Blase auch eine dreidimensionale Pyramide vorstellen, die allmählich größer wird, bis sie Sie vollständig umschließt. Die Pyramidenform ist bekannt für ihren

wohltuenden Einfluß auf den menschlichen Körper.

Methode Nr. 7: Die Lichtinduktion

Wie die Klanginduktion ist die Methode der Lichtinduktion besonders geeignet, um einen hypnotischen Entspannungszustand herbeizuführen. Als Induktionshilfe dient in der Regel eine Kerzenflamme.

- Lassen Sie sich an einem ruhigen Ort nieder.
- Formulieren Sie laut oder leise den Grund, der Sie veranlaßt hat, diese Übung durchzuführen. Vielleicht suchen Sie nach innerer Ruhe oder Entspannung, vielleicht wollen Sie Streß abbauen usw.
- Zünden Sie eine Kerze an.
- Fixieren Sie diese Lichtquelle; konzentrieren Sie sich vollständig darauf. Beginnen Sie mit der Bauchatmung.
- Entspannen Sie sämtliche Muskeln Ihres Körpers wie unter Methode Nr. 1 beschrieben.
- Fixieren Sie weiterhin diesen Punkt, und wiederholen Sie mehrere Male folgenden Satz: „Je länger ich diesen Lichtpunkt fixiere, desto mehr entspanne ich mich."
- Sobald Sie dieses Gefühl der Entspannung verspüren, schließen Sie die Augen.
- Stellen Sie sich nun die Lichtquelle eine Minute lang im Geiste vor. Wenn es ein Kerze ist, vertiefen Sie sich in ihre Form und ihre Farben. Verbleiben Sie zehn Minuten in diesem Zustand.
- Kehren Sie anschließend zu Ihrem normalen Bewußtseinszustand zurück, indem Sie fünf tiefe Bauchatmungen durchführen.

* **Dauer:** Sie können diese Übung zeitlich begrenzen (fünf bis zehn Minuten), aber auch ohne zeitliche Beschränkung durchführen.
* **Wirkung:** Steigerung der Konzentrationsfähigkeit, Entspannung, Behebung von Schlaflosigkeit.

Methode Nr. 8: Das Mantra

Dieses Verfahren basiert auf einem sogenannten „SoHam"-Mantra, das einem spirituellen Ritus des Hinduismus entstammt. Man sagt ihm aktivierende Eigenschaften auf Körper und Geist nach. Das Mantra besteht aus zwei Silben - „So" und „Ham" -, die vereint „Das bin ich" bedeuten. Das wiederholte Sprechen von „SoHam" fördert unser wahres Ich zutage und befreit uns von auferlegten Denk- und Verhaltensmustern.

- Setzen oder legen Sie sich hin. Entspannen Sie sämtliche Muskeln, indem Sie nach und nach die verschiedenen Teile Ihres Körpers visualisieren, also: Füße, Waden, Oberschenkel, Po, Bauch, Sonnengeflecht, Brust, Hände, Unterarme, Oberarme, Schultern, Kiefer, Stirn, Haare, Hinterkopf, oberer Rücken und unterer Rücken.
- Führen Sie zehn tiefe und langsame Bauchatmungen durch, und konzentrieren Sie sich ganz auf Ihren Nabel. Vergessen Sie nicht, zwischen jedem Atemzyklus kurz innezuhalten.
- Wiederholen Sie anschließend laut oder leise „Ham" während des Einatmens und „So" während des Ausatmens, bis Sie ein Gefühl der tiefen Entspannung verspüren.

* **Dauer:** Anfänger beginnen mit fünfzehn Minuten täglich während der ersten Woche. Anschließend können Sie die Dauer steigern. Wenn Sie die Übung morgens nach dem Aufwachen durchführen, wird Ihnen dieses Mantra Kraft und innere Ausgeglichenheit für den Tag spenden.

* **Wirkung:** Steigerung der Konzentrationsfähigkeit, Entspannung, Erweiterung der normalen Bewußtseins, Stärkung des Willens, Steigerung der körperlichen und geistigen Dynamik, geistige Ruhe.

* **Empfehlung:** Mit dieser Übung können Sie sich auch in einen Zustand der Tiefenentspannung oder in den Schlaf versetzen, wenn Sie unter Einschlafproblemen leiden.

Methode Nr. 9: Die Raben

- Legen Sie sich auf ein Bett oder eine auf dem Boden ausgebreitete Decke.
- Entspannen Sie sämtliche Muskeln, indem Sie in den Bauch ein- und ausatmen.
- Schließen Sie die Augen.
- Stellen Sie sich vor, daß Ihr Körper sich langsam bis ca. 50 cm über den Boden erhebt.
- Wenn Sie diese Höhe erreicht haben, halten Sie inne und betrachten Ihren schwebenden Körper.
- Stellen Sie sich vor, daß Ihre Müdigkeit in der Gestalt von schwarzen Raben aus Ihrem Körper entweicht. Die Raben verlassen nach und nach die verschiedenen Teile Ihres Körpers: Füße, Waden, Oberschenkel, Po, Bauch, Sonnengeflecht, Brust, Hände, Unterarme, Oberarme, Schultern, Kiefer, Stirn, Haare, Hinterkopf, oberer Rücken und unterer Rücken.
- Wenn dieser mentale Vorgang abgeschlossen ist, behalten Sie die

schwebende Position bei und verbleiben in dem erreichten Zustand der Tiefenentspannung.

- Lassen Sie anschließend Ihren Körper langsam auf den Boden zurücksinken, und kehren Sie in Ihre körperliche Hülle zurück.
- Führen Sie fünf tiefe Bauchatmungen durch, und öffnen Sie anschließend die Augen.

* **Dauer:** Mit oder ohne zeitliche Begrenzung. Praktizieren Sie diese Übung während der Phase des Erlernens einmal täglich. Anschließend bei Bedarf.
* **Wirkung:** Bekämpfung von Müdigkeit oder einer vorübergehenden körperlichen Schwäche, Steigerung der Vitalität.
* **Empfehlung:** Morgens als vorbeugende Maßnahme besonders geeignet.

Methode Nr. 10: Die schwarzen Fische

Diese Methode lehnt sich an die Schule des bekannten Hypnotherapeuten Dr. Guyonnaud an.

- Legen Sie sich auf ein Bett oder eine auf dem Boden ausgebreitete Decke.
- Entspannen Sie sämtliche Muskeln, indem Sie in den Bauch ein- und ausatmen.
- Schließen Sie die Augen, und wiederholen Sie: „Ich werde meine Müdigkeit besiegen..." oder „Ich werde meine Vitalität steigern..."
- Denken Sie an Wasser (an einen Fluß, einen See, ein Schwimmbad usw.).
- Betrachten Sie sich, wie Sie in das Wasser steigen, und „spüren" Sie, wie die Müdigkeit in der Gestalt von Hunderten von kleinen schwarzen Fischen Ihren Körper verläßt.

Wenn Sie mit dieser Übung Ihre Vitalität steigern wollen, stellen Sie sich vor, daß das Wasser Ihre Kräfte mobilisiert.

- Sobald die Fische verschwunden sind, beginnen Sie mit der Bauchatmung. Stellen Sie sich vor, daß Sie flach auf dem Wasser liegen.

- Wenn Sie diese Technik anwenden, um neue Kraft zu schöpfen, dann versuchen Sie, ein paar Zentimeter über der Wasseroberfläche zu schweben.

- Strecken Sie sich im Geiste, aber auch körperlich, und genießen Sie die Entspannung, die Sie dabei erfahren. Wenn Sie Lust zu gähnen verspüren, dann tun Sie das ausgiebig.

- Lassen Sie sich senkrecht auf den Untergrund des Wassers fallen, und spüren Sie die Sie umfließenden Strömungen.

- Sobald Sie am Boden angekommen sind, stoßen Sie sich kurz mit dem Fuß ab und kehren an die Oberfläche zurück.

- Atmen Sie einmal aus und einmal ein.

- Konzentrieren Sie sich kurz auf den Rhythmus Ihrer Atmung, und genießen Sie die dabei erreichte Entspannung.

* **Dauer:** Am besten einmal täglich morgens als vorbeugende Maßnahme. Anschließend bei Bedarf während des Tages.

* **Wirkung:** Bekämpfung von allgemeiner Müdigkeit oder einer vorübergehenden körperlichen Schwäche, Steigerung der Vitalität.

* **Empfehlung:** Wenn Sie sich für diese Methode entscheiden, dürfen Sie natürlich keine Angst vor dem Wasser haben. Wenn das Wasser Ihnen unheimlich ist, führen Sie Übung Nr. 9 durch.

Methode Nr. 11: Die zielgerichtete Atmung

Diese Methode dürfte Ihnen bereits bekannt sein (siehe Übung Nr. 4: die leib-seelische Entspannung im vorherigen Kapitel).

- Setzen oder legen Sie sich bequem hin. Schließen Sie die Augen.
- Formulieren Sie laut oder leise Ihren Vorsatz des Tages: „Ich werde gleich völlig entspannt sein" oder „Ich werde Streß von mir fernhalten".
- Führen Sie die Bauchatmung durch, bis sie langsam und tief wird, oder zählen Sie zwanzig Atemzyklen.
- Richten Sie ab dem einundzwanzigsten Zyklus Ihren Atem während des Ausatmens mental und physisch auf die verschiedenen Teile Ihres Körpers, das heißt auf: Füße, Waden, Oberschenkel, Po, Bauch, Sonnengeflecht, Brust, Hände, Unterarme, Oberarme, Schultern, Kiefer, Stirn, Haare, Hinterkopf, oberer Rücken und unterer Rücken.

Hauchen Sie mit jedem neuen Zyklus in Richtung eines neuen Körperteils, beim einundzwanzigsten Ausatmen auf die Füße, beim zweiundzwanzigsten Ausatmen auf die Waden, beim dreiundzwanzigsten Ausatmen auf die Oberschenkel usw.

- Wenn Sie den Vorgang abgeschlossen haben, verweilen Sie im erreichten Entspannungszustand und beobachten den Rhythmus Ihrer Atmung.

* **Dauer:** Zehn Minuten täglich oder bei Bedarf.
* **Wirkung:** Schutz vor Streß, Entspannung, Steigerung der Vitalität.
* **Empfehlung:** Entspannen Sie jeden Teil Ihres Körpers, indem Sie ihn visualisieren. Bei Rücken, Po und Kopf stellen Sie sich natürlich vor, daß Sie in Richtung dieser Körperteile atmen.

Wenn Sie diese Übung morgens nach dem Erwachen alleine oder im Anschluß an Methode Nr. 2 und 3 durchführen, wird Ihnen das Aufstehen leichter fallen.

Methode Nr. 12: Der Goldstaub

- Setzen oder legen Sie sich hin. Schließen Sie die Augen.
- Formulieren Sie laut oder leise Ihren Vorsatz des Tages oder den Grund, der Sie veranlaßt hat, diese Übung durchzuführen: „Ich will meine Konzentration steigern", „Ich will meine Müdigkeit überwinden", „Ich möchte meinen Willen stärken", usw.
- Führen Sie die Bauchatmung durch. Stellen Sie sich während des Einatmens vor, daß die Luft, die sie aufnehmen, aus Goldstaub (eine spirituelle Farbe mit regenerierender Kraft) besteht.
- Halten Sie den Atem kurz an, und beobachten Sie, wie dieser Goldstaub bis zu Ihren Füßen hinabsteigt, sie umhüllt und reinigt.
- Atmen Sie aus, und stellen Sie sich vor, daß aus Ihren Nasenöffnungen ein schwarzer schmutziger Staub austritt, den Sie entfernen.
- Legen Sie eine Pause ein, und beginnen Sie anschließend mit einem neuen Atemzyklus.
- Atmen Sie wieder Goldstaub ein.
- Halten Sie kurz an, und beobachten Sie, wie dieser Goldstaub Ihren Körper hinabsteigt, Ihre Beine umfließt und „wäscht".
- Atmen Sie aus, und stellen Sie sich vor, daß aus Ihren Nasenöffnungen ein schwarzer schmutziger Staub austritt, den Sie entfernen.
- Legen Sie eine Pause ein, und beginnen Sie anschließend mit einem neuen Atemzyklus.
- Wiederholen Sie den Vorgang, und stellen Sie sich nach und nach die verschiedenen Teile Ihres Körpers vor: Füße, Waden, Oberschenkel, Po, Bauch, Sonnengeflecht, Brust, Hände, Unterarme, Oberarme, Schultern, Kiefer, Stirn, Haare, Hinterkopf, oberer Rücken und unterer Rücken.
- Wenn Sie diesen Zyklus abgeschlossen haben, verweilen Sie in dem

erreichten Entspannungszustand und atmen langsam und tief aus und ein.

* **Dauer:** Täglich oder bei Bedarf. 10 Minuten genügen, wenn Sie nicht über mehr Zeit verfügen, ansonsten keine zeitliche Beschränkung.

* **Wirkung:** Bekämpfung von allgemeiner Müdigkeit oder einer vorübergehenden körperlichen Schwäche, Steigerung der Vitalität, Erweiterung des normalen Bewußtseins, Erhöhung der Konzentrationsfähigkeit und Steigerung der Sinneswahrnehmung (hören, riechen, schmecken, fühlen, sehen).

* **Empfehlung:** Zur Einstimmung auf diese Übung sollten Sie zunächst fünf Minuten lang Methode Nr. 2 oder 3 durchführen.

Methode Nr. 13: Die schwarze Wolke

Mit dieser von der Arbeit des berühmten Hypnotherapeuten J.-J. Dexter inspirierten Technik können Sie in die hypnotische Trance gehen. Außerdem ist diese Methode einen erholsamen Schlaf sehr förderlich.

- Legen Sie sich auf ein Bett oder eine auf dem Boden ausgebreitete Decke.
- Schließen Sie die Augen, und sagen Sie laut oder leise: „Ich werde ein Gefühl des Wohlbehagens verspüren, und mein Körper wird sich immer mehr entspannen..."
- Führen Sie die Bauchatmung durch, und entspannen Sie sich nach und nach, indem Sie die verschiedenen Teile Ihres Körpers visualisieren: Füße, Waden, Oberschenkel, Po, Bauch, Sonnengeflecht, Brust, Hände, Unterarme, Oberarme, Schultern, Kiefer, Stirn, Haare, Hinterkopf, oberer Rücken und unterer Rücken, Wirbelsäule.

- Sobald Sie diesen Vorgang abgeschlossen haben, sprechen Sie laut oder leise zu sich selbst folgende Formel: „Ich spüre, wie mein Körper sich hier entspannt (auf diesem Bett, auf dieser Decke, auf dem Boden usw.). Jeder Teil meines Körpers ist schwer, wird immer schwerer... Mein Kopf ist schwer, er wird immer schwerer, diese Schwere erfaßt meine Stirn, meine Augen... mein ganzes Gesicht... Sie breitet sich aus... Jetzt ist mein Hals schwer, jetzt ist meine Brust schwer..."
- Steigen Sie auf diese Weise Ihren Körper vom Kopf bis zu den Füßen hinab, also in umgekehrter Reihenfolge zu den vorangegangenen Übungen.
- Wenn Sie bei den Füßen angelangt sind, sollten Sie sich bleischwer fühlen und nicht mehr bewegen wollen. Versuchen Sie, dieses Gefühl der Schwere wirklich zu spüren.
- Stellen Sie sich eine schwarze Wolke vor, die auf Sie zukommt und Sie „verschlingt". Wenn sie sich in Höhe Ihrer Füße befindet, sagen Sie: „Diese Wolke verschlingt mich... Sie ist über mir... Ich fühle mich schwer, sehr schwer... Ich kann gegen dieses Gefühl der Schwere und diese schwarze Wolke nichts tun... Sie umhüllt meine Füße... meine Oberschenkel... meine Beine... Ich fühle mich gut, ich will mich nicht bewegen... Die schwarze Wolke umhüllt mein Geschlecht... meinen Po... meinen Bauch... mein Sonnengeflecht... meine Brust... Ich schlafe ein. Mein Kopf ist schwer... Diese Wolke verschlingt mich immer mehr. Sie erfaßt meine Hände... meine Arme... meine Schultern... Ich fühle mich gut, ich will mich nicht bewegen... Der Schlaf bemächtigt sich meiner... Jetzt erfaßt diese schwarze Wolke mein Gesicht... meinen Kopf... Sie hat mich völlig bedeckt, aber ich fühle mich gut, ich will mich nicht bewegen... Ich werde schläfrig... Ich schlafe ein...".
- Kehren Sie langsam in den Wachzustand zurück. Vermeiden Sie ruckartige Bewegungen. Strecken Sie sich.

* **Dauer:** Sie können diese Übung beliebig lange durchführen. Die Mindestdauer sollte jedoch fünf Minuten betragen.

* **Wirkung:** Schutz vor Streß, Vorbereitung auf den Schlaf, Bekämpfung von Alpträumen oder Schlaflosigkeit.

* **Empfehlung:** Wiederholen Sie die Formel so lange, bis Sie den Zustand der hypnotischen Trance erreicht haben oder bis der Schlaf Sie übermannt. Sprechen Sie mit entschlossener Stimme, denn von der Kraft Ihrer Überzeugung hängt ab, welches Ergebnis Sie erreichen. Sie sollten übrigens bei der Anwendung jeder Methode fest daran glauben, daß Sie damit zur Lösung Ihres Problems beitragen.

Wenn Sie bereits lange unter Schlaflosigkeit leiden, werden mehrere Sitzungen erforderlich sein (mindestens 2 Wochen bis 1 Monat täglich vor dem Schlafengehen, wenn Sie wollen, daß Ihre Schlaflosigkeit ganz oder teilweise verschwindet).

Methode Nr. 14: Der Leuchtpunkt

Mit dieser Methode können Sie von der hypnotischen Trance in einen erholsamen Schlaf hinübergleiten.

- Legen Sie sich auf den Rücken, oder setzen Sie sich hin. Führen Sie die Bauchatmung durch.

- Befreien Sie Ihren Geist von störenden Gedanken, und sagen Sie: „Ich werde bald einschlafen."

- Fixieren Sie einen farbigen Punkt bzw. ein farbiges Plättchen, das Sie an der Wand angebracht haben, wenn Sie sitzen, oder das Sie an der Decke befestigt haben, wenn Sie liegen. Konzentrieren Sie sich auf diesen Punkt oder dieses Plättchen.

- Sagen Sie laut oder leise: „Ich denke nur an diesen Punkt (an dieses Plättchen). Ich konzentriere mich darauf... Nichts kann mich ablenken, kein Lärm, kein Gedanke... Mein Kopf wird schwer... Meine Augenlider fallen herab, aber ich konzentriere mich immer noch auf diesen Punkt (oder dieses Plättchen)... Er (es) erfaßt meine ganze Aufmerksamkeit... Meine Augenlider fallen herab... Ich fühle mich müde... Ich schließe die Augen... Sie sind geschlossen, aber ich bin ganz auf diesen Punkt (auf dieses Plättchen) konzentriert... Ich habe keinen anderen Gedanken als den, daß ich mich auf diesen Punkt (dieses Plättchen) konzentriere. Dieser Punkt leuchtet im Dunkeln und erleuchtet meinen Geist... Mein Kopf wird immer schwerer, und ich fühle mich sehr müde... Der Punkt (oder das Plättchen) verliert an Leuchtkraft... Ich schlafe ein... Der Punkt (oder das Plättchen) verschwindet allmählich... Es herrscht nun völlig Dunkelheit, aber ich fühle mich darin wohl... Ich falle langsam in einen dunklen Abgrund, der mich verschlingt. Je weiter ich falle, desto tiefer schlafe ich... Jetzt bin ich vollständig eingeschlafen..."

- Um in den Wachzustand zurückzukehren, beenden Sie die Sitzung, indem Sie mehrere Male einen zuvor eingeübten Satz wiederholen, zum Beispiel: „Die Sitzung ist nun beendet... Ich wache wieder auf, ich verlasse den hypnotischen Zustand."

* **Dauer:** Wenn Sie über genügend Zeit verfügen, führen Sie diese Übung am besten ohne zeitliche Begrenzung durch, ansonsten sollten Sie fünfzehn Minuten vorsehen.

* **Wirkung:** Schutz vor Streß, Vorbereitung auf den Schlaf oder Bekämpfung von Schlaflosigkeit.

* **Empfehlung:** Wiederholen Sie die Formel so lange, bis Sie den

hypnotischen Zustand erreicht haben, der Sie auf den Schlaf vorbereitet oder Sie in denselben versetzt. Ob die Übung Wirkung zeigt, liegt vielmehr daran, wie sehr Sie entschlossen sind, mit dieser Technik erfolgreich zu sein, als an der Zahl der Wiederholungen. In der Regel genügt es, wenn Sie die Formal drei- bis fünfmal sprechen.

Vielleicht haben Sie bemerkt, daß in den Formeln dieser Methode einige Wörter und Wendungen ständig wiederkehren. Diese Redundanz, auf die Sie in den folgenden Kapiteln des öfteren stoßen werden, soll den hypnotischen Zustand vertiefen.

Methode Nr. 15: Die auditive Entspannung

Die auditive Methode lehnt sich an ein Verfahren an, das der amerikanische Psychologe Stanley Chase entwickelte.
Sie finden sie auf der Tonkassette, die Sie mit diesem Handbuch erhalten haben. Der gesamte Text der Kassette wurde von mir selbst gesprochen.
Kleben Sie einen farbigen - am besten gelben, grünen oder blauen - Punkt an die Wand, wenn Sie die Übung im Sitzen durchführen, bzw. an die Decke, wenn Sie während der Übung lieber liegen.

„Lassen Sie sich bequem auf einem Stuhl nieder, der eine Rückenlehne haben sollte, damit Ihr Kopf gestützt ist. Die Füße sind flach auf den Boden gestellt..." *Oder sagen Sie:* „Legen Sie sich auf ein Bett, die Arme liegen neben dem Körper, die Beine sind geschlossen..."
„Atmen Sie mindestens zehnmal langsam und tief in den Bauch ein und aus."

Lassen Sie auf dem Band 2 Minuten verstreichen, und fahren Sie anschließend im selben Tonfall fort:

„Entspannen Sie nach und nach Ihren gesamten Körper in folgender Reihenfolge: Füße... Waden... Oberschenkel... Po... Bauch... Sonnengeflecht... Brust... Hände... Unterarme... Oberarme... Schultern... Lendengegend... Rücken... Halsbereich... Kiefer... Stirn... Haare... Hinterkopf..."

Legen Sie zwischen jedem Körperteil eine Pause ein.

„Ihr Körper ist jetzt völlig entspannt, Ihre Arme hängen locker nach unten... Sie fühlen sich schwer, sehr schwer, immer schwerer..."

„Jetzt fixieren Sie eine Minute lang den Punkt an der Wand (an der Decke)."

Legen Sie eine entsprechende Pause auf dem Band ein, und fahren Sie anschließend im selben Tonfall fort:

„Fixieren Sie weiterhin den Punkt, auch wenn Ihre Augen brennen, oder wenn Sie spüren, daß sie sich langsam schließen... Wenn Ihre Augen nach Ablauf dieser Zeit nicht geschlossen sind, schließen Sie sie bewußt und entspannen sich."

„Hören Sie mir zu, und führen Sie dabei weiterhin die Bauchatmung durch. Ich werde langsam von 1 bis 5 zählen. Während ich laut zähle, wird sich Ihr Körper immer mehr entspannen."

„1: Ihr Körper entspannt sich, Sie lassen sich gehen..."

„2: Sie entspannen sich immer mehr...."

„3: Sie lassen sich in diesen angenehmen Zustand fallen..."

„4: Ihre Augenlider werden schwer, sie sind jetzt sehr schwer. Ihr Körper will und kann sich nicht mehr bewegen."

„5: Jetzt ist es soweit: Sie sind völlig entspannt. Jetzt sind Sie im Zustand der Selbsthypnose."

Wiederholen Sie diesen Abschnitt zweimal, damit der Klient völlig entspannt ist.

„Lassen Sie Ihren Gedanken nun freien Lauf... Versuchen Sie nicht, den einen oder anderen Gedanken zurückzuhalten oder zu verdrängen... Lassen Sie sie ganz einfach entstehen. Damit Ihnen das gelingt, konzentrieren Sie sich auf Ihre Atmung, oder stellen Sie sich eine schöne Landschaft vor (Strand, Gebirge, Feld), die Sie ganz besonders lieben."

Lassen Sie auf dem Band fünf Minuten verstreichen, und fahren Sie anschließend im selben Tonfall fort.

„Nun werden Sie folgenden Vorsatz fünfmal wiederholen: 'Wenn ich nun erwache, werde ich völlig entspannt sein. Diese Übung hilft mir, meine Vitalität zu steigern.' Und nun Sie."

Legen Sie auf dem Band eine dreiminütige Pause ein, und fahren Sie anschließend im selben Tonfall fort.

„Damit Sie wieder zu Ihrem normalen Bewußtseinszustand zurückkehren, werde ich rückwärts von 5 bis 1 zählen. Während ich zähle, werden Sie langsam aus dem Zustand der Selbsthypnose erwachen. Bei „1" haben Sie Ihr normales Bewußtsein wiedererlangt."

„Führen Sie jetzt ein paar tiefe Atemzüge durch."

Lassen Sie auf dem Band zwei bis drei Minuten verstreichen, und fahren Sie anschließend im selben Tonfall fort.

„5: Sie werden nun gleich diesen außergewöhnlichen Zustand verlassen..."

„4: Strecken Sie Ihren Körper, Ihre Arme und Ihre Beine..."

Legen Sie eine kleine Pause ein, und fahren Sie anschließend im selben Tonfall fort.

„3: Gähnen Sie ausgiebig..."

Legen Sie eine kleine Pause ein, und fahren Sie anschließend im selben Tonfall fort.

„2: Öffnen Sie die Augen..."

Legen Sie eine kleine Pause ein, und fahren Sie anschließend im selben Tonfall fort.

„1: Nehmen Sie Ihre gewohnten Aktivitäten mit dem festen Entschluß auf, Ihre neue Geisteshaltung in den Alltag zu übernehmen."

Jetzt kennen Sie fünfzehn Methoden, mit denen Sie sich in den Zustand der hypnotischen Entspannung versetzen können. Wenn Sie sich einen Monat lang darin üben, werden Sie feststellen, daß sich Veränderungen in Ihrem Leben vollziehen.

Schreiben Sie die fünf Techniken auf, die Ihnen am besten gefallen, und praktizieren Sie sie regelmäßig.

Ihre bloße Anwendung könnte bereits genügen, daß Sie sich gesünder und geistig gestärkt fühlen. Später werden sie sich als wertvoller Beitrag zur Lösung Ihrer Probleme erweisen.

Zunächst ist jedoch wichtig, daß Sie die Methoden eine bestimmte Zeit, d.h. mindestens zwei Monate, trainieren, bevor Sie sie auf eines Ihrer persönlichen Probleme anwenden.

In den folgenden Kapiteln werden unterschiedliche Probleme einzeln behandelt. Wenden Sie zur Lösung Ihrer persönlichen Schwierigkeiten die jeweils spezifischen Hypnosetechniken an, die auf den oben beschriebenen Verfahren basieren oder diese ergänzen.

Die zwei Phasen einer Hypnosesitzung

Eine seriöse Hypnosesitzung besteht aus zwei großen Phasen.

1 - Die erste Phase umfaßt die leib-seelische Entspannung, die man mit

Methoden erzielt, welche denen im vorangegangenen Kapitel beschriebenen Techniken sehr ähnlich sind. Dieser erste Schritt dient dazu, Ihnen einen direkten Zugang zu Ihrem Unterbewußtsein zu verschaffen.

2 - In der zweiten Phase, der sogenannten Lösungsphase, wird ein neues Verhalten, mit dem Sie sich von einem bestimmten Problem lossagen können, in Ihrem Geist verankert. Diese Phase stützt sich auf sogenannte post-hypnotische Suggestionen, das heißt feste Vorsätze, die Sie mit aller Entschlossenheit fassen. Da Ihr Körper und Geist während der Trance völlig aufnahmebereit sind, lassen sie sich in Ihrem Unterbewußtsein leichter festmachen.

KAPITEL 3

Kraft und Vitalität tanken

Unser modernes Leben ist anstrengend. Der Rhythmus des Alltags wird immer schneller, und wir benötigen immer mehr Kraft, um Arbeit, Familie und Freizeit vereinen zu können.

Häufig sind wir am Ende eines Tages so erschöpft, daß uns jeder Schritt schwerfällt.

Wir beeilen uns, nach Hause zu kommen, um endlich ausspannen zu können. Dort angelangt, bringen wir gerade noch die Kraft auf, unser Abendbrot zuzubereiten und zu essen, und nicht selten widerfährt es uns, daß wir anschließend vor dem Fernseher oder mit einem Buch in der Hand, das wir eigentlich gerne lesen würden, einschlafen.

Sind wir im Bett, fühlen wir uns erleichtert, weil wir meinen, nun endlich Erholung zu finden. Aber leider wachen wir am nächsten Morgen beinahe ebenso erschöpft auf, wie wir uns abends zur Ruhe gelegt haben.

Die Tage und Wochen verstreichen, es fällt uns immer schwerer, morgens aufzustehen, und unsere Müdigkeit hält trotz einiger Ferientage, die wir eingelegt haben, während des ganzen Tages an.

Obwohl wir ausreichend schlafen und manchmal auch zu einer Schlaftablette oder auch einem „Muntermacher" greifen, fühlen wir uns müde und am Ende unserer Leistungsfähigkeit. Und indem wir so weitermachen, laufen wir nicht zuletzt Gefahr, in eine Depression zu verfallen!

Damit es gar nicht so weit kommt, müssen wir täglich neue Energie tanken.

Unsere eigenen Kraftreserven reichen nicht immer aus, um dem Alltag standzuhalten, auch wenn wir mit Vitaminpräparaten und sonstigen Produkten unseren Körper und Geist stärken.

Eine wirklich wirksame Hilfe bieten hier bestimmte Hypnosetechniken. Einige Methoden, deren Durchführung sich vor allem abends empfiehlt, führen in einen erholsamen Schlaf. Andere, die sich für den Morgen eignen, schenken Energie für den ganzen Tag.

Wenn Sie diese Hypnosetechniken anwenden, werden Sie sich gestärkt fühlen und Lösungen für Ihre Probleme finden. Sie werden neue Kraft schöpfen und Ihre Vitalität steigern.

Für einen erholsamen Schlaf

Schlafmangel und Schlaflosigkeit sind eine Geißel unserer Zeit. Inmitten des hektischen Rhythmus unseres urbanen Lebens und des ständig auf uns eindringenden Lärms ist es nicht immer einfach, nachts in einen langen und erholsamen Schlaf zu sinken.

Mit Hilfe folgender Hypnosetechniken werden Sie sich regenerieren. Sie werden schnell einschlafen und aus einem ungestörten Schlaf bis zum nächsten Morgen körperlich und geistig gestärkt hervorgehen.

Mit den hier beschriebenen Techniken werden Sie neue Energie tanken. Wenn Sie unter Schlaflosigkeit leiden, lesen Sie unter Kapitel 8. Im Schlaf

Erholung finden *nach*.

Führen Sie die Übungen eine Stunde vor dem Zubettgehen durch.
Ihre letzte Mahlzeit sollte mindestens zwei Stunden zurückliegen. Vermeiden Sie außerdem jede Art von Hintergrundgeräusch wie Fernseher, Radio oder eine aufpeitschende Musik. Sehen Sie sich auch keine Krimis, Katastrophenberichte oder sonstige Sendungen mit Schreckensmeldungen an.
Legen Sie eine sanfte Musik auf, zünden Sie ein Räucherstäbchen an, und lassen Sie sich vor allem Zeit. Setzen oder legen Sie sich hin, und entspannen Sie sich. Denken Sie an etwas Erheiterndes, betrachten Sie Photos oder Bilder, die Ihr Auge erfreuen. Achten Sie darauf, daß Ihre Kleidung bequem ist, damit Sie ungehindert atmen können.
Gehen Sie anschließend folgendermaßen vor. Wählen Sie unter den nachstehenden drei Methoden jene, die Ihnen am besten gefällt.

Einschlafübung Nr. 1
- Legen Sie sich auf Ihrem Bett oder an einem sonstigen ruhigen Ort ausgestreckt hin.
Atmen Sie einmal tief ein, und drücken Sie anschließend die linke Nasenöffnung mit dem Daumen der linken Hand zu.
- Atmen Sie durch die rechte Nasenöffnung aus, und zählen Sie bis 5. Atmen Sie anschließend durch dieselbe Nasenöffnung wieder ein.
- Sobald das Einatmen beendet ist, drücken Sie die rechte Nasenöffnung mit dem rechten Daumen zu. Halten Sie nun den Atem an, und zählen Sie dabei bis 5.

- Lassen Sie anschließend die linke Nasenöffnung los, und atmen Sie langsam und tief aus. Zählen Sie nach dem Ausatmen bis 5.
- Atmen Sie nun wieder langsam und tief ein, und drücken Sie anschließend erneut die linke Nasenöffnung mit dem linken Daumen zu.
- Zählen Sie bis 5, und lassen Sie dann die rechte Nasenöffnung los. Beginnen Sie nun die Übung von vorne.
- Nach zehn Zyklen müßten Sie in einen tiefen und erholsamen Schlaf fallen. Ist das nicht der Fall, fahren Sie fort, bis Sie einschlafen. Im allgemeinen dauert das nicht lange.

*Empfehlung: Bei Schlafstörungen sollten Sie diese Methode zwei Wochen lang regelmäßig anwenden. Danach werden sich Ihre Schlafprobleme sehr wahrscheinlich gebessert haben oder vollständig verschwunden sein. Falls sie dennoch anhalten sollten, führen Sie diese Übung so lange durch, bis Ihre Störungen vollständig abgeklungen sind.

Einschlafübung Nr. 2
- Nachdem Sie die unter *Einschlafübung Nr. 1* genannten Voraussetzungen (leichte Mahlzeit, bequeme Kleidung, sanfte Musik usw.) erfüllt haben, legen Sie sich in Ihr Bett.
- Führen Sie die Bauchatmung durch, bis Ihre Atmung langsam und tief wird, oder zählen Sie zwanzig aufeinanderfolgende Atemzyklen.
- Richten Sie ab dem einundzwanzigsten Zyklus Ihren Atem während des Ausatmens mental und physisch auf die verschiedenen Teile Ihres Körpers, das heißt auf: Füße, Waden, Oberschenkel, Po, Bauch, Sonnengeflecht, Brust, Hände, Unterarme, Oberarme, Schultern, Lendengegend, Rücken, Halsbereich, Kiefer, Stirn, Haare, Hinterkopf

- Hauchen Sie mit jedem neuen Zyklus in Richtung eines neuen Körperteils, beim einundzwanzigsten Ausatmen auf die Füße, beim zweiundzwanzigsten auf die Waden, beim dreiundzwanzigsten auf die Oberschenkel usw.
- Wenn Sie diesen Vorgang abgeschlossen haben, verweilen Sie in dem erreichten Entspannungszustand und konzentrieren sich 10 Minuten lang auf den Rhythmus Ihrer Atmung.
- Schließen Sie die Augen, und wiederholen Sie laut oder leise Ihren Vorsatz, also zum Beispiel: „Ich werde heute nacht tief schlafen. Ich werde mit Hilfe dieser Methode in den Schlaf sinken. Indem ich diese Methode exakt anwende, werde ich schnell einschlafen."
- Stellen Sie sich vor, daß Ihr Körper sich langsam bis ca. 50 cm über den Boden erhebt.
- Wenn Sie diese Höhe erreicht haben, halten Sie inne und betrachten Ihren schwebenden Körper.
- Stellen Sie sich vor, daß Ihre Müdigkeit in der Gestalt von schwarzen Raben aus Ihrem Körper entweicht. Die Raben verlassen nach und nach die verschiedenen Teile Ihres Körpers: Füße, Waden, Oberschenkel, Po, Bauch, Sonnengeflecht, Brust, Hände, Unterarme, Oberarme, Schultern, Kiefer, Stirn, Haare, Hinterkopf, oberer Rücken und unterer Rücken.
- Wenn dieser mentale Vorgang abgeschlossen ist, behalten Sie die schwebende Position bei und verbleiben in dem erreichten Zustand der Tiefenentspannung.
- Lassen Sie anschließend Ihren Körper langsam auf den Boden zurücksinken, und kehren Sie in Ihre körperliche Hülle zurück.
- Führen Sie mehrere tiefe Bauchatmungen durch, bis Sie einschlafen. Lassen Sie dabei Ihren Gedanken freien Lauf.

Einschlafübung Nr. 3

- Nachdem Sie die unter *Einschlafübung Nr. 1* beschriebenen Voraussetzungen (leichte Mahlzeit, bequeme Kleidung, sanfte Musik usw.) erfüllt haben, legen Sie sich auf Ihr Bett.

- Schließen Sie die Augen, und sagen Sie laut oder leise zu sich selbst: „Ich werde ein Gefühl des Wohlbehagens verspüren, und mein Körper wird sich immer mehr entspannen, bis ich vollständig eingeschlafen bin..."

- Führen Sie die Bauchatmung durch, entspannen Sie sich nach und nach, indem Sie die einzelnen Teile Ihres Körpers visualisieren: Füße, Waden, Oberschenkel, Po, Bauch, Sonnengeflecht, Brust, Hände, Unterarme, Oberarme, Schultern, Kiefer, Stirn, Haare, Hinterkopf.

- Sobald Sie diesen Vorgang abgeschlossen haben, sprechen Sie laut oder leise zu sich selbst folgende Formel: „Ich spüre, wie mein Körper sich hier entspannt (auf diesem Bett, auf dieser Decke, auf dem Boden usw.). Jeder Teil meines Körpers ist schwer, wird immer schwerer... Mein Kopf ist schwer, er wird immer schwerer, diese Schwere erfaßt meine Stirn, meine Augen... mein ganzes Gesicht... Sie breitet sich aus... Jetzt ist mein Hals schwer, jetzt ist meine Brust schwer..."

Steigen Sie auf diese Weise Ihren Körper vom Kopf bis zu den Füßen hinab.

- Wenn Sie bei den Füßen angelangt sind, sollten Sie sich bleischwer fühlen und nicht mehr bewegen wollen. Versuchen Sie, dieses Gefühl der Schwere wirklich zu spüren.

- Stellen Sie sich eine schwarze Wolke vor, die auf Sie zukommt und Sie „verschlingt". Wenn Sie sich in Höhe Ihrer Füße befindet, sagen Sie: „Diese Wolke verschlingt mich... Sie ist über mir... Ich fühle mich schwer, sehr schwer... Ich kann gegen dieses Gefühl der Schwere und diese schwarze Wolke nichts tun... Sie umhüllt meine Füße... meine Oberschenkel... meine Beine... Ich fühle mich gut, ich will mich nicht bewegen... Die schwarze

Wolke umhüllt mein Geschlecht... meinen Po... meinen Bauch... mein Sonnengeflecht... meine Brust... Ich schlafe ein. Mein Kopf ist schwer... Diese Wolke verschlingt mich immer mehr. Sie erfaßt meine Hände... meine Arme... meine Schultern... Ich fühle mich gut, ich will mich nicht bewegen... Der Schlaf bemächtigt sich meiner... Jetzt erfaßt diese schwarze Wolke mein Gesicht... meinen Kopf... Sie hat mich völlig bedeckt, aber ich fühle mich gut, ich will mich nicht bewegen... Ich werde schläfrig... Ich schlafe ein..."
- Wiederholen Sie diese progressive Visualisierung der schwarzen Wolke einige Male. Normalerweise werden Sie damit problemlos einschlafen. Falls es Ihnen dennoch nicht gelingen sollte, atmen Sie tief in den Bauch ein und wieder aus, bis der Schlaf Sie übermannt.

Wenden Sie diese drei Methoden sechs Tage lang im Wechsel oder jede Technik jeweils eine Woche an.

Entscheiden Sie sich anschließend für jene, die die größte Wirkung bei Ihnen zeigt oder die Ihnen am besten gefällt. Das Kriterium der Wahl sollte sein, daß Sie schnell einschlafen.

Morgens Energie tanken

Die genannten Einschlaftechniken können Sie morgens durch Belebungsübungen ergänzen.

Damit Ihr Tag streßfrei und Ihre Nacht erholsam ist, sollten Sie jeden Tag eine Belebungs- sowie und Einschlafübung durchführen.

Nehmen Sie sich morgens nach dem Aufstehen fünfzehn bis zwanzig Minuten Zeit für eines dieser kraftspendenden Rituale. Wie die oben beschriebenen Methoden sollten Sie auch diese drei Belebungsübungen an mindestens vier aufeinanderfolgenden Tagen durchführen, bevor Sie einem Verfahren den Vorzug geben. Entscheiden Sie sich anschließend für jenes, das Ihnen am meisten entspricht, oder wechseln Sie sie ab.

Belebungsübung Nr. 1

- Lassen Sie sich an einem ruhigen Ort im Schneidersitz nieder, oder setzen Sie sich auf einen Stuhl, wenn Ihnen diese Haltung zunächst Schwierigkeiten bereitet. Halten Sie sich gerade, lockern Sie die Schultern. Die Augen sind halb geschlossen. Sie können auch im Bett liegenbleiben.

- Konzentrieren Sie sich auf Ihre Atmung. Folgen Sie dem natürlichen Rhythmus Ihrer Atmung, aber erzwingen Sie sie nicht. Ihre Atmung wird mit der Zeit langsamer und tiefer.

- Lassen Sie Ihren Gedanken freien Lauf. Nehmen Sie keinen Einfluß darauf. Versuchen Sie nicht, den einen oder anderen Gedanken zurückzuhalten oder zu verdrängen. Sobald Ihre Aufmerksamkeit von einem dieser Gedanken in Anspruch genommen wird, lenken Sie Ihr Bewußtsein erneut auf Ihre Atmung, und der Gedanke wird von selbst verschwinden.

- Wiederholen Sie folgende Formel zehnmal. Sprechen Sie dabei mit entschlossener Stimme: „Diese Übung gibt mir Kraft für den Tag. Ich spüre bereits, wie eine neue Energie mich erfüllt. Ich bin ausgeruht und fühle mich bereit, meinen Aufgaben nachzugehen."

- Führen Sie zwanzig tiefe und langsame Bauchatmungen durch. Das Gefühl der Ruhe, das sich bereits eingestellt hat, wird stärker.

- Stellen Sie sich Ihr drittes Auge vor. Das dritte Auge ist ein geöffnetes Auge, das sich nach orientalischer Tradition in einem Dreieck befindet und zwischen den Augenbrauen direkt oberhalb der Nase liegt.

- Konzentrieren Sie sich auf das geistige Bild dieses dritten Auges, und führen Sie dabei weiterhin zehn Minuten lang die Bauchatmung durch. Falls irgendwelche Gedanken diesen Prozeß überlagern sollten, kehren Sie sofort zur Ihrer Visualisierungs- und Atemtechnik zurück.

- Sprechen Sie anschließend mit entschlossener Stimme zehnmal folgende Formel: „Jetzt habe ich neue Kraft getankt. Ich bin bereit, diesen neuen Tag mit viel Elan zu beginnen. Wenn mein Geist wach und mein Wille stark ist, werde ich in den nächsten vierundzwanzig Stunden in allen Bereichen meines Lebens vorankommen. Mit dieser Überzeugung stehe ich nun auf und nehme meine Probleme in Angriff."

- Erheben Sie sich im Bewußtsein dieser positiven Geisteshaltung, und wenden Sie sie auf Ihren Alltag an. Wenn Sie während des Tages einzubrechen drohen oder Gefahr laufen, obigen Vorsatz zu vergessen, wiederholen Sie ihn zehnmal.

Belebungsübung Nr. 2

- Setzen Sie sich hin, oder bleiben Sie liegen. Legen Sie eine Hand flach auf das Sonnengeflecht, und schließen Sie die Augen.

- Beginnen Sie mit der Bauchatmung.

- Stellen Sie sich vor, daß inmitten Ihrer Brust ein gelbe, durchsichtig schimmernde Blase entsteht, die nach und nach größer wird.

- Konzentrieren Sie sich auf diese Blase. „Betrachten" Sie sie eingehend. Erfreuen Sie sich an ihrer makellos runden Form und der gelben Farbe ihrer Oberfläche.

- Lassen Sie die Blase größer werden, bis Sie sie vollständig umhüllt.

- Stellen Sie sich vor, daß Sie in ihrem Licht baden, bis Sie ein Gefühl des inneren Friedens verspüren.

- Verweilen Sie fünf Minuten in diesem Entspannungszustand.

- Konzentrieren Sie sich anschließend erneut auf Ihre Atmung. Führen Sie fünf Atemzyklen (ein Zyklus = einmal einatmen + einmal ausatmen) durch, öffnen Sie anschließend die Augen.

- Formulieren Sie laut oder leise den Grund, der Sie veranlaßt hat, diese Übung durchzuführen. Zum Beispiel: „Diese Übung spendet mir neue Kraft. Sobald ich sie abgeschlossen habe, werde ich vollkommen entspannt sein und eine neue Vitalität in mir verspüren."

- Zünden Sie eine Kerze an. Fixieren Sie diese Lichtquelle, und konzentrieren Sie sich vollständig darauf.

- Führen Sie dabei die Bauchatmung durch, bis Ihre Atmung langsam und tief wird, oder zählen Sie zwanzig aufeinanderfolgende Atemzyklen.

- Richten Sie anschließend Ihren Atem während des Ausatmens auf die verschiedenen Teile Ihres Körpers, das heißt auf: Füße, Waden, Oberschenkel, Po, Bauch, Sonnengeflecht, Brust, Hände, Unterarme, Oberarme, Schultern, Lendengegend, Rücken, Halsbereich, Kiefer, Stirn, Haare, Hinterkopf.

- Hauchen Sie mit jedem neuen Zyklus in Richtung eines neuen Körperteils, beim einundzwanzigsten Ausatmen auf die Füße, beim zweiundzwanzigsten auf die Waden, beim dreiundzwanzigsten auf die Oberschenkel usw.

- Wenn Sie diesen Vorgang abgeschlossen haben, verweilen Sie im erreichten Entspannungszustand und beobachten den Rhythmus Ihrer Atmung.

- Fixieren Sie weiterhin die Flamme, und wiederholen Sie fünfmal: „Je länger ich diese Lichtquelle fixiere, desto stärker entspanne ich mich."

- Sobald Sie dieses Gefühl der Entspannung verspüren, schließen Sie die Augen.

- Visualisieren Sie nun zwanzig Minuten lang diese Lichtquelle. „Betrachten" Sie die Form und die Farbe der Kerze. Verweilen Sie zwanzig

Minuten in diesem Zustand.

- Kehren Sie zu Ihren normalen Bewußtseinszustand zurück, indem Sie fünf tiefe Bauchatmungen durchführen. Jetzt haben Sie die besten Voraussetzungen geschaffen, um den Anforderungen des neuen Tages zu begegnen.

Belebungsübung Nr. 3

Folgende Übung ist sehr hilfreich, um Kraft für den ganzen Tag zu tanken. Sie wurde vom Berliner Psychotherapeuten J.-H. Schultz Anfang des Jahrhunderts entwickelt und ist Teil des sogenannten Autogenen Trainings, das mittlerweile auf der ganzen Welt Anerkennung genießt. Mit dieser Übung können Sie sich in einen Zustand der Tiefenentspannung und Selbsthypnose versetzen.

Die Methode besteht aus vier Teilen, deren Ziel ist, nach und nach eine Entspannung der Muskeln, der Gefäße, des Herzens und der Organe zu erreichen.

Erster Teil: Entspannung der Muskeln

- Suchen Sie sich einen ruhigen Ort, setzen oder legen Sie sich hin, und schließen Sie die Augen. Beginnen Sie mit der Bauchatmung.
- Wiederholen Sie laut oder leise und mit innerer Überzeugung folgenden Satz zwei- bis dreimal: „Ich bin ruhig... ich werde immer ruhiger."
- Wiederholen Sie anschließend fünfmal hintereinander: „Mein Arm (der rechte bei Rechtshändern, der linke bei Linkshändern) wird schwer, sehr schwer, immer schwerer..." Stellen Sie sich ihn als eine leblose Masse in Höhe Ihrer Schultern vor.

- Wenn Sie diese Schwere spüren, lockern Sie die Arme. Atmen Sie einmal kurz aus und ein, und öffnen Sie die Augen.

- Schließen Sie erneut die Augen, und wiederholen Sie im Geiste: „Ich werde ruhig, immer ruhiger." Und nun fünfmal: „Mein Arm (der linke bei Rechtshändern, der rechte bei Linkshändern) wird schwer, sehr schwer, immer schwerer..." Gehen Sie wie oben beschrieben und mit derselben inneren Überzeugung vor.

- Sobald Sie diese Schwere spüren, wiederholen Sie: „Ich werde ruhig, immer ruhiger." Und nun fünfmal: „Meine Arme und Beine werden schwer, sehr schwer, immer schwerer..." Stellen Sie sich Ihre Arme und Beine als schwere Gewichte vor, die an Ihrem Körper hängen.

- Wenn Sie diese Schwere spüren, lockern Sie die Arme und Beine. Atmen Sie einmal kurz aus und ein, und öffnen Sie die Augen.

- Schließen Sie erneut die Augen, und wiederholen Sie im Geiste: „Ich werde ruhig, immer ruhiger." Und nun fünfmal: „Mein ganzer Körper wird schwer, sehr schwer, immer schwerer..." Stellen Sie sich Ihren Körper als eine leblose Masse vor, die von einer Bleischicht überzogen ist.

- Sobald Sie diese Schwere wirklich spüren, setzen Sie die Übung ein paar Minuten aus. Lockern Sie die Arme, atmen Sie einmal aus und ein, und öffnen Sie die Augen.

Zweiter Teil: Entspannung der Gefäße

- Sie befinden sich immer noch sitzend oder liegend an demselben ruhigen Ort. Schließen Sie die Augen, und führen Sie die Bauchatmung durch (ca. 10 Zyklen).

- Wiederholen Sie laut oder leise und mit innerer Überzeugung folgenden Satz zwei- bis dreimal:„Ich werde ruhig, immer ruhiger."

- Wiederholen Sie anschließend fünfmal: „Mein Arm... (rechter Arm bei Rechtshändern, linker Arm bei Linkshändern) wird warm, sehr warm, immer wärmer..." Stellen Sie sich vor, daß ein Gefühl der Wärme von den Schultern in Ihren Arm hinabsteigt.

- Sobald Sie dieses Gefühl der Wärme spüren, lockern Sie die Arme. Atmen Sie einmal tief aus und ein, und öffnen Sie die Augen.

- Schließen Sie erneut die Augen, und wiederholen Sie im Geiste: „Ich werde ruhig, immer ruhiger." Und nun fünfmal: „Mein Arm (linker Arm für Rechtshänder, rechter Arm für Linkshänder) wird warm, sehr warm, immer wärmer..." Gehen Sie wie oben beschrieben und mit derselben inneren Überzeugung vor.

- Sobald Sie dieses Gefühl der Wärme spüren, wiederholen Sie mit Überzeugung: „Ich werde ruhig, immer ruhiger." Und nun fünfmal: „Meine Arme und Beine werden warm, sehr warm, immer wärmer..." Versuchen Sie tatsächlich zu spüren, wie ein angenehmes Gefühl der Wärme Sie durchzieht.

- Sobald Sie dieses Gefühl der Wärme spüren, lockern Sie die Arme und Beine. Atmen Sie einmal tief aus und ein, und öffnen Sie die Augen.

- Schließen Sie erneut die Augen, und wiederholen Sie im Geiste: „Ich werde ruhig, immer ruhiger." Und nun fünfmal: „Mein ganzer Körper wird warm, sehr warm, immer wärmer..." Stellen Sie sich vor, daß Ihr Körper nach und nach wärmer wird.

- Sobald Sie dieses Gefühl der Wärme wirklich spüren, setzen Sie die Übung ein paar Minuten aus. Lockern Sie die Arme. Atmen Sie einmal aus und ein, und öffnen Sie die Augen.

Dritter Teil: Entspannung des Herzens

- Sie befinden sich immer noch sitzend oder liegend an demselben ruhigen Ort. Schließen Sie die Augen, und führen Sie die Bauchatmung durch (10 Zyklen).

- Wiederholen Sie laut oder leise und mit innerer Überzeugung folgenden Satz zwei- bis dreimal:„Ich werde ruhig, immer ruhiger." Achten Sie darauf, daß Sie sich wirklich entspannt fühlen.

- Wiederholen Sie anschließend fünfmal: „Mein Herz schlägt langsam und regelmäßig..." Versuchen Sie, diesen Rhythmus tatsächlich zu spüren.

- Verweilen Sie in diesem Zustand der Ruhe, und konzentrieren Sie sich fünfzehn Minuten lang auf Ihren Herzschlag.

- Sobald Sie diesen ruhigen Herzschlag spüren, lockern Sie die Arme. Atmen Sie tief aus und ein, und öffnen Sie die Augen.

Vierter Teil: Entspannung der Organe

Gehen Sie wie im dritten Teil dieser Übung vor, aber ersetzen Sie den Satz „Mein Herz schlägt langsam und regelmäßig" durch folgende Formeln:

1. Serie: „Meine Lunge atmet langsam und regelmäßig."
2. Serie: „Ich verspüre eine intensive Wärme in meinem Sonnengeflecht."
3. Serie: „Mein Gehirn ist entspannt und leistungsfähig."

Um in den Wachzustand zurückzukehren, beenden Sie die Sitzung, indem Sie mehrere Male eine Formel sprechen, die Sie zuvor eingeübt haben. Zum Beispiel: „Die Sitzung ist nun beendet... Ich wache auf, ich verlasse den Zustand der Selbsthypnose, in dem ich neue Kraft für einen erfolgreichen Tag geschöpft habe. Mit diesem Wissen nehme ich meine Aktivitäten auf."

* **Dauer:** Keine zeitliche Begrenzung. Üben Sie zunächst die vier Teile

dieser Methode jeweils eine Woche lang und mindestens zweimal pro Tag. Wenn Sie jeden Teil beherrschen, praktizieren Sie sie am Stück. Nach einer zweimonatigen Trainingsphase wird Ihnen die gesamte Übung vollständig vertraut sein.

* **Wirkung:** Bei einer täglichen Anwendung (am besten morgens) dieser Form des Autogenen Trainings werden Sie für die (großen und kleinen) alltäglichen Probleme bestens gerüstet sein.

KAPITEL 4
Die Gesundheit stärken

Dieses Kapitel dient in erster Linie der Vorbeugung. Es bietet Ihnen die Möglichkeit, aktiv zu werden, bevor eine Krankheit sich manifestiert. Ist es bereits zum Krankheitsausbruch gekommen, können Sie Ihre Behandlung, die Sie *auf keinen Fall* abbrechen dürfen, durch die folgenden Hypnosetechniken ergänzen.

Während die nächsten Kapitel der Behandlung spezifischer Beschwerden (Migräne, Müdigkeit, Gewichtsprobleme, Schlaflosigkeit usw.) gewidmet sind, möchte Ihnen dieses Kapitel die präventiven Anwendungsmöglichkeiten der Hypnose vorstellen.

Sie werden erfahren, wie Sie Ihre körpereigene Abwehr, die die beste Verteidigung gegen Krankheit ist, erhalten und stärken können.

Ihr Körper ist nur dann den Angriffen von Bakterien und Viren schutzlos ausgesetzt, wenn Sie psychisch geschwächt sind.

Ist Ihnen noch nie aufgefallen, daß Sie immer dann krank werden, wenn Sorgen Sie quälen?

Versuchen Sie sich zu erinnern, wann Sie die letzten Male von einer Krankheit heimgesucht wurden.

Hatten Sie nicht ein privates oder berufliches Problem? Vielleicht bekamen Sie eine Arbeitsstelle nicht, oder kann es sein, daß Sie gerade in Trennung lebten? Vielleicht war Ihr Bankkonto überzogen, ein Kind krank, ein lieber Mensch gestorben usw.

Mit Sicherheit belastete Sie in diesem Moment ein widriger Umstand, der Sie psychisch schwächte und schließlich schädlichen Einflüssen den Weg ebnete.

Eine Krankheit entwickelt sich stets dann, wenn „sie einen geeigneten Nährboden erhält" Falls Sie die Übungen der vorangegangen Kapitel regelmäßig durchgeführt haben, ist Ihre psychische Abwehr bereits gestärkt.

Um den negativen Kräften einen tatsächlich wirksamen Schutz entgegensetzen zu können, ist jedoch ein Training von ein paar Wochen oder Monaten nötig.

Eine erste Wirkung werden Sie spüren, wenn Sie jedes entsprechende Kapitel mindestens drei Wochen lang täglich durcharbeiten.

Zur generellen Stärkung Ihrer Gesundheit gehen Sie am besten Schritt für Schritt vor, das heißt von den *allgemeinen* zu den *fortgeschrittenen Hypnosetechniken*, die Ihnen helfen, Krankheiten vorzubeugen.

Allgemeine Hypnosetechniken zur Stärkung der Gesundheit

Folgende allgemeine Techniken geben Ihnen eine erste Vorstellung davon, wie Sie Ihre Gesundheit mittels Hypnose unterstützen können. Sie sollten sie unbedingt vor den sogenannten „fortgeschrittenen Techniken" anwenden. Diese Methoden verleihen dem Körper eine zunehmende Widerstandskraft und stellen einen ersten wirksamen Schutz gegen häufig auftretende Krankheiten dar. Sie erhalten damit also Ihren Körper organisch gesund.

Sie können die Übungen, die Ihrem Körper die Kraft spenden, die er täglich benötigt, einzeln, im Wechsel oder in Ergänzung zu den Methoden aus Kapitel 3. *Kraft und Vitalität tanken* durchführen.

Die Übungen basieren zum größten Teil auf der Technik der bewußten Atmung, einem hochwirksamen Bollwerk gegen die meisten schädlichen Einflüsse auf Körper und Geist.

Wenn Sie Ihre Atmung beschleunigen, gelangt mehr Sauerstoff ins Blut; gleichzeitig wird die Stickstoffausscheidung des Körpers unterstützt.

Sie tun also etwas für Ihre Gesundheit, wenn Sie während des Tages auf eine bewußte Atmung achten.

Führen Sie jede der folgenden Übungen eine Woche lang an zwei aufeinanderfolgenden Tagen durch. Entscheiden Sie sich anschließend für zwei Techniken, die Sie an den darauffolgenden sechs Tagen praktizieren.

Das Mantra der bewußten Atmung

Diese Technik ist eine Erweiterung von Methode Nr. 8 aus Kapitel 2. Lesen Sie dort den Ablauf im einzelnen nach.

- Suchen Sie sich einen ruhigen Ort, an dem Sie möglichst nicht gestört werden, und machen Sie es sich für eine zwanzigminütige Sitzung sitzend oder liegend bequem.
- Führen Sie zwanzig Bauchatmungen durch, und konzentrieren Sie sich auf Ihre Atmung.
- Entspannen Sie sämtliche Muskeln, indem Sie nach und nach die verschiedenen Teile Ihres Körpers visualisieren, also: Füße, Waden, Oberschenkel, Po, Bauch, Sonnengeflecht, Brust, Hände, Unterarme,

Oberarme, Schultern, Kiefer, Stirn, Haare, Hinterkopf, oberer und unterer Rücken.

- Sagen Sie beim ersten Atemzyklus: „Ich atme aus, und ich entspanne meinen linken Fuß. Ich atme ein, und ich entspanne meinen linken Fuß."
Und dann...
„Ich atme aus, und ich entspanne meine linke Wade. Ich atme ein, und ich entspanne meine linke Wade."... Und so weiter, bis Sie alle Teile Ihres Körpers visualisiert und entspannt haben.

- Führen Sie zehn tiefe und langsame Bauchatmungen durch, und konzentrieren Sie sich dabei ganz auf Ihren Nabel. Vergessen Sie nicht, zwischen jedem Atemzyklus kurz innezuhalten.

- Wiederholen Sie anschließend laut oder leise „Ham" während des Einatmens und „So" während des Ausatmens, bis Sie ein Gefühl der tiefen Entspannung verspüren.

- Fahren Sie mit der Bauchatmung fort, und sagen Sie dabei mit lauter, überzeugter Stimme oder innerlich fest entschlossen:
„Wenn ich ausatme, vertreibe ich alle schädlichen Substanzen aus meinem Körper und Geist. Ich reinige beide von diesen Giften."
„Wenn ich einatme, versorge ich meinen Körper mit dem Sauerstoff, der mein Blut und meinen gesamten Körper regeneriert. Ich stärke meine Abwehrkräfte."

- Kehren Sie langsam zum Wachzustand zurück. Strecken Sie Ihren Körper, vor allem die Arme und die Beine. Öffnen Sie die Augen. Gehen Sie Ihren gewohnten Aktivitäten nach.

* **Dauer:** Anfänger beginnen mit einer fünfzehnminütigen Sitzung täglich während der ersten Woche. Steigern Sie anschließend die Zeit entsprechend Ihrem eigenen Vermögen. Wenn Sie diese Technik nach dem Erwachen

anwenden, werden Sie sich während des ganzen Tages dynamisch und zugleich entspannt fühlen. Gleichzeitig stärken Sie Ihre körperlichen und geistigen Abwehrkräfte.

Die energetisierende Blase gegen Vorbeugung vor Krankheiten

Mit dieser Methode erzeugen Sie eine unsichtbare Schutzhülle, die Sie vollständig umgibt und vor Krankheiten bewahrt. Sie hält schädliche Einflüsse von Körper und Geist fern.

- Suchen Sie sich einen ruhigen Ort, an dem Sie möglichst nicht gestört werden, und machen Sie es sich für eine zwanzigminütige Sitzung sitzend oder liegend bequem.
- Führen Sie zwanzig Bauchatmungen durch, und konzentrieren Sie sich dabei auf Ihre Atmung.
- Entspannen Sie sämtliche Muskeln, indem Sie nach und nach die verschiedenen Teile Ihres Körpers visualisieren, also: Füße, Waden, Oberschenkel, Po, Bauch, Sonnengeflecht, Brust, Hände, Unterarme, Oberarme, Schultern, Kiefer, Stirn, Haare, Hinterkopf, oberer und unterer Rücken.
- Sagen Sie beim ersten Atemzyklus: „Ich atme aus, und ich entspanne meinen linken Fuß. Ich atme ein, und ich entspanne meinen linken Fuß."
Beim zweiten:
„Ich atme aus, und ich entspanne meine linke Wade. Ich atme ein, und ich entspanne meine linke Wade."... Und so weiter, bis Sie alle Teile Ihres Körpers visualisiert und entspannt haben.
- Stellen Sie sich vor, daß inmitten Ihrer Brust ein gelbe, durchsichtig

schimmernde Blase entsteht und nach und nach größer wird.

- Konzentrieren Sie sich auf diese Blase. „Betrachten" Sie sie eingehend. Erfreuen Sie sich an ihrer makellos runden Form und der gelben Farbe ihrer Oberfläche.

- Lassen Sie die Blase größer werden, bis Sie sie vollständig umhüllt. Stellen Sie sich vor, daß Sie in ihrem Licht baden, bis Sie ein Gefühl des tiefen inneren Friedens verspüren.

- Wiederholen Sie anschließend zehnmal laut und mit entschlossener Stimme oder leise:

„Diese energetisierende Blase hüllt mich vollständig ein. Sie schützt mich vor den meisten Krankheiten. Sobald ich sie zu Hilfe rufe, wehrt sie schädliche Einflüsse, die meinen Körper und Geist bedrohen, ab."

- Verbleiben Sie 5 Minuten in diesem Entspannungszustand, und stellen Sie sich die Blase dabei vor.

- Denken Sie an die verschiedenen Krankheiten, die Sie in letzter Zeit heimsuchten oder vor denen Sie geschützt sein wollen. Stellen Sie sich vor, wie sie an dem schützenden Schild zerbrechen.

- Konzentrieren Sie sich erneut auf Ihre Atmung. Führen Sie zehn Atemzyklen durch, und öffnen Sie anschließend die Augen. Die Übung ist nun beendet.

* **Dauer:** Fünfzehn Minuten.
* **Wirkung:** Wiederherstellung der körperlichen Kräfte und Schutz vor Krankheiten.
* **Empfehlung:** Siehe Methode Nr. 6, Kapitel 2

Sobald Sie das Gefühl haben, daß eine Krankheit Sie bedroht, führen Sie diese Übung durch, so oft sich Ihnen eine Möglichkeit bietet.

Sie können diese Technik auch als präventive Maßnahme anwenden. Stellen Sie sich dafür die energetisierende Blase vor, sobald sich Ihnen während des Tages ein ruhiger Moment bietet.

Der reinigende Goldstaub

Mit dieser Methode können Sie sich von einer Krankheit lossagen. Gleichzeitig dient sie als kraftspendendes Hilfsmittel, das Sie in Ergänzung zu einer medizinischen Behandlung anwenden können. Sie erfüllt zudem eine psychologische Funktion, indem sie die psychosomatischen Faktoren der fraglichen Krankheit zurückdrängt.

- Suchen Sie sich einen ruhigen Ort, an dem Sie möglichst nicht gestört werden, und machen Sie es sich für eine zwanzigminütige Sitzung sitzend oder liegend bequem.
- Führen Sie zwanzig Bauchatmungen durch, und konzentrieren Sie sich dabei auf Ihre Atmung.
- Entspannen Sie sämtliche Muskeln, indem Sie nach und nach die verschiedenen Teile Ihres Körpers visualisieren, also: Füße, Waden, Oberschenkel, Po, Bauch, Sonnengeflecht, Brust, Hände, Unterarme, Oberarme, Schultern, Kiefer, Stirn, Haare, Hinterkopf, oberer und unterer Rücken...
- Sagen Sie dabei: „Ich atme aus, und ich entspanne meinen linken Fuß. Ich atme ein, und ich entspanne meinen linken Fuß."
„Ich atme aus, und ich entspanne meine linke Wade. Ich atme ein, und ich entspanne meine linke Wade."... Und so weiter.

- Wiederholen Sie dreimal laut oder leise Ihren Vorsatz des Tages (den Grund, der Sie veranlaßt hat, diese Übung durchzuführen). Zum Beispiel: „Ich möchte meine Gesundheit stärken und dazu beitragen, daß diese Krankheit (die Krankheit nennen) verschwindet."
- Führen Sie die Bauchatmung durch. Stellen Sie sich während des Einatmens vor, daß die Luft, die sie aufnehmen, aus Goldstaub (eine spirituelle Farbe mit regenerierender Kraft) besteht.
- Halten Sie den Atem kurz an, und beobachten Sie, wie dieser Goldstaub bis zu Ihren Füßen hinabsteigt, sie umhüllt und reinigt.
- Atmen Sie aus, und stellen Sie sich vor, daß aus Ihren Nasenöffnungen ein schwarzer schmutziger Staub austritt, den Sie entfernen.
- Legen Sie eine Pause ein, und beginnen Sie anschließend mit einem neuen Atemzyklus.
- Atmen Sie wieder Goldstaub ein.
- Halten Sie kurz an, und beobachten Sie, wie dieser Goldstaub Ihren Körper hinabsteigt, Ihre Beine umfließt und „wäscht".
- Atmen Sie aus, und stellen Sie sich vor, daß aus Ihren Nasenöffnungen ein schwarzer schmutziger Staub austritt, den Sie entfernen.
- Legen Sie eine Pause ein, und beginnen Sie anschließend mit einem neuen Atemzyklus.
- Wiederholen Sie den Vorgang, und stellen Sie sich nach und nach die verschiedenen Teile Ihres Körpers vor: Füße, Waden, Oberschenkel, Po, Bauch, Sonnengeflecht, Brust, Hände, Unterarme, Oberarme, Schultern, Kiefer, Stirn, Haare, Hinterkopf, oberer Rücken und unterer Rücken.
- Fahren Sie mit der Bauchatmung fort, und wiederholen Sie dabei während des Ausatmens mit lauter und überzeugter Stimme oder innerlich fest entschlossen zehnmal: „Wenn ich ausatme, vertreibe ich alle schädlichen Substanzen aus meinem Körper und Geist. Ich reinige beide von diesen

Giften. Damit trage ich dazu bei, daß ich von dieser Krankheit (die Krankheit nennen) genese."

„Wenn ich einatme, versorge ich meinen Körper mit dem Sauerstoff, der mein Blut und meinen ganzen Körper regeneriert. Ich stärke meine Abwehrkräfte. Damit trage ich dazu bei, daß ich von dieser Krankheit (die Krankheit nennen) genese, daß sie mich verläßt und niemals wieder zurückkehrt."

- Kehren Sie langsam zum Wachzustand zurück. Strecken Sie Ihren Körper, vor allem die Arme und die Beine. Öffnen Sie die Augen. Gehen Sie Ihren gewohnten Aktivitäten nach.

* Dauer der Übung: Täglich, bis die Krankheit abgeklungen ist. Zehn Minuten sind ausreichend, wenn Sie nicht über mehr Zeit verfügen, ansonsten keine zeitliche Begrenzung.

Fortgeschrittene Hypnosetechniken zur Stärkung der Gesundheit

Die allgemeinen Methoden haben Sie nun mit dem Konzept der Gesundheitsförderung durch Hypnose vertraut gemacht. Mit den folgenden fortgeschrittenen Methoden können Sie einen dauerhaften Zustand des körperlichen Wohlbefindens erreichen.

Die kraftspendende Treppe

Diese Methode richtet sich insbesondere an Menschen, die mit der Hypnose bereits vertraut sind und (oder) regelmäßig einige der oben beschriebenen

Methoden anwenden.

Wie jedes seriöse Verfahren umfaßt auch die folgende Technik zwei Phasen.

Phase 1: Das Erreichen des hypnotischen Zustands (1. Schritt) durch Fixierung einer Kerze.

Phase 2: Die Induktionsphase (2. Schritt) mit der „Lösungsformel" bzw. dem Vorsatz, für den sich der Praktizierende entscheidet.

- Lassen Sie sich an einem ruhigen Ort nieder, der von einer Kerze erhellt wird.
- Formulieren Sie laut oder leise den Lösungssatz bzw. Vorsatz, der im zweiten Teil dieser Übung verankert werden soll. Hier zum Beispiel: „Ich möchte meinen Allgemeinzustand verbessern und zur Lösung dieses Problems (nennen Sie die entsprechende Krankheit oder Ihr persönliches psychisches Problem) beitragen."
- Konzentrieren Sie sich auf die Kerze, und sagen Sie laut oder leise zu sich selbst: „Ich konzentriere mich auf diese Flamme... Es gibt nichts außer dieser Flamme... Je mehr ich mich darauf konzentriere, desto stärker erfaßt mich ein Gefühl der Schwere... Diese Schwere geht von meinen Füßen aus, sie steigt meine Waden hinauf... meine Beine... meinen Bauch... meine Brust... meinen Rücken... mein Gesicht... meinen Schädel... meinen gesamten Kopf... Mein Körper wird schwer, immer schwerer... Mein Kopf ist schwer... Meine Augen schließen sich... meine Augenlider sind schwer... Jetzt sind meine Augen geschlossen... Ich bin entspannt... Ich befinde mich im Zustand der Hypnose..."
- Entspannen Sie anschließend die verschiedenen Teile Ihres Körpers (Füße, Waden, Oberschenkel, Po, Bauch, Sonnengeflecht, Brust, Hände, Unterarme, Oberarme, Schultern, Kiefer, Stirn, Haare, Hinterkopf, oberer Rücken und unterer Rücken, Wirbelsäule).

- Verweilen Sie einen Augenblick in diesem Entspannungszustand. Stellen Sie sich vor, daß Sie am unteren Ende einer Rolltreppe stehen. Beobachten Sie, wie Sie auf die erste Stufe dieser Treppe steigen. Die Rolltreppe setzt sich in Bewegung und fährt langsam hinauf. Lassen Sie sich hinauffahren, und sagen Sie: „Ich lasse mich von dieser Treppe transportieren... Je weiter sie mich hinaufbringt, desto mehr entspanne ich mich, desto besser fühle ich mich... Ich lasse mich fahren... Je weiter ich nach oben komme, desto entspannter bin ich..."
- Sobald Sie am oberen Ende der Treppe angekommen sind, sind Sie vollkommen entspannt.
- Jetzt können Sie in die zweite Phase dieser Übung übergehen. Wiederholen Sie zehnmal laut oder leise den Vorsatz, den Sie zu Beginn dieser Sitzung gefaßt haben: „Dank dieser selbsthypnotischen Trance kann ich meinen Allgemeinzustand verbessern und (oder) zur Bekämpfung dieses Problems (nennen Sie die entsprechende Krankheit oder Ihr persönliches psychisches Problem) beitragen."
- Kehren Sie in den Wachzustand zurück, indem Sie die Sitzung mit einer zuvor eingeübten Formel beschließen, die Sie nun wiederholen. Zum Beispiel: „Die Sitzung ist nun beendet... Ich wache auf und verlasse den Zustand der Selbsthypnose... Mein Körper und Geist sind nun gestärkt, und ich kann meinen gewohnten Aktivitäten nachgehen."

* **Dauer:** Unabhängig von der Art Ihres Problems sollten Sie die Übung einmal täglich durchführen. Veranschlagen Sie je nach Schwere des Problems ca. fünfzehn bis zwanzig Minuten.

Die audiotherapeutische Methode

Das Hineingehen in eine Trance kann durch die Verwendung entsprechender Tonkassetten erleichtert werden.

Wenn Sie keine Zeit haben, einen Hypnotherapeuten aufzusuchen, oder wenn dieser sich nicht in der Nähe Ihres Wohnorts befindet, sind Kassetten ein probates Mittel, um dennoch jederzeit Hypnose betreiben zu können. Denn die Stimme spielt in jeder Hypnosesitzung eine wichtige Rolle. Wenn Sie die Stimme Ihres Hypnotiseurs, eines erfahrenen Experten, der mit sämtlichen Hypnosetechniken vertraut ist, hören, wird es Ihnen leichter fallen, in Trance zu gehen. Gleichzeitig erzeugen die Suggestionen eine stärkere Wirkung auf Ihren Geist.

Die folgende Technik wurde von dem amerikanischen Psychologen Stanley Chase entwickelt.

Sie finden sie auf beiliegender Kassette, die Sie mit diesem Handbuch erhalten haben. Der gesamte Texte wurde von mir selbst gesprochen.

Suchen Sie sich zunächst einen ruhigen Ort, an dem Sie zwanzig Minuten lang ungestört sind, und lassen Sie sich bequem nieder. Ihr Kassettenrecorder steht neben Ihnen. Setzen Sie den Kopfhörer auf.

Bringen Sie einen farbigen Punkt - am besten in der Farbe Weiß, Gelb, Grün oder Blau - an der Wand an, wenn Sie die Übung im Sitzen durchführen, bzw. an der Decke, wenn Sie die liegende Position bevorzugen.

Drücken Sie nach zwanzig langsamen und tiefen Atemzügen die „Start"-Taste Ihres Geräts, und schließen Sie die Augen. Hören Sie zu, und folgen Sie meinen Anweisungen.

* * *

„Sie werden nun eine Hypnosesitzung zur Stärkung Ihres Allgemeinzustands (oder zur Bekämpfung eines gesundheitlichen Problems) durchführen."

„Sie sitzen bequem auf einem Stuhl. Wenn Ihr Stuhl keine Armlehnen hat, legen Sie die Hände auf die Oberschenkel. Die Arme sind dabei ganz locker. Wenn Sie auf einem Stuhl mit Armlehnen sitzen, legen Sie die Unterarme über die Lehnen, die Hände hängen locker nach unten."

„Lassen Sie in beiden Fällen die Schultern locker nach unten fallen. Die Arme sollten ohne jede Muskelanspannung wie zwei leblose Gewichte an Ihrem Körper baumeln."

„Atmen Sie zwanzigmal langsam und tief in den Bauch ein und wieder aus. Führen Sie Ihre Atmung bewußt durch. Atmen Sie zunächst tief aus, damit die verbrauchte Luft aus Ihrer Lunge ausgestoßen wird. Ziehen Sie während des Ausatmens den Bauch langsam, aber nur soweit wie möglich ein."

„Atmen Sie anschließend ein, und blähen Sie dabei den Bauch langsam, aber nur soweit wie möglich auf."

„Sprechen Sie dabei folgende Formel: 'Ich atme aus, ich weiß, daß ich ausatme, und mein Bauch wölbt sich wie von selbst nach innen.

Ich atme ein, ich weiß, daß ich einatme, und mein Bauch wölbt sich wie von selbst nach außen.'"

„Wenn Ihre Atmung zunächst noch kurz und abgehackt ist, ist das nicht schlimm. Erzwingen Sie nichts, sondern folgen Sie dem natürlichen Rhythmus Ihrer Atmung, ohne daß ein Gefühl des Erstickens sich einstellt."

„Nachdem Sie diesen Vorgang mehrere Male wiederholt haben, wird Ihre Atmung langsamer und tiefer sein."

„Beginnen Sie auf mein Signal hin, und denken Sie dabei nicht an die Zeit, die verstreicht. Ich werde nach ein paar Minuten wieder zu sprechen beginnen und Sie erneut anleiten."

„Vergessen Sie dabei die hypnotische Formel nicht:

'Ich atme aus, ich weiß, daß ich ausatme, und mein Bauch wölbt sich wie von selbst nach innen.

Ich atme ein, ich weiß, daß ich einatme, und mein Bauch wölbt sich wie von selbst nach außen.'"

Legen Sie eine entsprechende Pause auf dem Band ein.

„Ihr Geist ist nun zur Ruhe gekommen. Jetzt werden Sie Ihren Körper vollständig entspannen. Lockern Sie Ihren Körper von Kopf bis Fuß, indem Sie sich jeden Teil Ihres Körpers in dem Moment vorstellen, indem Sie ihn nach meinen Anweisungen entspannen."

Lassen Sie zwischen den einzelnen Körperteilen ein paar Sekunden verstreichen.

Die Pausen sind durch drei Punkte angezeigt.

„Atmen Sie aus, und entspannen Sie Ihren linken Fuß... Atmen Sie ein..."

„Atmen Sie aus, und entspannen Sie Ihre linke Wade... Atmen Sie ein..."

„Atmen Sie aus, und entspannen Sie Ihren linken Oberschenkel... Atmen Sie ein..."

„Atmen Sie aus, und entspannen Sie Ihren rechten Fuß... Atmen Sie ein..."

„Atmen Sie aus, und entspannen Sie Ihre rechte Wade... Atmen Sie ein..."

„Atmen Sie aus, und entspannen Sie Ihren rechten Oberschenkel... Atmen Sie ein..."

„Atmen Sie aus, und entspannen Sie Ihren Po... Atmen Sie ein..."

„Atmen Sie aus, und entspannen Sie Ihren Genitalbereich... Atmen Sie ein..."

„Atmen Sie aus, und entspannen Sie Ihren Bauch... Atmen Sie ein..."

„Atmen Sie aus, und entspannen Sie Ihr Sonnengeflecht... Atmen Sie ein..."

„Atmen Sie aus, und entspannen Sie Ihre linke Hand... Atmen Sie ein..."

„Atmen Sie aus, und entspannen Sie Ihren linken Unterarm... Atmen Sie ein..."

„Atmen Sie aus, und entspannen Sie Ihren linken Oberarm... Atmen Sie ein..."

„Atmen Sie aus, und entspannen Sie Ihre rechte Hand... Atmen Sie ein..."

„Atmen Sie aus, und entspannen Sie Ihren rechten Unterarm... Atmen Sie ein..."

„Atmen Sie aus, und entspannen Sie Ihren rechten Oberarm... Atmen Sie ein..."

„Atmen Sie aus, und entspannen Sie Ihre Schultern... Atmen Sie ein..."

„Atmen Sie aus, und entspannen Sie Ihren Lendenbereich... Atmen Sie ein..."

„Atmen Sie aus, und entspannen Sie Ihren Rücken... Atmen Sie ein..."

„Atmen Sie aus, und entspannen Sie Ihren Hals... Atmen Sie ein..."

„Atmen Sie aus, und entspannen Sie Ihre Kiefer... Atmen Sie ein..."

„Atmen Sie aus, und entspannen Sie Ihre Augen... Atmen Sie ein..."

„Atmen Sie aus, und entspannen Sie Ihren Hinterkopf... Atmen Sie ein..."

„Atmen Sie aus, und entspannen Sie Ihren Scheitel... Atmen Sie ein..."

„Atmen Sie aus, und entspannen Sie Ihre Stirn... Atmen Sie ein..."

„Atmen Sie aus, und entspannen Sie Ihr drittes Auge, zwischen den Augenbrauen... Atmen Sie ein..."

„Konzentrieren Sie sich ein paar Sekunden auf Ihr drittes Auge bis ich wieder zu sprechen beginne."

Legen Sie eine Pause von ca. 30 Sekunden ein.

„Ihr Körper ist jetzt völlig entspannt. Ihre Arme hängen locker nach unten... Sie sind schwer, sehr schwer, sie werden immer schwerer..."

„Jetzt öffnen Sie die Augen und fixieren eine Minute lang den Punkt an der

Wand oder an der Decke."

Legen Sie eine einminütige Pause ein.

„Fixieren Sie weiterhin den Punkt, auch wenn Ihre Augen zu brennen beginnen, oder wenn Sie spüren, daß sie sich allmählich schließen... Wenn Ihre Augen noch nicht zu sind, schließen Sie sie jetzt bewußt und lassen sich in den Zustand der Entspannung fallen."

„Hören Sie mir zu, und führen Sie weiterhin die Bauchatmung durch. Ich werde langsam von 1 bis 5 zählen. Während ich laut zähle, wird sich Ihr Körper noch stärker entspannen. '1': Ihr Körper entspannt sich, Sie lassen sich gehen. '2': Sie entspannen sich immer mehr. '3': Sie lassen sich in diesen angenehmen Zustand fallen. '4': Ihre Augenlider werden schwer, sie sind jetzt sehr schwer. Ihr Körper will und kann sich nicht mehr bewegen. '5': Jetzt ist es soweit: Sie sind völlig entspannt. Jetzt sind Sie im Zustand der Selbsthypnose."

„Jetzt sind Sie bereit, in die Lösungsphase einzutreten, in der Sie einen neuen Gedanken in Ihrem Unterbewußtsein verankern."

„Lassen Sie Ihren Gedanken nun freien Lauf. Versuchen Sie nicht, den einen oder anderen Gedanken zurückzuhalten oder zu verdrängen. Lassen Sie sie ganz einfach entstehen. Damit Ihnen das gelingt, konzentrieren Sie sich auf Ihre Atmung. Stellen Sie sich dabei eine schöne Landschaft (Strand, Gebirge, Feld) vor, die Sie ganz besonders lieben. Denken Sie nicht an die Zeit, die verstreicht."

„Konzentrieren Sie sich ganz auf Ihre Atmung, oder vertiefen Sie sich in das von Ihnen gewählte Bild. Wenn die Zeit gekommen ist, werde ich wieder das Wort ergreifen."

Lassen Sie auf dem Band fünf Minuten verstreichen, fahren Sie anschließend im selben Tonfall fort.

„Wenn Sie generell für Ihre Gesundheit etwas tun wollen, sprechen Sie folgende Formel, die ich Ihnen gleich nennen werde, oder formulieren einen eigenen Satz."

„Wenn Sie meinen Vorschlag annehmen, können Sie diese Suggestion zu einem festen und dauerhaften Bestandteil in Ihrem Leben machen, wenn Sie sie mit Überzeugung zehnmal wiederholen:

'Ab sofort sammle ich meine inneren, körperlichen und geistigen Kräfte, damit ich meine Gesundheit stärke und mein Körper zu jeder Zeit widerstandsfähig und vor Krankheiten und allen sonstigen schlechten Einflüssen geschützt ist...' Und nun Sie..."

Legen Sie eine kleine Pause wie auf dem Band ein.

„'Wenn ich nun erwache, werde ich völlig entspannt sein. Ich werde gleich die Augen öffnen und anschließend alles in meiner Macht stehende unternehmen, um meinen Körper gesund zu erhalten...' Und nun Sie..."

Legen Sie eine entsprechende Pause auf dem Band ein.

„'Ich werde die Diät einhalten und die Sportart treiben, für die ich mich entschieden habe. Ich werde mein Leben aktiv gestalten...' Und nun Sie..."

Legen Sie eine entsprechende Pause auf dem Band ein.

„Konzentrieren Sie sich nun auf die neuen Eckpfeiler Ihrer persönlichen Lebensplanung: die Schlankheitsdiät, für die Sie sich entschieden haben, die Sportart, die Sie ausgewählt haben, die neue Disziplin in Ihrem Leben."

„Betrachten Sie sich selbst, wie Sie sich gesünder ernähren, wie Sie sich körperlich ertüchtigen und wie Sie Ihr Leben den neuen Regeln und dem neuen Rhythmus anpassen."

„Ich werde nun eine kleine Pause einlegen, damit Sie Gelegenheit haben, sich mit dem neuen Menschen vertraut zu machen, der Sie sein werden. Lassen Sie sich von dieser Vorstellung erfüllen, ohne an die Zeit zu denken, die verstreicht. In ein paar Minuten werde ich wieder zu sprechen beginnen."

Lassen Sie fünf Minuten verstreichen, und fahren Sie anschließend im selben Tonfall fort.

„Damit Sie wieder zu Ihrem normalen Bewußtseinszustand zurückkehren, werde ich rückwärts von 5 bis 1 zählen. Während ich zähle, werden Sie langsam aus dem Zustand der Selbsthypnose erwachen. Bei '1' haben Sie Ihr normales Bewußtsein wiedererlangt..."

„Führen Sie jetzt ein paar tiefe Atemzüge durch."

Legen Sie auf dem Band eine Pause von 2 bis 3 Minuten ein.

„'5': Sie werden nun gleich diesen außergewöhnlichen Zustand verlassen."

„'4': Strecken Sie Ihren Körper, Ihre Arme und Ihre Beine."

Pause

„'3': Gähnen Sie ausgiebig."

Pause

„'2': Öffnen Sie die Augen."

Pause

„'1': Gehen Sie Ihren gewohnten Aktivitäten mit dem festen Entschluß nach, Ihre neuen Verhaltensweisen in den Alltag zu übernehmen. Sobald Sie abzuweichen drohen, wird Ihr Geist sich besinnen und Sie wieder auf den Weg, den Sie eingeschlagen haben, zurückführen."

Hören Sie diese Kassette in der ersten Woche täglich, in der zweiten Woche alle zwei Tage, in der dritten Woche alle drei Tage und ab der vierten Woche alle vier Tage.

Nach einem Monat werden Sie sich einer wesentlich besseren Gesundheit erfreuen.

Anschließend sollten Sie die Kassette wöchentlich ein- bis zweimal in der Folge oder jedesmal dann hören, wenn Sie spüren, daß eine Krankheit in Ihnen aufkeimt.

Wenn es bereits zum Ausbruch der Krankheit gekommen ist, oder wenn Sie längere Zeit im Krankenhaus liegen, sollten Sie diese Kassette, die eine therapeutische Wirkung hat, besonders häufig hören.

Auf diese Weise werden Sie neue Kraft schöpfen und Ihre Lebenserwartung steigern. Sie werden jünger wirken als Sie sind.

KAPITEL 5

Migräne erfolgreich bekämpfen

Migräne ist einer jener Bereiche, in denen die Schulmedizin noch weitgehend ratlos ist.

Die Ursachen von Migräne sind sehr unterschiedlich, und nicht selten ist dieses Leiden psychosomatischen Ursprungs. Der Begriff „psychosomatisch" setzt sich aus zwei Wörtern zusammen, die aus dem Griechischen stammen: *psyché* bedeutet Geist, und *soma* Körper. Eine Krankheit wird als psychosomatisch angesehen, wenn ein nicht gelöstes psychisches Problem sich in Form einer leichten oder schweren körperlichen Krankheit manifestiert.

Die Migräne gehört zu jenen Beschwerden, auf die diese Definition häufig zutrifft. Zwar lehnt die Schulmedizin diese Erklärung meist ab oder nimmt sie nicht ernst genug, fest steht jedoch, daß der Migräne mit chemischen Substanzen alleine bisher nicht beizukommen war.

Zahlreiche Hypnosetherapien basieren auf einem psychosomatischen Ansatz und bieten den Vorteil, daß sie letztendlich eine positive Wirkung zeigen!

Migräne kann also durch sehr unterschiedliche Ursachen ausgelöst werden, die noch nicht vollständig erforscht sind. Eines ist jedoch gewiß: Man löst das Problem von Migräne-Patienten nicht, indem man diese mit Medikamenten vollstopft. Auch Kopfschmerzen mit mechanischer Ursache - ein eingeklemmter Nerv, ein verletzter Halswirbel, eine schlechte Durchblutung des Gehirns usw. - haben meist eine starke psychische Komponente.

Wir werden uns im folgenden jenen Kopfschmerzen widmen, die ganz oder teilweise psychosomatisch bedingt sind.

Diese „psychosomatischen Kopfschmerzen" können wir vollständig zum Abklingen bringen, und wir werden jene lindern, denen eine rein mechanische Ursache zugrunde liegt.

Die verschiedenen Formen der Migräne sind nicht selten nervösen Ursprungs (Neuralgien) oder das Ergebnis von starkem Streß, der sich in mehr oder minder heftigen, aber das Leben stets beeinträchtigenden Schmerzen äußert. Von Migräne heimgesucht werden auch ängstliche Naturen.

Natürlich kann ich Ihnen keine Wunder versprechen, zumal ich Ihren persönlichen Fall nicht kenne. Migräne ist das Ergebnis eines komplexen Prozesses, zu dem sowohl psychische als auch physische Ursachen gehören.

Wenn Ihre Kopfschmerzen unter eine der obengenannten Kategorien fallen (Neuralgie, Angst, Streß), werden meine migränelindernden Methoden zweifellos sehr wirkungsvoll sein und Ihr Problem teilweise, wenn nicht ganz lösen. Allerdings kann es etwas dauern. Je länger Ihre Kopfschmerzen bereits anhalten, desto geduldiger müssen Sie sein. Wenn Ihr Kopfschmerzproblem Sie bereits seit zehn oder zwanzig Jahren quält, dürfen Sie nicht erwarten, daß Sie sich innerhalb von 2 Wochen davon befreien können!

Auch wenn Ihre Migräne nicht auf Anhieb verschwindet, werden Ihre Schmerzen nach und nach erträglicher werden.

Wenn Sie diese Zeilen lesen, sind Sie mit einigen Techniken der (Selbst-) Hypnose bereits vertraut, insbesondere mit den grundlegenden Methoden aus Kapitel 2.

Mit Sicherheit haben Sie bemerkt, daß den meisten Methoden eine Phase der geistigen und körperlichen Entspannung vorausgeht. Kopfschmerzen äußern sich körperlich in einem Druckgefühl an den Schläfen und am Schädel, denn während eines Migräneanfalls sind die Gefäße erweitert und drücken auf die umliegenden Strukturen. Und Sie meinen, Ihr Kopf befinde sich in einem peinigenden Schraubstock.

Mit der hypnotischen Entspannung können Sie diese schmerzhafte Umklammerung zumindest lockern.

Folgende Methode zur Linderung von Kopfschmerzen basiert auf Hypnose. Sie ersetzt in keinem Fall eine medizinische Behandlung. Deshalb sollten Sie eine eventuelle medizinische Therapie nicht abbrechen, sondern diese durch die nachstehend beschriebene Methode zur Bekämpfung von Migräne wirksam ergänzen.

Weiterer wichtiger Hinweis.

Vergewissern Sie sich stets vor Beginn einer Hypnosesitzung, daß Sie gegenüber dieser therapeutischen Disziplin keine Vorurteile mehr hegen. Überprüfen Sie das anhand von Kapitel 1. *Vorurteile abbauen,* und räumen Sie mit eventuell noch bestehenden Zweifeln auf. Auf diese Weise vermeiden Sie, daß Sie gegen sinnlose Blockaden ankämpfen. Außerdem werden Sie den Zustand der hypnotischen Entspannung oder Trance wesentlich schneller erreichen.

Versuchen Sie auch, sich der tatsächlichen Ursachen Ihrer Migräne bewußt zu werden: Ist es Angst? Streß? Nervosität?

Überprüfen Sie Ihre Gewohnheiten, Ihre Ernährung usw. Oder sind Sie zum Beispiel nikotinabhängig? Denn das sind häufig Faktoren, die Kopfschmerzen hervorrufen oder verschlimmern.

Methode zur Bekämpfung von Migräne

Das Hineingehen in eine Trance kann durch die Verwendung einer entsprechenden Tonkassette erleichtert werden.

Kassetten sind ein probates Mittel, um den Zustand der Trance zu erreichen, auch wenn Ihr Hypnotherapeut nicht anwesend ist. Die Stimme spielt in jeder Hypnosesitzung eine wichtige Rolle. Wenn Sie die Stimme Ihres Hypnotiseurs, eines erfahrenen Experten, der mit sämtlichen Hypnosetechniken vertraut ist, hören, wird es Ihnen leichter fallen, in Trance zu gehen. Außerdem erzeugen die Suggestionen eine stärkere Wirkung auf Ihren Geist.

Die folgende Technik wurde von dem amerikanischen Psychologen Stanley Chase entwickelt.

Sie finden sie auf beiliegender Kassette, die Sie mit diesem Handbuch erhalten haben. Der gesamte Texte wurde von mir selbst gesprochen.

Suchen Sie sich zunächst einen ruhigen Ort, an dem Sie zwanzig Minuten lang ungestört sind, und lassen Sie sich bequem nieder. Ihr Kassettenrecorder steht neben Ihnen. Setzen Sie den Kopfhörer auf.

Drücken Sie nach zwanzig langsamen und tiefen Atemzügen die „Start"-Taste Ihres Geräts, und schließen Sie die Augen. Hören Sie zu, und folgen Sie meinen Anweisungen.

* * *

„In der folgenden Hypnosesitzung werden Sie Ihre Kopfschmerzen erheblich lindern oder sich vollständig davon befreien."

„Sie sitzen bequem auf einem Stuhl. Wenn Ihr Stuhl keine Armlehnen hat, legen Sie die Hände auf die Oberschenkel. Die Arme sind dabei ganz locker. Wenn Sie auf einem Stuhl mit Armlehnen sitzen, legen Sie die Unterarme über die Lehnen, die Hände hängen locker nach unten."

„Lassen Sie in beiden Fällen die Schultern locker nach unten fallen. Die Arme sollten ohne jede Muskelanspannung wie zwei leblose Gewichte an Ihrem Körper baumeln."

„Atmen Sie zwanzigmal langsam und tief in den Bauch ein und wieder aus. Führen Sie Ihre Atmung bewußt durch. Atmen Sie zunächst tief aus, damit die verbrauchte Luft aus Ihrer Lunge ausgestoßen wird. Ziehen Sie während des Ausatmens den Bauch langsam, aber nur soweit wie möglich ein."

„Atmen Sie anschließend ein, und blähen Sie dabei den Bauch langsam, aber nur soweit wie möglich auf."

„Sprechen Sie dabei folgende Formel: 'Ich atme aus, ich weiß, daß ich ausatme, und mein Bauch wölbt sich wie von selbst nach innen.

Ich atme ein, ich weiß, daß ich einatme, und mein Bauch wölbt sich wie von selbst nach außen.'"

„Wenn Ihre Atmung zunächst noch kurz und abgehackt ist, ist das nicht schlimm. Erzwingen Sie nichts, sondern folgen Sie dem natürlichen Rhythmus Ihrer Atmung, ohne daß ein Gefühl des Erstickens sich einstellt."

„Nachdem Sie diesen Vorgang mehrere Male wiederholt haben, wird Ihre Atmung langsamer und tiefer sein."

„Beginnen Sie auf mein Signal hin, und denken Sie dabei nicht an die Zeit, die verstreicht. Ich werde nach ein paar Minuten wieder zu sprechen beginnen und Sie erneut anleiten."

„Vergessen Sie dabei die hypnotische Formel nicht:

'Ich atme aus, ich weiß, daß ich ausatme, und mein Bauch wölbt sich wie von selbst nach innen.

Ich atme ein, ich weiß, daß ich einatme, und mein Bauch wölbt sich wie von selbst nach außen.'"

Legen Sie auf dem Band eine entsprechende Pause ein.

„Ihr Geist ist nun zur Ruhe gekommen. Jetzt werden Sie Ihren Körper vollständig entspannen. Lockern Sie Ihren Körper von Kopf bis Fuß, indem Sie sich jeden Teil Ihres Körpers in dem Moment vorstellen, indem Sie ihn nach meinen Anweisungen entspannen."

Lassen Sie zwischen den einzelnen Körperteilen ein paar Sekunden verstreichen.

Die Pausen sind durch drei Punkte angezeigt.

„Atmen Sie aus, und entspannen Sie Ihren linken Fuß... Atmen Sie ein..."

„Atmen Sie aus, und entspannen Sie Ihre linke Wade... Atmen Sie ein..."

„Atmen Sie aus, und entspannen Sie Ihren linken Oberschenkel... Atmen Sie ein..."

„Atmen Sie aus, und entspannen Sie Ihren rechten Fuß... Atmen Sie ein..."

„Atmen Sie aus, und entspannen Sie Ihre rechte Wade... Atmen Sie ein..."

„Atmen Sie aus, und entspannen Sie Ihren rechten Oberschenkel... Atmen Sie ein..."

„Atmen Sie aus, und entspannen Sie Ihren Po... Atmen Sie ein..."

„Atmen Sie aus, und entspannen Sie Ihren Genitalbereich... Atmen Sie ein..."

„Atmen Sie aus, und entspannen Sie Ihren Bauch... Atmen Sie ein..."

„Atmen Sie aus, und entspannen Sie Ihr Sonnengeflecht... Atmen Sie ein..."

„Atmen Sie aus, und entspannen Sie Ihre linke Hand... Atmen Sie ein..."

„Atmen Sie aus, und entspannen Sie Ihren linken Unterarm... Atmen Sie ein..."

„Atmen Sie aus, und entspannen Sie Ihren linken Oberarm... Atmen Sie ein..."

„Atmen Sie aus, und entspannen Sie Ihre rechte Hand... Atmen Sie ein..."

„Atmen Sie aus, und entspannen Sie Ihren rechten Unterarm... Atmen Sie ein..."

„Atmen Sie aus, und entspannen Sie Ihren rechten Oberarm... Atmen Sie ein..."

„Atmen Sie aus, und entspannen Sie Ihre Schultern... Atmen Sie ein..."

„Atmen Sie aus, und entspannen Sie Ihren Lendenbereich... Atmen Sie ein..."

„Atmen Sie aus, und entspannen Sie Ihren Rücken... Atmen Sie ein..."

„Atmen Sie aus, und entspannen Sie Ihren Hals... Atmen Sie ein..."

„Atmen Sie aus, und entspannen Sie Ihre Kiefer... Atmen Sie ein..."

„Atmen Sie aus, und entspannen Sie Ihre Augen... Atmen Sie ein..."

„Atmen Sie aus, und entspannen Sie Ihren Hinterkopf... Atmen Sie ein..."

„Atmen Sie aus, und entspannen Sie Ihren Scheitel... Atmen Sie ein..."

„Atmen Sie aus, und entspannen Sie Ihre Stirn... Atmen Sie ein..."

„Atmen Sie aus, und entspannen Sie Ihr drittes Auge zwischen den Augenbrauen... Atmen Sie ein..."

„Konzentrieren Sie sich ein paar Sekunden auf Ihr drittes Auge, bis ich wieder zu sprechen beginne."

Legen Sie eine Pause von ca. 30 Sekunden ein.

„Jetzt fühlen Sie sich gut... sehr gut... Sie spüren einen tiefen inneren Frieden. Wenn Sie zu Beginn der Sitzung an Migräne litten, haben Ihre Schmerzen nun nachgelassen."

„Sie verspüren in Ihrem Arm ein Gefühl der Schwere, das zunehmend stärker wird."

„Konzentrieren Sie sich auf Ihren ausführenden Arm, den rechten Arm bei Rechtshändern, den linken Arm bei Linkshändern..."

„Dieser Arm wird schwer, immer schwerer... Er hängt tonnenschwer an Ihrem Körper... Er ist wirklich schwer... er wird immer schwerer.... Schwer, schwer, dieser Arm wird schwer, immer schwerer. Dieser Arm wird schwer, immer schwerer. Sie wollen ihn nicht mehr bewegen..."

„Diese Schwere erfaßt allmählich ihren ganzen Körper... Ihr zweiter Arm wird ebenfalls schwer, immer schwerer... Er ist wirklich schwer... er wird immer schwerer... Sie wollen ihn nicht mehr bewegen... Ihre beiden Arme sind nun wie zwei leblose Gewichte, die Sie nicht mehr bewegen wollen..."

„Diese Schwere erfaßt nun Ihre Beine. Sie sind wirklich schwer... sie werden immer schwerer... Sie wollen sie nicht mehr bewegen... Ihre Beine sind nun wie zwei leblose Gewichte, die Sie nicht mehr bewegen wollen..."

„Jetzt wird auch Ihr Rücken schwer... Ihre Geschlechtsteile, Ihr Po werden schwer... Diese Schwere steigt Ihre Wirbelsäule hinauf, wie die Flut den Strand hinaufsteigt und auf ihrem Wege alles einhüllt... Ihr ganzer Körper wird von diesem Gefühl der Schwere erfaßt."

„Jetzt werden Ihre Schultern schlaff. Sie sind schwer... sie werden immer schwerer... Sie wollen sie nicht mehr bewegen..."

„Jetzt wird Ihr Hals locker, und nach und nach entspannt sich Ihr ganzes Gesicht. Ihre Kiefer entspannen sich. Ihr Mund öffnet sich leicht... ohne Mühe..."

„Ihre Augen sind schwer... sie werden immer schwerer. Sie sind vollständig geschlossen, aber nicht verkrampft. Sie fühlen sich gut... Sie wollen sie nicht öffnen, sondern noch tiefer in den Zustand der hypnotischen Trance fallen."

„Ihr Gehirn und Ihr Geist entspannen sich. Wenn Sie unter Kopfschmerzen litten, dann spüren Sie jetzt, wie der Druck von Ihrer Stirn weicht..."

„Je länger Sie meine Stimme hören, desto mehr entspannen Sie sich... Ihre Schmerzen lassen nach..."

„Sie wollen diesen Zustand der Hypnose nicht verlassen, weil Sie sich wohl fühlen, und weil die Fesseln um Ihren Kopf sich lösen. Sie wissen, daß Sie noch weitergehen können und diese lästige Übel noch stärker zurückdrängen können... Wir werden diesen Weg gehen."

„Ihr Körper ist nun völlig entspannt."

„Verbleiben Sie ein paar Minuten in diesen Entspannungszustand."

Lassen Sie eine Minute verstreichen, und fahren Sie anschließend im selben Tonfall fort.

„Nach dieser ersten Phase der hypnotischen Entspannung befinden Sie sich nun in einem Bewußtseinszustand, der Ihnen helfen kann, sich von Ihren Kopfschmerzen zu befreien... Sie haben ein Stadium des gesteigerten Wohlbefindens erreicht, das den Verlauf einer Sitzung günstig beeinflußt... Sie fühlen sich gut, bereit, körperlich und geistig aktiv zu werden... Sie wollen diesen Zustand, der Sie zur Aktion bereitmacht, sooft wie möglich herstellen... Das ist dank der Bauchatmung möglich, die Sie jetzt durchführen werden."

„Sagen Sie beim Ausatmen: 'Ich atme aus, ich weiß, daß ich ausatme, und mein Bauch wölbt sich wie von selbst nach innen.'"

„Sagen Sie beim Einatmen: 'Ich atme ein, ich weiß, daß ich einatme, und mein Bauch wölbt sich wie von selbst nach außen.'"

„Führen Sie nun zwanzig Bauchatmungen durch. Beginnen Sie..."

Legen Sie auf dem Band eine zweiminütige Pause ein, und fahren Sie anschließend im selben Tonfall fort.

„Nach dieser Übung werden Sie sich wesentlich entspannter fühlen. Ihre körperlichen und geistigen Anspannungen haben sich gelöst... Gleichzeitig werden Sie feststellen, daß Ihre Kopfschmerzen fast oder vollständig abgeklungen sind. Sie können sich für immer davon befreien, wenn Sie die Anweisungen dieser Sitzung befolgen..."

„Der Grund Ihrer Kopfschmerzen sind innere, psychische oder nervöse Spannungszustände, Sorgen, die in diesem Moment keine Macht über Sie haben. Deshalb fühlen Sie sich jetzt wohl... Ihr Geist ist frei, frei von Sorgen, und nur von einem Verlangen nach tiefer Entspannung erfüllt..."

„Konzentrieren Sie sich ganz auf Ihren Kopf ... Sie spüren, daß Ihr Kopf leicht wird und die Schmerzen verschwinden... Eine angenehme Wärme entsteht in Ihrem Kopf... Sie fühlen sich leicht und völlig schmerzfrei.. Jetzt können Sie Ihre geistigen Fähigkeiten voll nutzen... Ihr Gehirn ist auf der Höhe seiner Leistungsfähigkeit... Sie haben sich seit langem nicht mehr so erholt und entspannt gefühlt... Ihre Kopfschmerzen gehören der Vergangenheit an..."

„Diesen Zustand können Sie bewußt und dauerhaft erzeugen... Sie werden zukünftig in der Lage sein, sich besser auf Ihre Aufgaben zu konzentrieren, denn Ihr Kopf ist frei von Schmerzen... Sie sind wieder leistungsfähig, selbstbewußt... Sie lassen sich von den Ereignissen nicht überrollen... Nichts kann Ihnen Schaden zufügen... Nichts läßt Sie in Streß geraten... Sie sind ein Mensch, dem gelingt, was er anpackt, ein optimistischer und entschlossener Mensch..."

„Sie sind ruhig, entspannt, und Sie wissen, was Sie wollen... Jetzt sind Sie in der Lage, jedes Problem zu überwinden, weil Sie über Selbstvertrauen verfügen... Sie erkennen, was Sie wollen, und Sie wissen, wie Sie es erreichen... Sie werden Ihr Leben zum Positiven wenden, wenn Sie frei von Kopfschmerzen sind... Warten Sie, bis ich Ihnen ein Zeichen gebe..."

Lassen Sie fünf Minuten verstreichen.

„Sie werden nun gleich erwachen. Sobald Sie in den Wachzustand zurückgekehrt sind, wird das Gesagte für immer in Ihrem Gedächtnis verankert sein... Jede Nacht wird, während Sie schlafen, Ihr Geist von den positiven Gedanken, die wir formuliert haben, durchdrungen, und diese Gedanken werden schädlichen Streß und Kopfschmerzen von Ihnen fernhalten... Sie werden sich morgens frisch fühlen, selbstsicher, voller Kraft und entschlossen, Ihrer neuen Lebensplanung zu folgen..."

„Die Sitzung ist nun beendet... Sie kehren in den Wachzustand zurück. Ich werde von 1 bis 10 zählen, damit Sie aus Ihrer hypnotischen Trance zurückkehren... Bei 10 ist diese Übung der Selbsthypnose abgeschlossen, und Sie wachen auf..."

„1... 2... 3... 4... 5... 6... 7... 8... 9... 10.."

„Jetzt haben Sie Ihr normales Bewußtsein wiedererlangt... Ihre Schmerzen sind teilweise oder vollständig abgeklungen. Sie fühlen sich wesentlich besser als zu Beginn der Sitzung..."

„Sie können Ihre gewohnten Aktivitäten im Bewußtsein dieser neuen positiven Geisteshaltung wieder aufnehmen. Sobald Sie in Ihre alten Verhaltensmuster zurückfallen, führen Sie so schnell es geht diese Übung durch, oder Sie praktizieren sie regelmäßig, um Kopfschmerzen vorzubeugen..."

KAPITEL 6

Schlank werden und schlank bleiben

Diese Methode ist hilfreich, wenn Sie abnehmen oder Ihr aktuelles Gewicht halten wollen.

Das Hineingehen in eine Trance kann durch die Verwendung einer entsprechenden Tonkassette erleichtert werden.

Kassetten sind ein probates Mittel, um den Zustand der Trance zu erreichen, auch wenn Ihr Hypnotherapeut nicht anwesend ist. Die Stimme spielt in jeder Hypnosesitzung eine wichtige Rolle. Wenn Sie die Stimme Ihres Hypnotiseurs, eines erfahrenen Experten, der mit sämtlichen Hypnosetechniken vertraut ist, hören, wird es Ihnen leichter fallen, in Trance zu gehen. Außerdem erzeugen die Suggestionen eine stärkere Wirkung auf Ihren Geist.

Die folgende Technik wurde von dem amerikanischen Psychologen Stanley Chase entwickelt.

Sie finden sie auf beiliegender Kassette, die Sie mit diesem Handbuch erhalten haben. Der gesamte Texte wurde von mir selbst gesprochen.

Wichtiger Hinweis:

Vergewissern Sie sich stets vor Beginn einer Hypnosesitzung, daß Sie gegenüber dieser therapeutischen Disziplin keine Vorurteile mehr hegen. Überprüfen Sie das anhand von Kapitel 1. Vorurteile abbauen, und räumen Sie mit eventuell noch bestehenden Zweifeln auf. Auf diese Weise vermeiden Sie, daß Sie gegen sinnlose Blockaden ankämpfen. Außerdem werden Sie den Zustand der hypnotischen Entspannung oder Trance wesentlich schneller erreichen.

Vorbereitung auf die auditive Methode zur Bekämpfung von Gewichtsproblemen

Versuchen Sie, die tatsächlichen Gründe Ihres Übergewichts herauszufinden: Kompensieren Sie damit einen Mangel in einem anderen Lebensbereich, vielleicht fehlende Zuneigung oder ein unbefriedigtes sexuelles Leben? Oder haben Sie zugenommen, weil Sie ein Laster wie das Rauchen oder Trinken aufgegeben haben?

Überprüfen Sie Ihre Gewohnheiten, Ihre Ernährung, Ihren Lebensstil. Folgen Sie einer Diät? Treiben Sie Sport? Oder nennen Sie die Sportart, die Sie gerne ausüben würden.

Heben Sie die Nachteile Ihres Übergewichts hervor: Herzprobleme, Bewegungseinschränkung oder Atembeschwerden, eine innere Unzufriedenheit, Einschränkungen bei der Kleiderwahl, Verdauungsschwierigkeiten usw.

Erstellen Sie eine ausführliche Liste. Sie wird Ihnen in der Phase der Entschlußfassung helfen, die körperlichen und geistigen Barrieren Ihres Wohlbefindens zu überwinden.

Berechnen Sie auch Ihr Idealgewicht (dafür gibt es zahlreiche Methoden) bzw. das Gewicht, das Sie erreichen wollen.

Die auditive Methode zur Bekämpfung von Gewichtsproblemen

Schaffen Sie für die folgende Sitzung optimale Voraussetzungen. Suchen Sie sich zunächst einen ruhigen Ort, an dem Sie zwanzig Minuten lang ungestört sind, und lassen Sie sich bequem nieder. Ihr Kassettenrecorder steht neben Ihnen. Setzen Sie den Kopfhörer auf.

Drücken Sie nach zwanzig langsamen und tiefen Atemzügen die „Start"-Taste Ihres Geräts, und schließen Sie die Augen. Hören Sie zu, und folgen Sie meinen Anweisungen.

* * *

„Folgende Hypnosesitzung wird Ihnen helfen, schlank zu werden und sich ein für allemal von Ihren Gewichtsproblemen zu befreien."

„Sie sitzen bequem auf einem Stuhl. Wenn Ihr Stuhl keine Armlehnen hat, legen Sie die Hände auf die Oberschenkel. Die Arme sind dabei ganz locker. Wenn Sie auf einem Stuhl mit Armlehnen sitzen, legen Sie die Unterarme über die Lehnen, die Hände hängen locker nach unten."

„Lassen Sie in beiden Fällen die Schultern locker nach unten fallen. Die Arme sollten ohne jede Muskelanspannung wie zwei leblose Gewichte an Ihrem Körper baumeln."

„Atmen Sie zwanzigmal langsam und tief in den Bauch ein und wieder aus. Führen Sie Ihre Atmung bewußt durch. Atmen Sie zunächst tief aus, damit die verbrauchte Luft aus Ihrer Lunge ausgestoßen wird. Ziehen Sie während des Ausatmens den Bauch langsam, aber nur soweit wie möglich ein."

„Atmen Sie anschließend ein, und blähen Sie dabei den Bauch langsam, aber nur soweit wie möglich auf."

„Sprechen Sie dabei folgende Formel: 'Ich atme aus, ich weiß, daß ich ausatme, und mein Bauch wölbt sich wie von selbst nach innen.

Ich atme ein, ich weiß, daß ich einatme, und mein Bauch wölbt sich wie von selbst nach außen.'"

„Wenn Ihre Atmung zunächst noch kurz und abgehackt ist, ist das nicht schlimm. Erzwingen Sie nichts, sondern folgen Sie dem natürlichen Rhythmus Ihrer Atmung, ohne daß ein Gefühl des Erstickens sich einstellt."

„Nachdem Sie diesen Vorgang mehrere Male wiederholt haben, wird Ihre Atmung langsamer und tiefer sein."

„Beginnen Sie auf mein Signal hin, und denken Sie dabei nicht an die Zeit, die verstreicht. Ich werde nach ein paar Minuten wieder zu sprechen beginnen und Sie erneut anleiten."

„Vergessen Sie dabei die hypnotische Formel nicht:

'Ich atme aus, ich weiß, daß ich ausatme, und mein Bauch wölbt sich wie von selbst nach innen.

Ich atme ein, ich weiß, daß ich einatme, und mein Bauch wölbt sich wie von selbst nach außen.'"

Legen Sie auf dem Band eine entsprechende Pause ein.

„Ihr Geist ist nun zur Ruhe gekommen. Jetzt werden Sie Ihren Körper vollständig entspannen. Lockern Sie Ihren Körper von Kopf bis Fuß, indem Sie sich jeden Teil Ihres Körpers in dem Moment vorstellen, in dem Sie ihn nach meinen Anweisungen entspannen."

Lassen Sie zwischen den einzelnen Körperteilen ein paar Sekunden verstreichen.

Die Pausen sind durch drei Punkte angezeigt.

„Atmen Sie aus, und entspannen Sie Ihren linken Fuß... Atmen Sie ein..."

„Atmen Sie aus, und entspannen Sie Ihre linke Wade... Atmen Sie ein..."

„Atmen Sie aus, und entspannen Sie Ihren linken Oberschenkel... Atmen Sie ein..."

„Atmen Sie aus, und entspannen Sie Ihren rechten Fuß... Atmen Sie ein..."

„Atmen Sie aus, und entspannen Sie Ihre rechte Wade... Atmen Sie ein..."

„Atmen Sie aus, und entspannen Sie Ihren rechten Oberschenkel... Atmen Sie ein..."

„Atmen Sie aus, und entspannen Sie Ihren Po... Atmen Sie ein..."

„Atmen Sie aus, und entspannen Sie Ihren Genitalbereich... Atmen Sie ein..."

„Atmen Sie aus, und entspannen Sie Ihren Bauch... Atmen Sie ein..."

„Atmen Sie aus, und entspannen Sie Ihr Sonnengeflecht... Atmen Sie ein..."

„Atmen Sie aus, und entspannen Sie Ihre linke Hand... Atmen Sie ein..."

„Atmen Sie aus, und entspannen Sie Ihren linken Unterarm... Atmen Sie ein..."

„Atmen Sie aus, und entspannen Sie Ihren linken Oberarm... Atmen Sie ein..."

„Atmen Sie aus, und entspannen Sie Ihre rechte Hand... Atmen Sie ein..."

„Atmen Sie aus, und entspannen Sie Ihren rechten Unterarm... Atmen Sie ein..."

„Atmen Sie aus, und entspannen Sie Ihren rechten Oberarm... Atmen Sie ein..."

„Atmen Sie aus, und entspannen Sie Ihre Schultern... Atmen Sie ein..."

„Atmen Sie aus, und entspannen Sie Ihren Lendenbereich... Atmen Sie ein..."

„Atmen Sie aus, und entspannen Sie Ihren Rücken... Atmen Sie ein..."

„Atmen Sie aus, und entspannen Sie Ihren Hals... Atmen Sie ein..."

„Atmen Sie aus, und entspannen Sie Ihre Kiefer... Atmen Sie ein..."

„Atmen Sie aus, und entspannen Sie Ihre Augen... Atmen Sie ein..."

„Atmen Sie aus, und entspannen Sie Ihren Hinterkopf... Atmen Sie ein..."

„Atmen Sie aus, und entspannen Sie Ihren Scheitel... Atmen Sie ein..."

„Atmen Sie aus, und entspannen Sie Ihre Stirn... Atmen Sie ein..."

„Atmen Sie aus, und entspannen Sie Ihr drittes Auge zwischen den Augenbrauen... Atmen Sie ein..."

„Konzentrieren Sie sich ein paar Sekunden auf Ihr drittes Auge, bis ich wieder zu sprechen beginne."

Legen Sie eine Pause von ca. 30 Sekunden ein.

„Jetzt fühlen Sie sich gut... sehr gut... Sie spüren einen tiefen inneren Frieden."

„Sie verspüren in Ihrem Arm ein Gefühl der Schwere, das zunehmend stärker wird."

„Konzentrieren Sie sich auf Ihren ausführenden Arm, den rechten Arm bei Rechtshändern, den linken Arm bei Linkshändern..."

„Dieser Arm wird schwer, immer schwerer... Er hängt tonnenschwer an Ihrem Körper... Er ist wirklich schwer... und er wird immer schwerer.... Schwer, schwer, dieser Arm wird schwer, immer schwerer. Dieser Arm wird schwer, immer schwerer. Sie wollen ihn nicht mehr bewegen..."

„Diese Schwere erfaßt allmählich ihren ganzen Körper... Ihr zweiter Arm wird ebenfalls schwer, immer schwerer... Er ist wirklich schwer... er wird immer schwerer... Sie wollen ihn nicht mehr bewegen... Ihre beiden Arme sind nun wie zwei leblose Gewichte, die Sie nicht mehr bewegen wollen..."

„Diese Schwere erfaßt nun Ihre Beine. Sie sind wirklich schwer... sie werden immer schwerer... Sie wollen sie nicht mehr bewegen... Ihre Beine sind nun wie zwei leblose Gewichte, die Sie nicht mehr bewegen wollen..."

„Jetzt wird auch Ihr Rücken schwer... Ihre Geschlechtsteile, Ihr Po werden schwer... Diese Schwere steigt Ihre Wirbelsäule hinauf, wie die Flut den Strand hinaufsteigt und auf ihrem Wege alles einhüllt... Ihr ganzer Körper wird von diesem Gefühl der Schwere erfaßt."

„Jetzt werden Ihre Schultern schlaff. Sie sind schwer... sie werden immer schwerer... Sie wollen sie nicht mehr bewegen..."

„Jetzt wird Ihr Hals locker, und nach und nach entspannt sich Ihr ganzes Gesicht. Ihre Kiefer entspannen sich. Ihr Mund öffnet sich leicht... ohne Mühe..."

„Ihre Augen sind schwer... sie werden immer schwerer. Sie sind vollständig geschlossen, aber nicht verkrampft. Sie fühlen sich gut... Sie wollen sie nicht öffnen, sondern noch tiefer in den Zustand der hypnotischen Trance fallen."

„Ihr Gehirn und Ihr Geist entspannen sich. Je länger Sie meine Stimme hören, desto mehr entspannen Sie sich..."

„Sie wollen diesen Zustand der Hypnose nicht verlassen, weil Sie sich wohl fühlen. Und Sie wissen, daß Sie noch weiter in Ihr Inneres hinabsteigen können."

„Ihr Körper ist nun völlig entspannt."

...

„Nach dieser ersten Phase der hypnotischen Entspannung befinden Sie sich nun in einem Bewußtseinszustand, der Ihnen helfen kann, Ihr Übergewicht zu reduzieren und schlank zu werden... In diesem Augenblick befinden Sie sich in einem Zustand des gesteigerten Wohlbefindens und Tiefenbewußtseins... Sie fühlen sich gut, bereit, sich körperlich und geistig zu verändern... Sie haben eine Geisteshaltung angenommen, die den Verlauf einer Sitzung günstig beeinflußt...Sie werden feststellen, daß Sie nach dieser Sitzung noch entspannter sind, weil Ihre körperlichen und geistigen Anspannungen verschwunden sind..."

„Da Sie Ihre Ängste und psychischen Blockaden nun überwunden haben, können Sie jetzt damit beginnen, sich ein für allemal von Ihrem

Übergewicht zu befreien, indem Sie den Anweisungen dieser Sitzung Folge leisten... Jedes Gewichtsproblem hat zwei Komponenten, nämlich eine psychische und physische Komponente. Anders gesagt, Ihr Übergewicht und Ihre Eßstörungen sind nur die sichtbare Seite, das Symptom Ihres emotionalen Problems."

„Lassen Sie mich etwas näher darauf eingehen... Wer mehr ißt, als der Körper zum Leben benötigt, kompensiert durch die Nahrung einen anderen Mangel. Die Leere, die in Ihrem Inneren vorhanden ist, kann emotionaler Art (Sie erfahren nicht ausreichend Zuneigung, Sie leben alleine, Sie haben keine Kinder usw.) oder beruflicher Art (Ihr Arbeitsplatz ist nicht sicher, Sie haben Probleme mit den Kollegen, mit den Vorgesetzten, Sie sind arbeitslos, Sie verdienen nicht genug usw.) sein. Das sind die häufigsten Gründe einer Gewichtszunahme."

„Führen Sie sich nun, ohne sich selbst zu belügen, den oder die Gründe vor Augen, die für Sie mit aller Wahrscheinlichkeit zutreffen... Lassen Sie sie an die Oberfläche kommen, und sprechen Sie die Ursachen laut aus, deren Sie sich im Moment bereits bewußt sind. Ich lasse Ihnen dafür ein paar Minuten Zeit. Anschließend werde ich das Wort wieder ergreifen und Sie weiter anleiten."

Legen Sie auf der Kassette eine fünfminütige Pause ein, und fahren Sie anschließend im selben Tonfall fort.

„Sie kennen jetzt den Grund oder die Gründe Ihres gestörten Eßverhaltens. Konzentrieren Sie sich auf das Problem, das die Hauptursache Ihrer Eßstörung zu sein scheint."

Legen Sie auf der Kassette eine zweiminütige Pause ein, und fahren Sie anschließend im selben Tonfall fort.

„Jetzt haben wir den Grund Ihrer inneren Leere gefunden, die Sie durch essen auszugleichen versuchen... Wenn Sie zukünftig spüren, daß ein unwiderstehliches Eßverlangen in Ihnen aufsteigt, führen Sie zwanzig Bauchatmungen durch, die Sie nun bereits beherrschen."

„Atmen Sie aus, und ziehen Sie dabei den Bauch langsam, aber nur soweit wie möglich ein. Atmen Sie ein, und blähen Sie dabei den Bauch langsam, aber nur soweit wie möglich auf."

„Führen Sie zehn Atemzyklen dieser Art durch. Anschließend werde ich das Wort wieder ergreifen. Beginnen Sie."

Legen Sie auf der Kassette eine ein- bis zweiminütige Pause ein, und fahren Sie anschließend im selben Tonfall fort.

„Nach dieser Übung wird in Ihrem Geist der tatsächliche Grund Ihres Übergewichts auftauchen... Das wird Sie in dem Wunsch bestärken, das fragliche Problem zu lösen, und Sie werden nun stark genug sein, ihm die Stirn zu bieten... Gleichzeitig wird Ihre Eßlust nachlassen. Sie werden kein Verlangen nach jenen Leckereien verspüren, das Sie ansonsten hemmungslos verschlingen."

„Wenn dieser Prozeß sich während einer Mahlzeit vollzieht, werden Sie vernünftig und nur so viel essen, wie Ihr Körper braucht... Sie werden nur einmal zugreifen und Ihre Nahrung gut kauen, das heißt jeden Bissen mindestens zwanzigmal... Je besser Sie die Nahrung kauen, desto mehr werden Sie Ihr Essen genießen, desto weniger Hunger werden Sie verspüren... Sie werden auf Ihren Magen hören... Wenn er nach nichts mehr verlangt, sind Sie satt... Sie werden aufhören zu essen oder bei den folgenden Gängen bescheiden zugreifen."

„Für den Fall, daß Ihre Eßlust Sie außerhalb der Mahlzeiten überfällt, sagen Sie sich, daß die nächste Mahlzeit nicht mehr fern ist und Sie abwarten können... Wenn Sie nachdenken, werden Sie schnell zu der Einsicht gelangen, daß es besser ist zu essen, wenn man hungrig ist. Nun sind Sie aber nicht hungrig und wissen sehr wohl, daß dieses momentane zwanghafte

Gefühl, etwas zum Munde führen zu müssen, ein psychisches Problem ist und nicht daher kommt, daß Sie nicht ausreichend gegessen haben!"

„Je intensiver Sie also über das Essen nachdenken, desto weniger Lust werden Sie nach etwas Eßbarem verspüren... Ihre Eßlust wird Sie nicht mehr länger quälen.. Der bloße Gedanke, daß Sie mehr essen, als Sie an Kalorien benötigen, ruft bereits Übelkeit und Ekel in Ihnen hervor. Ab diesem Moment essen Sie von allem, jedoch in Maßen, und nur, wenn Ihr Magen danach verlangt."

„Kommen wir nun zu den organischen Ursachen Ihres Übergewichts, die wir zu Beginn dieser Sitzung erwähnten... Sprechen Sie sie laut und deutlich aus. Ich lasse Ihnen hierfür ein paar Minuten Zeit. Anschließend werde ich wieder das Wort ergreifen. Beginnen Sie..."

Legen Sie auf der Kassette eine vier- bis fünfminütige Pause ein, und fahren Sie anschließend im selben Tonfall fort.

„Sie wissen jetzt, welche körperlichen und geistigen Blockaden Ihrem Wohlbefinden im Wege stehen. Sobald Sie eine Ernährungssünde begehen wollen, werden diese Gründe in Ihnen wachgerufen und helfen Ihnen, in einem schwachen Moment stark zu bleiben."

„Außerdem riskieren Sie ja Herzbeschwerden, Gelenkschmerzen und Kreislaufstörungen usw.! Und je länger Sie warten, desto schwieriger wird es, Ihr Übergewicht loszuwerden... Alle diese Gründe sollten Sie veranlassen, sofort zu reagieren..."

„Stellen Sie sich nun vor, daß Sie Ihr Idealgewicht von X kg erreicht haben (sprechen Sie dieses zuvor berechnete Gewicht laut aus)... Spüren Sie, wie gut Sie sich mit diesem Gewicht fühlen... Nun sind Sie um die Taille so schlank, daß Sie alles tragen können. Sie sind schön, Sie schämen sich nicht mehr für Ihren Körper... Ihre Herzbeschwerden, Gelenkschmerzen, Kreislaufstörungen sind verschwunden... Mit einem Wort, Sie sind psychisch und physisch stabil... Ihre Alltagsaufgaben erfüllen Sie nun mühelos. Sie geraten nicht sofort an den Rand der Erschöpfung... Ihr Wesen ist offen, und das Bild, das Sie vermitteln, zieht andere an... Sie wirken auf das andere Geschlecht attraktiv, Sie können wieder flirten... Sie fühlen sich wohl in Ihrer Haut, weil Sie das psychische Defizit aufgefüllt haben, unter dem Sie litten... Sie ernähren sich nun ausgewogen und treiben regelmäßig Sport... Nennen Sie die Sportart, für die Sie sich entschieden haben... Anschließend werde ich wieder das Wort ergreifen und Sie weiter anleiten..."

Lassen Sie auf der Kassette fünfzehn Sekunden verstreichen, und fahren Sie anschließend im selben Tonfall fort.

„Ihr Leben ist nun tausendmal angenehmer als zuvor... Sie sind nicht mehr dieser frustrierte und komplexbeladene Mensch, der Sie noch vor kurzem waren..."

„All das Gesagte ist keine Utopie. Es hängt von Ihnen ab, es Wirklichkeit werden zu lassen."

"Sie können diesen Zustand bewußt und dauerhaft erzeugen... Sie müssen sich lediglich auf den Menschen konzentrieren, der Sie nun sind, seit Sie keinen emotionalen Mangel mehr leiden und sich daran gemacht haben, sich körperlich und geistig zu verändern. Sie sind selbstbewußt, Sie lassen sich von den Ereignissen nicht überrollen... Nichts kann Ihnen Schaden zufügen... Nichts läßt Sie in Streß geraten. Sie können stolz auf sich sein, weil Sie sich aus eigener Kraft und für jedermann sichtbar verändert haben."

„Sie sind ruhig, entspannt, und Sie wissen, was Sie wollen... Jetzt sind Sie in der Lage, jedes Problem zu überwinden, weil Sie über Selbstvertrauen verfügen... Sie werden Ihr Leben zum Positiven wenden, wenn Sie sich von Ihrem Übergewicht befreien... Warten Sie nun auf mein Signal..."

Lassen Sie fünf Minuten verstreichen.

„Sie werden nun gleich erwachen... Sobald Sie in den Wachzustand zurückgekehrt sind, wird das Gesagte für immer in Ihrem Gedächtnis verankert sein... Jede Nacht wird, während Sie schlafen, Ihr Geist von den positiven Gedanken, die wir formuliert haben, durchdrungen... Sie werden sich morgens frisch fühlen, selbstsicher, voller Kraft und entschlossen, Ihrer neuen Lebensplanung zu folgen..."

Lassen Sie fünf Minuten verstreichen.

„Sie werden nun gleich erwachen. Sobald Sie in den Wachzustand zurückgekehrt sind, wird das Gesagte für immer in Ihrem Gedächtnis verankert sein... Jede Nacht wird, während Sie schlafen, Ihr Geist von den positiven Gedanken, die wir formuliert haben, d.h. dem Entschluß, gegen Ihr Gewichtsproblem anzukämpfen, durchdrungen... Sie werden sich morgens frisch fühlen, selbstsicher, voller Kraft und entschlossen, Ihrer neuen Lebensplanung zu folgen... Auf diese Weise werden Sie langsam (um Ihrem Körper nicht zu schaden), aber sicher abnehmen und anschließend nicht wieder zunehmen."

„Die Sitzung ist nun beendet... Sie kehren in den Wachzustand zurück. Ich werde von 1 bis 10 zählen, damit Sie aus Ihrer hypnotischen Trance zurückkehren... Bei 10 ist diese Übung der Selbsthypnose abgeschlossen, und Sie wachen auf..."

„1... 2... 3... 4... 5... 6... 7... 8... 9... 10..."

„Jetzt haben Sie Ihr normales Bewußtsein wiedererlangt... Ihre Eßlust oder Ihre Eßstörungen sind verschwunden. Sie fühlen sich wesentlich besser als zu Beginn der Sitzung..."

„Sie können Ihre gewohnten Aktivitäten im Bewußtsein dieser neuen positiven Geisteshaltung wieder aufnehmen. Sobald ein unwiderstehliches Eßverlangen in Ihnen aufkommt, führen Sie so schnell es geht diese Übung durch, oder Sie praktizieren sie regelmäßig, um einem neuen Auftauchen dieser Probleme, die Ihrem Glück und Wohlbefinden im Wege stehen, vorzubeugen."

Anmerkung:

Wenn Ihre Eßstörungen bereits seit langem anhalten, müssen Sie sich etwas gedulden, bis der Erfolg sich einstellt. Je nach Schwere des zugrundeliegenden psychologischen Defizits wird die vollständige Lösung des Problems mehrere Sitzungen erfordern.

Halten Sie von einer Sitzung zur nächsten die Fortschritte fest, die Sie hinsichtlich der Lösung Ihrer psychischen Blockaden erzielen. Überprüfen Sie auch Ihre Reaktionen auf ein plötzliches Eßverlangen sowie Ihren tatsächlichen Gewichtsverlust.

KAPITEL 7

Sich von Müdigkeit befreien

Müdigkeit ist neben Rückenschmerzen und Streß eines der Hauptübel unserer modernen Zeit. Zwischen dem Auftreten dieser drei Symptome besteht übrigens nicht selten ein Zusammenhang.

Der Grund häufiger Erschöpfungszustände ist ein allzu schneller Lebensrhythmus in einer Gesellschaft, die die Schnelligkeit liebt und dem berühmten Sprichwort „Zeit ist Geld" huldigt.

Die Entstehung der Industriegesellschaft im 19. Jahrhundert läutete für die Menschheit zweifellos eine Ära des Fortschritts ein, brachte uns aber auch auf der Schiene des technologischen Fortschritts in Fahrt und schuf somit diesen Mythos der Schnelligkeit.

Eine lückenlose Zeitplanung ist zu einem wichtigen Faktor in unserem Leben und zum Kriterium des Erfolgs geworden. Der Mythos „Schnelligkeit = Erfolg" ist so tief in unseren Köpfen verankert, daß wir darüber letztendlich zu leben vergessen!

Unter dem Joch dieses zweifelhaften Konzepts wollen wir in allen Bereichen unseres Daseins - im Privat- wie im Berufsleben, in den Beziehungen zu unseren Mitmenschen - immer schneller vorankommen.

Den größten Teil unseres Lebens verbringen wir damit, von morgens bis abends - ja was eigentlich, im Grunde wissen wir es gar nicht so recht - dem Erfolg, dem Geld, dem Glück, der großen Liebe? - nachzujagen.

Dabei verirren wir uns und opfern auf dieser Hetzjagd unser Leben. Wir vergeuden unser wertvolles menschliches Dasein damit, uns in unseren Aktivitäten zu überstürzen und erkennen schließlich den Grund dieses Wettlaufs gegen die Uhr und ... gegen Tod nicht mehr!

Ein erfülltes emotionales, berufliches und soziales Leben ist jedoch auch möglich, wenn man sich Zeit läßt und sich nicht dem Diktat der Schnelligkeit unterwirft. Vieles bedarf übrigens der Ruhe und zwingt uns, unseren Rhythmus zu verlangsamen, wenn wir Erfolg haben wollen, insbesondere im Beruf, in der Liebe, ja sogar bei Geschäftsabschlüssen.

Verstand und Überlegung - die unabdingbaren Voraussetzungen von Gedanken, Worten und Taten - könnten bei diesem Wettlauf um weniger Schnelligkeit die Gewinner sein. Seien Sie also lieber der Igel als der Hase!

Lesen Sie obigen Text aufmerksam, und denken Sie darüber nach. Es ist für den weiteren Verlauf dieses Kapitels wichtig, daß Sie das Gesagte verinnerlichen. Wenn Sie es annehmen, werden Sie Ihre inneren Blockaden durchbrechen, und es wird Ihnen leichter fallen, Ihre vorübergehende oder dauerhafte Erschöpfung definitiv zu überwinden.

Aber natürlich reicht das Verständnis dieser Worte, das Voraussetzung für Ihre persönliche Veränderung und die Durchführung der nachstehend beschriebenen Hypnosesitzungen ist, nicht aus, damit Sie sich ein für allemal von Ihrer Müdigkeit befreien.

Sie werden Ihre akute oder chronische Müdigkeit mit der Zeit besiegen, wenn Sie die zunehmend komplexer und länger werdenden Übungen Schritt für Schritt durchführen.

Wir behandeln hier die Müdigkeit, die das Ergebnis eines hektischen Alltags oder übermäßiger Arbeit ist, und nicht jene, die als Begleiterscheinung von Schlaflosigkeit auftritt (und Gegenstand eines weiteren Kapitels ist) oder sich nach bewußt kurzen Nächten einstellt.

In letzteren Fällen sind eine Nacht mit ausgiebigem Schlaf oder eine Schlafkur das beste Heilmittel. Dieses Kapitel richtet sich an Menschen, die trotz einer regelmäßigen nächtlichen Ruhe sich ständig oder vorübergehend matt fühlen und aufgrund ihrer Abgeschlagenheit in allen Bereichen ihres Lebens weniger leistungsfähig sind.

Achten Sie auch auf eine gesunde und abwechslungsreiche Ernährung. Es gibt zu diesem Thema viele Bücher. Wenn Ihre Ernährung unausgewogen ist, können Ihr Körper und Geist Ihrem Tempo nicht folgen, weil sie die notwendigen Nährstoffe nicht erhalten.

Auch wenn Sie noch so viel schlafen, werden Sie in diesem Fall das Gefühl der Erschöpfung nicht los. Der Körper ist eine wunderbare Maschine, aber er benötigt den richtigen Treibstoff, damit er funktionieren kann.

Es gibt zahlreiche Nahrungsergänzungsmittel, Vitamin-Präparate, Spurenelemente usw., die dem Körper die notwendigen Nährstoffe zuführen, die in den üblichen Nahrungsmitteln nicht enthalten sind. Diese Produkte gleichen Ernährungsmängel aus und geben Ihnen die Kraft zurück, die Ihnen so häufig fehlt.

Besonders wirksam ist Gingseng, eine exotische Wurzel aus China, die dafür bekannt ist, daß sie Müdigkeit vertreibt. Sie erhalten Gingseng in zahlreichen Darreichungsformen in allen Apotheken und Reformhäusern.

Wenn Sie diese beiden Prinzipien (ausreichender Schlaf, richtige Ernährung) beachten, wirken Sie Ihrer Erschöpfung bereits entgegen.

Sie sollten diese „Behandlung" jedoch unbedingt durch nachfolgende einfache und fortgeschrittene Methoden ergänzen, denn Sie müssen etwas für Ihren (und mit Ihrem) Körper tun, um ihn wirklich zu entspannen und die Müdigkeit daraus zu vertreiben.

Einfache Methoden zur Bekämpfung von Müdigkeit

Bevor Sie sich an die speziellen Methoden zur Überwindung Ihrer Müdigkeit heranwagen, möchte ich Ihnen ein paar einfache Übungen an die Hand geben, die sofort anwendbar sind und nur zehn bis fünfzehn Minuten Zeit erfordern. Sie können damit vorübergehenden und oberflächlichen Erschöpfungszuständen wirksam begegnen.

Diese Übungen führen Sie am besten täglich abends als vorbeugende Maßnahme durch, wenn ein langer Arbeitstag hinter Ihnen liegt. Sie wirken entspannend und ermöglichen Ihnen ein schnelles Einschlafen.

Aber auch während des Tages sind sie bei plötzlich auftretender Erschöpfung oder anhaltender Schläfrigkeit sehr hilfreich.

Eine regelmäßige Anwendung der Übungen aus Kapitel 2. *Allgemeine Hypnoseverfahren* empfiehlt sich bei Müdigkeit, Mattigkeit, Apathie sowie allen sonstigen Erschöpfungszuständen.

Sehr wohltuend wirken vor allem die Atemübungen, insbesondere:

Übung Nr. 2: Die Bauchatmung

Übung Nr. 3: Die bewußte Atmung

Übung Nr. 4: Die leib-seelische Entspannung*

ebenso wie:

Methode Nr. 2: oder die Methode der Mönche des Bergs Athos

Methode Nr. 3 oder die Methode des dritten Auges

Methode Nr. 5: Die Yogi-Technik

Methode Nr. 10: Die schwarzen Fische*

Methode Nr. 12: Der Goldstaub*

Methode Nr. 15: Die auditive Entspannung*

Alle diese Techniken, aber insbesondere jene, die mit einem Stern gekennzeichnet sind, eignen sich zur Bekämpfung von vorübergehender und anhaltender Müdigkeit.

Wenden Sie sie nacheinander oder im Wechsel an, und zwar morgens als vorbeugende Übung, und abends, um sich von den Anspannungen des Tages zu erholen. Sie können sie aber auch zu jeder beliebigen Tageszeit durchführen, wenn Sie spüren, daß ein Gefühl der Müdigkeit oder Abgeschlagenheit sich Ihrer bemächtigt.

Halten Sie zunächst obige Reihenfolge ein; gehen Sie dabei von den einfacheren zu den komplizierteren Übungen vor.

Anschließend können Sie sie nach eigenem Belieben anordnen. Scheuen Sie sich nicht, jene so oft wie möglich zu praktizieren, die Sie am meisten ansprechen und Ihnen besonderen Spaß bereiten.

Wenn möglich sollten Sie Ihre tägliche Übungszeit nach und nach von fünfzehn auf dreißig Minuten steigern. Damit beugen Sie dem Auftreten von Müdigkeit wirksam vor. Sie vermeiden Einbrüche in Ihrer Leistungsfähigkeit, die Erfahrung extremer Erschöpfung, wenn nicht sogar ein Abgleiten in die Depression.

Erweiterte Methode zur Bekämpfung von Müdigkeit

Falls obige, extrem wirksame Methoden keinen Erfolg bei Ihnen zeigten, muß Ihre Müdigkeit chronisch sein. In diesem Fall empfiehlt sich die erweiterte Methode zur Bekämpfung von Müdigkeit.

Sie basiert auf der Konzentration auf ein farbiges Hilfsmittel in Form eines einfach herzustellenden Kartons. Dieser Karton besteht aus zwei Rechtecken, die durch ein graues oder weißes Band voneinander getrennt sind. Das linke Rechteck ist gelb, das rechte blau.

Während der Phase der Trance-Induktion sollten Sie sitzen; in der Lösungsphase sollten Sie liegen. Gestalten Sie den Ort Ihrer Sitzung entsprechend, und beginnend Sie die Übung sitzend auf Ihrem Bett oder einer Couch, auf der Sie sich anschließend ausstrecken können.

1 - Phase der hypnotischen Entspannung

- Setzen oder legen Sie sich bequem hin.

- Halten Sie den Karton mit ausgestreckter Hand (mit der linken Hand, wenn Sie Linkshänder sind, mit der rechten Hand, wenn Sie Rechtshänder sind), so daß der linke, gelbe Teil des Kartons sich vor Ihrem linken Auge befindet.

- Konzentrieren Sie sich auf die Farben des Kartons, vor allem aber auf die Linie, die die beiden Hälften voneinander trennt.

- Nachdem Sie den Karton eine Zeitlang intensiv fixiert haben, verschwimmen die Farben allmählich ineinander, oder es treten Teile des Kartons stärker hervor. Das bedeutet, daß Sie einen neuen Bewußtseinszustand erreicht haben.

Sagen Sie nun zu sich selbst: „Mein Blick trübt sich... Das ist das Zeichen, daß ich in Selbsthypnose gehe, daß mein Bewußtsein sich verändert....Meine Augen werden müde... Bald werden meine Augenlider herabfallen... Ich kann meine Augen unmöglich offenhalten... Meine Augen schließen sich... Jetzt wird mein Arm (der rechte bei Rechtshändern, der linke bei

Linkshändern) schwer, sehr schwer... So schwer, daß ich ihn nicht mehr ausgestreckt halten kann... Mein Arm wandert unweigerlich nach unten... Ich kann den Karton nicht mehr auf Höhe der Augen halten... Ich lasse ihn fallen... Jetzt wird auch mein zweiter Arm schwer... Meine beiden Arme sind schwer, schrecklich schwer, ich kann sie nicht mehr bewegen... Diese Schwere, die ich in meinen Armen verspüre, verstärkt den Zustand der Selbsthypnose. Die Schwere erfaßt meine Schultern... meinen Hals... meinen Kopf... Jetzt steigt dieses Gefühl der Schwere in mir hinab... Es erfaßt meine Brust... meinen Bauch..."

„Je stärker diese Schwere mich erfaßt, desto tiefer steige ich in die Selbsthypnose hinab... Meine Oberschenkel sind schwer, sie werden immer schwerer... Meine Waden sind schwer, sie werden immer schwerer... Meine Füße sind schwer, sie werden immer schwerer... Mein ganzer Körper ist schwer, schwerer geht es nicht... Ich befinde mich in einem Zustand der tiefen Selbsthypnose (wiederholen Sie die letzten beiden Sätze mindestens dreimal, bis Sie den gewünschten Entspannungszustand erreicht haben.)..."

- Wiederholen Sie viermal: „Der Zustand der Selbsthypnose, in dem ich mich nun befinde, ermöglicht mir, Einfluß auf mein Unterbewußtes zu nehmen..." Und dann: „Jetzt bin ich in der Lage, meine Trance zu nutzen... Jetzt werde ich konstruktiv sein und meine (vorübergehende oder anhaltende) Erschöpfung überwinden (oder ihr vorbeugen)..."

2 - Lösungsphase

- Legen Sie sich entspannt auf den Rücken.
- Atmen Sie weiterhin in den Bauch ein und wieder aus, und verbleiben Sie im Zustand der hypnotischen Entspannung.
- Atmen Sie so lange in den Bauch ein und aus, bis Ihre Atmung langsam und tief geworden ist, oder zählen Sie zehn aufeinanderfolgende

Atemzyklen.

Richten Sie anschließend ab dem elften Zyklus Ihren Atem während des Ausatmens mental und physisch auf die verschiedenen Teile Ihres Körpers, das heißt auf: Füße, Waden, Oberschenkel, Po, Bauch, Sonnengeflecht, Brust, Hände, Unterarme, Oberarme, Schultern, Kiefer, Stirn, Haare, Hinterkopf, oberer und unterer Rücken.

- Hauchen Sie mit jedem Atemzyklus in Richtung eines neuen Körperteils: beim zwölften Ausatmen auf die Füße, beim dreizehnten Ausatmen auf die Waden, beim dreiundzwanzigsten Ausatmen auf die Oberschenkel usw.

- Beginnen Sie folgendermaßen.

„Ich atme aus, und ich entspanne meinen linken Fuß, ich atme ein, und ich entspanne meinen linken Fuß."

„Ich atme aus, und ich entspanne meine linke Wade, ich atme ein, und ich entspanne meine linke Wade."

„Ich atme aus, und ich entspanne mein linkes Knie, ich atme ein, und ich entspanne mein linkes Knie."

„Ich atme aus, und ich entspanne meinen linken Oberschenkel, ich atme ein, und ich entspanne meinen linken Oberschenkel."

Und so weiter.

- Sobald Sie diesen Vorgang abgeschlossen haben, verweilen Sie in dem erreichten Entspannungszustand und beobachten den Rhythmus Ihrer Atmung. Sie haben jetzt ein tiefes, erweitertes Bewußtsein erreicht.

- Wiederholen Sie nun folgende Formel, und versuchen Sie, die beschriebenen Wirkungen tatsächlich zu spüren. Beschränken Sie sich nicht auf die bloße Vorstellung, sondern versuchen Sie, ein echtes Gefühl zu entwickeln. Denken Sie also nicht „Mein Körper ist schwer", sondern spüren Sie wirklich, wie Ihr Körper schwer wird.

Wiederholen Sie folgende Formel oder einen Satz Ihrer Wahl zehnmal hintereinander. Sprechen Sie mit entschlossener Stimme laut oder leise zu sich selbst:

„Jetzt sind mein Körper und Geist entspannt. Mein Körper ist schwer, sehr schwer. Ich kann ihn nicht mehr bewegen... oder ich will ihn ganz einfach nicht mehr bewegen. Ich fühle mich gut in diesem Zustand. Ich verbleibe ein paar Minuten in diesem Zustand, denn nur so kann ich mich von meiner Müdigkeit befreien. Ich spüre, wie meine Müdigkeit mich wie eine Wolke verläßt, die am Himmel vorbeizieht (Stellen Sie sich dieses Bild vor)."

Lassen Sie fünf Minuten ohne zu sprechen verstreichen.

Um in den Wachzustand zurückzukehren, beenden Sie die Sitzung, indem Sie nach der vorangegangenen Phase der Entschlußfassung eine Formel wiederholen, die Sie zuvor eingeübt haben, zum Beispiel: „Die Sitzung ist jetzt beendet... Ich kehre in den Wachzustand zurück, ich verlasse den Zustand der Selbsthypnose. Meine Müdigkeit ist verschwunden, und ich fühle mich dynamisch und bereit zu handeln. Diese erweiterte Methode werde ich ab sofort so oft wie möglich und jedesmal dann anwenden, wenn mich ein Gefühl der Müdigkeit oder Erschöpfung übermannt."

Richten Sie sich langsam auf, und gehen Sie Ihren gewohnten Aktivitäten nach.

KAPITEL 8

Im Schlaf Erholung finden

Glücklich die Menschen, die schnell einschlafen und friedlich bis zum Morgen schlummern!

Sie kennen den Alptraum der Schlaflosen nicht, jener, die nachts kein Auge zubekommen, die sich verzweifelt im Bett wälzen und schließlich zu einem Schlafmittel greifen, das sie in einen unruhigen und ungesunden Schlaf versetzt! Morgens erwachen sie dann meist erschöpfter, als sie sich abends zur Ruhe gelegt haben!

Und wie quälend sind die Tage, an denen man die Augen kaum offen und den Kopf nicht gerade halten kann. Der Tag schleicht dahin für diese Unglücklichen, die abends nach Hause kommen und nicht selten wieder keine nächtliche Erholung finden.

Glücklicherweise läßt sich dank der Hypnose das Problem der Schlaflosigkeit lösen.

Denn wenngleich im Gegensatz zu einer weitverbreiteten Meinung (mit der in Kapitel 1 aufgeräumt wird) die (Selbst-)Hypnose und der Schlaf zwei verschiedene Zustände sind, kann die Hypnose dem Schlaf sehr förderlich sein.

Der Vorteil eines durch Hypnose herbeigeführten Schlafs liegt darin, daß dieser Schlaf extrem tief und erholsam ist und sich ohne Schlafmittel oder sonstige Medikamente einstellt.

Vielleicht haben die Techniken der Selbsthypnose, die Sie zu Beginn dieses Handbuchs der Persönlichkeitsentwicklung (insbesondere die Methoden aus Kapitel 3. *Kraft und Vitalität tanken*) kennengelernt haben, bereits bewirkt, daß Sie schneller einschlafen.

Bitte verwechseln Sie jedoch nachstehende Übungen nicht mit jenen aus Kapitel 3, deren Ziel ist, Sie nachts mit neuer Energie aufzuladen. Folgende Übungen sollen Ihnen insbesondere helfen, Ihre Schlaflosigkeit zu überwinden. Sie können sie übrigens nach Ihrer eigenen Phantasie ohne weiteres ergänzen.

Einfache Methoden zur Förderung des Schlafs

Zweifellos haben Sie sie in den vorangegangenen Kapiteln angewandt, ohne ihre schlaffördernde Wirkung zu kennen. Deshalb möchte ich Sie Ihnen im folgenden in Erinnerung bringen und Sie bitten, sie nun als Hilfsmittel zu verstehen, das Ihnen das Einschlafen erleichtert. Mit diesen Übungen lassen sich alle gängigen Schlafstörungen erfolgreich bekämpfen.

Da die meisten (selbst-)hypnotischen Übungen eine körperliche und geistige Entspannung herbeiführen, ist es übrigens ganz natürlich, daß diese Verfahren dem Schlaf förderlich sind. Wer unter Schlaflosigkeit leidet, kann meist aufgrund anhaltender körperlicher und geistiger Anspannungen keine nächtliche Erholung finden.

Die durch die Hypnose erzielte leib-seelische Entspannung trägt also zwangsläufig dazu bei, daß ängstlichen und gestreßten Menschen das Einschlafen leichter fällt.

Ich nenne Ihnen im folgenden einige wichtige Techniken, die Sie bereits aus Kapitel 2 kennen. Sie werden Ihnen angenehme, erholsame Nächte schenken. Führen Sie sie abends, am besten ergänzend zu oder im Wechsel mit den Einschlafübungen aus Kapitel 3 durch.

Methode Nr. 2 oder die Methode der Mönche des Bergs Athos.

Methode Nr. 5: Die Yogi-Technik (besonders wirksam bei Alpträumen und anhaltender Schlaflosigkeit).

Methode Nr. 7: Die Lichtinduktion. Diese Methode wenden Sie am besten morgens an, denn es könnte gefährlich sein, wenn Sie mit einer brennenden Kerze einschlafen. Sie ist bei Schlaflosigkeit sehr wirksam.

Methode Nr. 11: Die zielgerichtete Atmung. Diese Methode empfiehlt sich besonders nach einer schlaflosen Nacht. Sie hilft Ihnen, den folgenden Tag ohne größere Müdigkeit zu bestehen. Mit dieser Übung wirken Sie den Folgen einer schlaflosen Nacht entgegen und tanken neue Energie für den Tag.

Methode Nr.13: Die schwarze Wolke: Wirkt wie Methode Nr. 5.

Wenden Sie zunächst die genannten Methoden zwei Wochen lang an. Führen Sie sie nacheinander durch, und stellen Sie dabei jene fest, die Ihnen am meisten zusagen und mit denen Sie Ihre Schlaflosigkeit und Alpträume am erfolgreichsten bekämpfen.

Wählen Sie anschließend zwei Übungen aus, die Sie täglich vor dem Schlafengehen im Wechsel oder nacheinander durchführen, bis Ihre Schlafstörungen vollständig abgeklungen sind.

Falls Ihre Schlafprobleme erneut auftreten sollten, führen Sie die Übungen von neuem durch, bis Ihr Schlaf wieder ungestört ist.

Wenn Ihre Schlafstörungen trotz dieses Trainings anhalten sollten (was in 10 % der Fälle zutrifft), wenden Sie folgende Methode an:

In den Schlaf hinübergleiten

Mit den oben beschriebenen Verfahren können Sie Schlaflosigkeit und Alpträume ohne besondere Willensanstrengung bekämpfen. Bei hartnäckigen Schlafstörungen sollten Sie folgende Methode anwenden, die sehr schnell zum Erfolg führt.

Sie basiert auf einem extrem wirksamen selbsthypnotischen Verfahren, der sogenannten Treppen-Technik. Dieses Mal wird Sie die Treppe jedoch nicht wie in Kapitel 4, Abschnitt: *Die kraftspendende Treppe* nach oben bringen, sondern sie wird Sie nach unten fahren und in einen tiefen Schlaf versetzen.

Diese Technik finden Sie auf der Kassette, die Sie mit diesem Handbuch erhalten haben. Lassen Sie sich von meiner Stimme leiten und in einen erholsamen Schlaf führen.

Bevor Sie die Kassette hören, legen Sie sich entspannt auf Ihr Bett, auf den Fußboden oder auf ein Sofa. Ihr Kassettenrecorder steht neben Ihnen.

Drücken Sie die „Start"-Taste Ihres Geräts, und schließen Sie die Augen. Hören Sie mir zu.

***

„Sie liegen entspannt auf Ihrem Bett, auf dem Fußboden oder auf einem Sofa. Folgen Sie meiner Stimme. Lassen Sie sich von ihr leiten. Sie werden nun bald in einen erholsamen Schlaf sinken."

„Sprechen Sie laut oder leise dreimal hintereinander und langsam folgende „Lösungsformel", die Sie im zweiten Teil dieser Übung verankern wollen: 'Ich werde heute nacht schnell einschlafen und aus einem erholsamen Schlaf bis zum Morgen neue Kraft schöpfen.'"

Legen Sie auf dem Band eine einminütige Pause ein.

„Stellen Sie sich nun die Flamme einer Kerze vor. Konzentrieren Sie sich auf diese Flamme, und sagen Sie laut oder leise: 'Ich konzentriere mich auf diese Flamme.... Es gibt nichts außer dieser Flamme.' Und nun Sie."

Lassen Sie 30 Sekunden verstreichen.

„Sagen Sie jetzt: 'Je mehr ich mich konzentriere, desto stärker verspüre ich ein Gefühl der Schwere in mir.' Und nun Sie."

Lassen Sie 30 Sekunden verstreichen.

„Sagen Sie jetzt: 'Diese Schwere geht von meinen Füßen aus, sie erfaßt meine Waden... meine Beine... meinen Bauch... meine Brust... meinen Rücken... mein Gesicht... meinen Schädel... meinen Kopf...' Und nun Sie."

Legen Sie auf dem Band eine einminütige Pause ein.

„Fahren Sie fort, und beschränken Sie sich nicht auf die bloße Vorstellung dieses Gefühls, sondern versuchen Sie, es tatsächlich zu erleben."

„Ihr Körper ist schwer, er wird immer schwerer... Ihr Kopf ist schwer... Sie schließen die Augen... Ihre Augenlider sind schwer,... Ihre Augen sind geschlossen... Sie sind entspannt. Sie befinden sich im Zustand der Hypnose..."

Legen Sie auf dem Band eine einminütige Pause ein.

„Jetzt werden Sie Ihren ganzen Körper entspannen, indem Sie sich bei jedem Ausatmen die einzelnen Teile Ihres Körpers nach und nach vorstellen."

„Sagen oder denken Sie sich zum Beispiel: 'Ich atme aus, und ich entspanne meinen rechten Fuß. Ich atme ein... Ich atme aus, und ich entspanne meine rechte Wade... Ich atme ein... Ich atme aus, und ich entspanne meinen linken Oberschenkel... Ich atme ein...' Usw."

„Beginnen Sie bei den Füßen, und gehen Sie in folgender Reihenfolge bis zum Kopf vor: Füße, Waden, Oberschenkel, Po, Bauch, Sonnengeflecht, Brust, Hände, Unterarme, Oberarme, Schultern, Kiefer, Stirn, Haare, Hinterkopf, oberer Rücken und unterer Rücken und schließlich Wirbelsäule. Und nun Sie."

Legen Sie auf dem Band eine zweiminütige Pause ein, und fahren Sie anschließend im selben Tonfall fort.

„Verweilen Sie einen Augenblick in diesem Entspannungszustand, und stellen Sie sich vor, daß Sie am oberen Ende einer Rolltreppe stehen. Sie treten auf die erste Stufe, die Treppe setzt sich in Bewegung und bringt Sie langsam nach unten. Sie lassen sich nach unten fahren und sagen: 'Ich lasse mich von dieser Rolltreppe fahren... Je weiter ich nach unten komme, desto mehr entspanne ich mich, desto wohler fühle ich mich... Ich lasse mich fahren...'
Und nun Sie."

Legen Sie auf dem Band eine zweiminütige Pause ein.

'Je weiter ich nach unten komme, desto mehr entspanne ich mich, desto wohler fühle ich mich...'

Legen Sie auf dem Band eine zweiminütige Pause ein, und fahren Sie anschließend im selben Tonfall fort.

„Wenn Sie in Ihrer Vorstellung am unteren Ende der Rolltreppe angekommen sind, sind Sie absolut entspannt. Verweilen Sie einen Augenblick in diesem Entspannungszustand."

Legen Sie auf dem Band eine dreiminütige Pause ein, und fahren Sie anschließend im selben Tonfall fort.

„Jetzt gehen Sie in die zweite Phase dieser Sitzung über, in der Sie kraft der

Hypnose in den Schlaf hinübergleiten. Wiederholen Sie mehrere Male laut oder leise folgenden „Entschluß", den Sie zu Beginn dieser Sitzung gefaßt haben.

'Dank dieser hypnotischen Trance wird es mir möglich sein, schnell einzuschlafen und aus einem erholsamen Schlaf bis zum Morgen neue Kraft zu schöpfen.'

Und nun Sie."

Die meisten Menschen schlafen ein, während Sie diese Kassette hören. Wenn das bei Ihnen nicht der Fall ist, beenden Sie die Sitzung mit folgendem Satz.

„Meine Aufgabe, Sie in den Schlaf zu versetzen, ist nun beendet. Lassen Sie sich nun in Morpheus' Arme fallen, indem Sie folgende Formel wiederholen, bis Sie einschlafen: 'Dank dieser hypnotischen Trance werde ich schnell einschlafen und aus einem erholsamen Schlaf bis zum Morgen neue Kraft schöpfen.' Und nun Sie..."

* **Empfehlung:** Wenn Sie diese Kassette jeden Abend ein bis zwei Wochen lang hören, werden Ihre Schlafstörungen und Alpträume bald der Vergangenheit angehören.

KAPITEL 9

Alkoholprobleme überwinden

Alkoholismus ist ein ernstes Problem. Ein plötzlicher Entzug war noch nie ein bewährtes Mittel, um einen Alkoholiker zu heilen. In diesem Fall sind Rückfälle nicht selten; häufig kommt es auch vor, daß der Alkoholkranke ein tief verankertes Trauma zurückbehält, auch wenn er keinen Alkohol mehr trinkt.

Mit Hypnose lassen sich Alkoholprobleme auf sanfte Weise bekämpfen, weil in der Trance im Unterbewußtsein des Abhängigen nach den exakten Ursachen dieser schlechten Angewohnheit, die Ausdruck eines versteckten psychischen Problems ist, geforscht wird.

Alkoholmißbrauch läßt sich nicht auf die einfache Definition reduzieren, die in den meisten Fachbüchern gegeben wird und auf einen „übermäßigen Genuß alkoholischer Getränke" lautet.

Diese Formel ist lediglich die Definition einer Folgeerscheinung, sie gibt jedoch keinen Aufschluß über die Ursachen dieser Sucht, die für den Alkoholabhängigen und seine Umgebung dramatisch verlaufen kann.

Nur ein Hinabsteigen in die Tiefen des Unterbewußtseins ermöglicht, die Wurzeln dieses Übels, die häufig im emotionalen oder beruflichen Bereich zu suchen sind, ans Licht zu holen.

Wenn Sie diese Zeilen lesen, sind Sie bereits mit einigen Techniken der Selbsthypnose vertraut. Zweifellos haben Sie festgestellt, daß den meisten Übungen eine Phase der geistigen und körperlichen Entspannung vorausgeht. Alkoholismus ist häufig der äußere Ausdruck immenser Spannungszustände infolge von Problemen am Arbeitsplatz oder im Privatleben. Mit den Verfahren der hypnotischen Entspannung lassen sich diese Spannungszustände abbauen.

Indem Sie mittels Hypnose Ihrem sozialen und häuslichen Streß den Kampf ansagen, reduzieren Sie das Verlangen, Ihre emotionalen Defizite oder Ihr berufliches Scheitern mit dem Griff zur Flasche zu kompensieren.

Folgende Methode zur Bekämpfung von Alkoholproblemen basiert auf Hypnose. Sie ersetzt in keinem Fall eine medizinische Behandlung. Deshalb sollten Sie eine eventuelle medizinische Therapie oder Entziehungskur nicht abbrechen, sondern diese durch die nachstehend beschriebene Methode wirksam ergänzen.

Weiterer wichtiger Hinweis.

Vergewissern Sie sich stets vor Beginn einer Hypnosesitzung, daß Sie gegenüber dieser therapeutischen Disziplin keine Vorurteile mehr hegen. Überprüfen Sie das anhand von Kapitel 1. *Vorurteile abbauen,* und räumen Sie mit eventuell noch bestehenden Zweifeln auf. Auf diese Weise vermeiden Sie, daß Sie gegen sinnlose Blockaden ankämpfen. Außerdem werden Sie den Zustand der hypnotischen Entspannung oder Trance wesentlich schneller erreichen.

Versuchen Sie auch, sich der Gründe Ihrer Alkoholsucht bewußt zu werden:

Leiden Sie unter der Zurückweisung durch einen anderen Menschen, haben Sie Angst vor Ihren Eltern? Oder sind die Ursachen Frust, Beziehungsprobleme oder ein beruflicher Mißerfolg usw.?

Das Hineingehen in eine Trance kann durch die Verwendung einer entsprechenden Tonkassette erleichtert werden.

Kassetten sind ein probates Mittel, um den Zustand der Trance zu erreichen, auch wenn Ihr Hypnotherapeut nicht anwesend ist. Denn die Stimme spielt in jeder Hypnosesitzung eine wichtige Rolle. Wenn Sie die Stimme Ihres Hypnotiseurs, eines erfahrenen Experten, der mit sämtlichen Hypnosetechniken vertraut ist, hören, wird es Ihnen leichter fallen, in Trance zu gehen. Außerdem erzeugen die Suggestionen eine stärkere Wirkung auf Ihren Geist.

Nachstehende Methode finden Sie auf beiliegender Kassette, die Sie mit diesem Handbuch erhalten haben. Der gesamte Texte wurde von mir selbst gesprochen.

Suchen Sie sich zunächst einen ruhigen Ort, an dem Sie zwanzig Minuten lang ungestört sind, und lassen Sie sich bequem nieder. Ihr Kassettenrecorder steht neben Ihnen. Setzen Sie den Kopfhörer auf.

Atmen Sie zwanzigmal tief ein und wieder aus, drücken Sie die „Start"-Taste Ihres Geräts, und schließen Sie die Augen. Hören Sie zu, und folgenden Sie den Anweisungen.

* * *

„Folgende Hypnosesitzung wird Ihnen helfen, Ihr Alkoholproblem teilweise oder bereits vollständig zu überwinden."

„Sie sitzen bequem auf einem Stuhl. Wenn Ihr Stuhl keine Armlehnen hat, legen Sie die Hände auf die Oberschenkel. Die Arme sind dabei ganz locker. Wenn Sie auf einem Stuhl mit Armlehnen sitzen, legen Sie die Unterarme über die Lehnen, die Hände hängen locker nach unten."

„Lassen Sie in beiden Fällen die Schultern locker nach unten fallen. Ihre Arme sollten ohne jede Muskelanspannung wie zwei leblose Gewichte an Ihrem Körper baumeln."

„Atmen Sie zwanzigmal langsam und tief in den Bauch ein und wieder aus. Führen Sie Ihre Atmung bewußt durch."

„Atmen Sie zunächst tief aus, damit die verbrauchte Luft aus Ihrer Lunge ausgestoßen wird. Ziehen Sie während des Ausatmens den Bauch langsam, aber nur soweit wie möglich ein."

„Atmen Sie anschließend ein, und blähen Sie dabei den Bauch langsam, aber nur soweit wie möglich auf."

„Sprechen Sie dabei folgende Formel: 'Ich atme aus, ich weiß, daß ich ausatme, und mein Bauch wölbt sich wie von selbst nach innen.

Ich atme ein, ich weiß, daß ich einatme, und mein Bauch wölbt sich wie von selbst nach außen.'"

„Wenn Ihre Atmung zunächst noch kurz und abgehackt ist, ist das nicht schlimm. Erzwingen Sie nichts, sondern folgen Sie dem natürlichen Rhythmus Ihrer Atmung, ohne daß ein Gefühl des Erstickens sich einstellt."

„Nachdem Sie diesen Vorgang mehrere Male wiederholt haben, wird Ihre Atmung langsam und tief sein."

„Beginnen Sie auf mein Signal hin, und denken Sie dabei nicht an die Zeit, die verstreicht. Ich werde nach ein paar Minuten wieder zu sprechen beginnen und Sie erneut anleiten."

„Vergessen Sie dabei die hypnotische Formel nicht:

'Ich atme aus, ich weiß, daß ich ausatme, und mein Bauch wölbt sich wie von selbst nach innen.

Ich atme ein, ich weiß, daß ich einatme, und mein Bauch wölbt sich wie von selbst nach außen.'"

Lassen Sie auf dem Band fünf Minuten verstreichen.

„Ihr Geist ist nun zur Ruhe gekommen. Jetzt werden Sie Ihren Körper vollständig entspannen.

Lockern Sie Ihren Körper von Kopf bis Fuß, indem Sie sich jeden Teil Ihres Körpers in dem Moment vorstellen, in dem Sie ihn nach meinen Anweisungen entspannen."

Lassen Sie zwischen den einzelnen Körperteilen ein paar Sekunden verstreichen.

Die Pausen sind mit drei Punkten angezeigt.

„Atmen Sie aus, und entspannen Sie Ihren linken Fuß... Atmen Sie ein..."

„Atmen Sie aus, und entspannen Sie Ihre linke Wade... Atmen Sie ein..."

„Atmen Sie aus, und entspannen Sie Ihren linken Oberschenkel... Atmen Sie ein..."

„Atmen Sie aus, und entspannen Sie Ihren rechten Fuß... Atmen Sie ein..."

„Atmen Sie aus, und entspannen Sie Ihre rechte Wade... Atmen Sie ein..."

„Atmen Sie aus, und entspannen Sie Ihren rechten Oberschenkel... Atmen Sie ein..."

„Atmen Sie aus, und entspannen Sie Ihren Po... Atmen Sie ein..."

„Atmen Sie aus, und entspannen Sie Ihren Genitalbereich... Atmen Sie ein..."

„Atmen Sie aus, und entspannen Sie Ihren Bauch... Atmen Sie ein..."

„Atmen Sie aus, und entspannen Sie Ihr Sonnengeflecht... Atmen Sie ein..."

„Atmen Sie aus, und entspannen Sie Ihre linke Hand... Atmen Sie ein..."

„Atmen Sie aus, und entspannen Sie Ihren linken Unterarm... Atmen Sie ein..."

„Atmen Sie aus, und entspannen Sie Ihren linken Oberarm... Atmen Sie ein..."

„Atmen Sie aus, und entspannen Sie Ihre rechte Hand... Atmen Sie ein..."

„Atmen Sie aus, und entspannen Sie Ihren rechten Unterarm... Atmen Sie ein..."

„Atmen Sie aus, und entspannen Sie Ihren rechten Oberarm... Atmen Sie ein..."

„Atmen Sie aus, und entspannen Sie Ihre Schultern... Atmen Sie ein..."

„Atmen Sie aus, und entspannen Sie Ihren Lendenbereich... Atmen Sie ein..."

„Atmen Sie aus, und entspannen Sie Ihren Rücken... Atmen Sie ein..."

„Atmen Sie aus, und entspannen Sie Ihren Halsbereich... Atmen Sie ein..."

„Atmen Sie aus, und entspannen Sie Ihre Kiefer... Atmen Sie ein..."

„Atmen Sie aus, und entspannen Sie Ihre Augen... Atmen Sie ein..."

„Atmen Sie aus, und entspannen Sie Ihren Hinterkopf... Atmen Sie ein..."

„Atmen Sie aus, und entspannen Sie Ihren Scheitel... Atmen Sie ein..."

„Atmen Sie aus, und entspannen Sie Ihre Stirn... Atmen Sie ein..."

„Atmen Sie aus, und entspannen Sie Ihr drittes Auge zwischen den Augenbrauen... Atmen Sie ein..."

„Konzentrieren Sie sich ein paar Sekunden auf Ihr drittes Auge, bis ich wieder zu sprechen beginne."

Legen Sie eine Pause von ca. 30 Sekunden ein.

„Jetzt fühlen Sie sich gut... sehr gut... Sie spüren einen tiefen inneren Frieden. Der Alkohol bzw. die Lust zu trinken, beschäftigt Sie bereits weit weniger, denn Sie erkennen, daß Sie auch auf andere Weise Ihre privaten, beruflichen oder partnerschaftlichen Probleme lösen können."

„Jetzt spüren Sie in Ihrem Arm ein Gefühl der Schwere, das immer stärker wird."

„Konzentrieren Sie sich auf Ihren ausführenden Arm, den rechten Arm bei Rechtshändern, den linken Arm bei Linkshändern..."

„Er wird schwer, immer schwerer... Er hängt tonnenschwer an Ihrem Körper... Er ist wirklich schwer... und er wird immer schwerer.... Schwer, schwer, dieser Arm wird schwer, immer schwerer. Dieser Arm wird schwer, immer schwerer. Sie wollen ihn nicht mehr bewegen..."

„Diese Schwere erfaßt allmählich Ihren gesamten Körper... Ihr zweiter Arm wird ebenfalls schwer, immer schwerer... Er ist wirklich schwer... und er wird immer schwerer... Sie wollen ihn nicht mehr bewegen... Ihre beiden Arme sind nun wie zwei leblose Gewichte, die Sie nicht mehr bewegen wollen..."

„Diese Schwere erfaßt nun Ihre Beine. Sie sind wirklich schwer... sie werden immer schwerer... Sie wollen sie nicht mehr bewegen... Ihre Beine sind nun wie zwei leblose Gewichte, die Sie nicht mehr bewegen wollen..."

Jetzt wird auch Ihr Rücken schwer... Ihre Geschlechtsteile, Ihr Po werden schwer... Diese Schwere steigt Ihre Wirbelsäule hinauf, wie die Flut den Strand hinaufsteigt und auf ihrem Wege alles einhüllt... Ihr ganzer Körper wird von diesem Gefühl der Schwere erfaßt."

„Jetzt werden Ihre Schultern schlaff. Sie sind schwer... sie werden immer schwerer... Sie wollen sie nicht mehr bewegen..."

„Jetzt wird Ihr Hals locker, und nach und nach entspannt sich Ihr ganzes Gesicht. Ihre Kiefer entspannen sich. Ihr Mund öffnet sich leicht... ohne Mühe..."

„Ihre Augen sind schwer... sie werden immer schwerer. Sie sind vollständig geschlossen, aber nicht verkrampft. Sie fühlen sich gut... Sie wollen sie nicht öffnen, sondern noch tiefer in den Zustand der hypnotischen Trance fallen."

„Ihr Gehirn und Ihr Geist entspannen sich. Wenn Sie zu Beginn dieser

Sitzung das Verlangen verspürten, Alkohol zu trinken, wird dieses Gefühl nun verschwunden sein oder allmählich abklingen ..."

„Je länger Sie meine Stimme hören, desto mehr entspannen Sie sich... Ihr Verlangen nach Alkohol läßt nach..."

„Sie wollen diesen Zustand der Hypnose nicht verlassen, weil Sie sich wohl fühlen und weil Ihr Verlangen nach Alkohol nun weniger stark ist. Sie wissen auch, daß Sie noch weitergehen können und dieses für Sie so belastende Problem noch stärker zurückdrängen können."

„Wir werden diesen Weg weitergehen."

„Ihr Körper ist nun völlig entspannt..."

„Verbleiben Sie ein paar Minuten in diesem Entspannungszustand..."

Legen Sie auf dem Band eine dreiminütige Pause ein.

„Nach dieser ersten Phase der hypnotischen Entspannung befinden Sie sich nun in einen Bewußtseinszustand, der Ihnen helfen kann, Ihre Alkoholsucht zu bekämpfen... In diesem Augenblick befinden Sie sich in einen Zustand des gesteigerten Wohlbefindens und Tiefenbewußtseins... Sie fühlen sich gut... bereit, sich körperlich und geistig zu verändern..."

„Sie wollen diesen Zustand, der Sie tatkräftig macht, so oft wie möglich herstellen... Das ist dank der Bauchatmung möglich, die Sie jetzt durchführen werden."

„Sagen Sie beim Ausatmen: 'Ich atme aus, und ich weiß, daß ich ausatme', und ziehen Sie dabei den Bauch ohne Übertreibung ein."

„Sagen Sie beim Einatmen: 'Ich atme ein, und ich weiß, daß ich einatme', und blähen Sie dabei den Bauch ohne Übertreibung auf."

„Führen Sie nun 20 Atemzyklen durch. Beginnen Sie..."

Legen Sie auf dem Band eine zweiminütige Pause ein, und fahren Sie anschließend im selben Tonfall fort.

„Sie werden feststellen, daß Sie nach dieser Übung entspannt sind... sehr entspannt... Sie konzentrieren sich auf Ihr Gesicht... Es wird extrem empfindlich... Es reagiert auf äußere Einflüsse immer empfindlicher... Es prickelt... Spüren Sie, wie Ihr ganzes Gesicht zu prickeln beginnt... Es ist ein angenehmes, leichtes Prickeln... Konzentrieren Sie sich auf Ihre rechte Wange. Das Prickeln auf Ihrer Wange nimmt zu... Ihre Wange wird sehr empfindlich, immer empfindlicher... Sie spüren jeden einzelnen Stich... Ihre Empfindlichkeit steigt... Wenn ich nun über Ihre Wange streichen würde, würden Sie diese Berührung sehr stark wahrnehmen... Ich werde Ihre Wange nun gleich berühren... Ihre Wange prickelt immer mehr... Meine Hand liegt auf Ihrer Wange... Es ist ein sehr starkes Gefühl... Das Prickeln auf Ihrer Wange wird immer stärker. Je länger meine Hand auf Ihrer Wange liegt, desto stärker wird dieses Gefühl... Das Prickeln wird immer stärker... fast unerträglich... Dieses Gefühl ist stark... sehr stark."

„Wenn Sie dieses prickelnde Gefühl nun verspüren, sind Sie im Zustand der Tiefenhypnose. Jetzt können wir in die Phase der posthypnotischen Suggestion übergehen:"

Fahren Sie in einem ruhigen, aber entschlossenen Ton fort.

„Dieses Gefühl verschwindet nun... Sie befinden sich noch immer im Zustand des Tiefenbewußtseins... Sie kennen natürlich die Folgen eines übermäßigen Alkoholgenusses auf den Körper, den Geist und das familiäre und berufliche Leben..."

„Wenn Sie beschlossen haben, diese Methode anzuwenden und mir zuzuhören, dann deshalb, weil Sie sich von diesem Laster aus bestimmten Gründen befreien wollen. Nennen Sie nun die Gründe, deren Sie sich bewußt sind und die Sie zu Beginn dieser Sitzung bereits geistig formuliert haben."

„Zum Beispiel: 'Ich trinke, weil meine Frau mich verlassen hat.' oder 'Ich greife zur Flasche, weil ich sexuell frustriert bin.' oder 'Ich habe ein

Alkoholproblem, weil ich meinen Arbeitsplatz verloren habe (oder weil ich beruflich gescheitert bin).'"

„Sprechen Sie nun die Wurzel Ihres Übels laut aus. Sie haben fünf Minuten Zeit, den Grund Ihres Problems laut oder leise für sich selbst zu wiederholen... Beginnen Sie."

Legen Sie auf dem Band eine entsprechende Pause ein, und fahren Sie anschließend im selben Tonfall fort.

„Die Erfahrung hat gezeigt, daß eine nicht beherrschte Trunksucht die Probleme des Betroffenen verstärkt... Sie zerstört seine Gesundheit, seine geistigen Fähigkeiten. Es folgen der Verlust des Arbeitsplatzes, die Trennung vom Partner oder die Zeugung von Kindern, die aufgrund dieses unüberlegten Verhaltens körperlich und/oder geistig behindert zur Welt kommen... Vielleicht trifft der eine oder andere Fall für Sie zu. Nennen Sie Beispiele Ihrer eigenen Situation..."

„Sagen Sie zum Beispiel laut oder leise zu sich selbst: 'Wegen meines Alkoholproblems hat mich mein Mann (oder meine Frau) verlassen.' 'Meine Kinder respektieren mich nicht mehr.' 'Ich bin tagsüber so betrunken, daß ich nicht mehr in der Lage bin, meine Arbeit zu erledigen, und ich riskiere, meine Arbeitsstelle zu verlieren.' Beginnen Sie..."

Lassen Sie auf dem Band zehn Minuten verstreichen, damit der Betroffene Selbstkritik üben kann, und fahren Sie anschließen fort.

„Ihr übermäßiger Alkoholkonsum ist Ausdruck eines schweren inneren Konflikts und dient Ihnen als Ventil, weil Sie nicht in der Lage sind, diesen Konflikt zu lösen... Gleichzeitig zerstört der Alkohol Ihre Persönlichkeit und beraubt Sie Ihrer sozialen Fähigkeiten... Deshalb müssen Sie Ihre Trunksucht ab sofort bekämpfen."

„Sie sind jetzt entspannt, Sie fühlen sich wohl in Ihrer Haut... Sie sind nüchtern, und Sie fühlen sich wohl, obwohl Sie nichts getrunken haben. Sie erkennen, daß es Ihnen auch ohne Alkohol gutgehen kann."

„Betrachten Sie den Menschen, der Sie sein werden, wenn Sie nicht mehr alkoholabhängig sind... Nennen Sie nun die Vorteile, die Sie durch den Verzicht auf Alkohol erfahren werden."

„Zum Beispiel: 'Ihre Ängste verschwinden, Sie zittern nicht mehr... Wenn Sie nichts trinken, freut sich Ihre Frau, Sie zu sehen... Ihre Kinder respektieren Sie... Sie kommen pünktlich zur Arbeit, Sie treiben regelmäßig Sport...' Und nun Sie..."

Lassen Sie auf dem Band fünf bis zehn Minuten verstreichen, und fahren Sie anschließend fort.

„Sie beginnen bereits, sich zu verändern... Sie verspüren kein Verlangen mehr nach Alkohol... Alkohol, ob ein Aperitif, ein Glas Wein, ein Bier (zählen Sie Ihre Lieblingsgetränke auf), bereitet Ihnen keinen Genuß mehr..."

„Alle alkoholischen Getränke erscheinen Ihnen fad, sie ekeln Sie an... Sie erfüllen Sie mit Abscheu... Sogar der Anblick einer Flasche, eines Glases, eines alkoholischen Getränks ganz gleich welcher Art, insbesondere... (nennen Sie Ihr bevorzugtes alkoholisches Getränk) ruft Übelkeit in Ihnen hervor..."

„Sobald Sie ein Verlangen nach Alkohol verspüren, denken Sie sofort an die schädlichen Folgen des Alkohols und insbesondere an das zerstörerische Werk, das er in Ihrem Leben bereits angerichtet hat... Stellen Sie sich sofort die positiven Auswirkungen vor, die ein Verzicht auf Alkohol mit sich bringt: eine bessere Gesundheit, eine harmonische Partnerschaft, ein Rückgang Ihrer Aggressivität."

„Sobald Sie an Alkohol denken, bringen Sie sich die verheerenden Folgen dieses Lasters in Erinnerung. In diesem Moment werden Sie die Veränderungen feststellen können, die der Verzicht auf Alkohol bei Ihnen bereits bewirkt hat oder allmählich bewirkt. Stellen Sie sich nun vor, wie es sein wird, wenn Sie keinen Alkohol mehr benötigen... Beginnen Sie..."

Lassen Sie fünf Minuten verstreichen.

„Sie werden nun gleich erwachen. Wenn Sie in den Wachzustand zurückgekehrt sind, wird Abscheu und Ekel Sie ergreifen, sobald Sie an Alkohol denken oder ein alkoholisches Getränk vor Ihnen steht... Jede Nacht wird, während Sie schlafen, das positive Bild, das Sie nun von sich selbst haben, in Ihrem Geiste erscheinen. Sie werden die Vorteile erkennen, die Ihnen ein Leben ohne Alkohol bietet... Sie werden sich morgens frisch fühlen, selbstsicher, voller Kraft und entschlossen, Ihrer neuen Lebensplanung zu folgen..."

„Die Sitzung ist nun beendet... Sie kehren in den Wachzustand zurück. Ich werde von 1 bis 10 zählen, damit Sie aus der hypnotischen Trance zurückkehren... Bei 10 ist diese Übung der Selbsthypnose abgeschlossen, und Sie wachen auf..."

„1... 2... 3... 4... 5... 6... 7... 8... 9... 10..."

„Jetzt haben Sie Ihren normalen Bewußtseinszustand wiedererlangt... Ihre Lust auf Alkohol ist verschwunden. Sie fühlen sich wesentlich besser als zu Beginn der Sitzung..."

„Sie können Ihre Aktivitäten im Bewußtsein dieser neuen positiven Geisteshaltung wieder aufnehmen. Sobald Sie in eine Krise geraten, führen Sie so schnell wie möglich diese Übung durch, oder praktizieren Sie sie regelmäßig, um diesem Laster wirksam vorzubeugen."

KAPITEL 10

Nie mehr oder weniger rauchen

Starkes Rauchen ist ein Problem, das nicht unterschätzt werden darf. Ein brutales Einstellen des Rauchens ist zum Scheitern verurteilt, es sei denn, der „Süchtige" ist aus freien Stücken dazu entschlossen und besitzt einen starken Willen. Bis auf wenige Ausnahmen kommt es sehr schnell - das heißt nach ein paar Wochen, manchmal aber auch noch nach Jahren - zu einem Rückfall.

Übermäßiges Rauchen ist Ausdruck eines inneren Ungleichgewichts, dessen Ursachen wie in den meisten Fällen, in denen zu Drogen gegriffen wird (Alkoholmißbrauch gehört ebenfalls dazu; siehe vorangegangenes Kapitel), im Gefühls- oder Berufsleben angesiedelt sind.

Mit Hypnose läßt sich ein übermäßiger Nikotinkonsum erfolgreich bekämpfen, weil in der Trance im Unterbewußtsein des Abhängigen nach den exakten Ursachen dieser schlechten Angewohnheit, die Ausdruck eines versteckten psychischen Problems ist, geforscht wird.

Nur ein Hinabsteigen in die Tiefen des Unterbewußtseins ermöglicht, die Wurzeln dieses Übels, die häufig im emotionalen oder beruflichen Bereich zu suchen sind, ans Licht zu holen.

Wenn Sie diese Zeilen lesen, haben Sie bereits einige Techniken der Selbsthypnose durchgeführt. Zweifellos haben Sie festgestellt, daß den meisten Übungen eine Phase der geistigen und körperlichen Entspannung vorausgeht. Starkes Rauchen ist häufig der Ausdruck innerer Spannungszustände.

Mit den Verfahren der Hypnose sagen Sie Ihrem inneren Streß den Kampf an. Sie reduzieren das Verlangen, ihre emotionalen Defizite oder Ihr berufliches Scheitern mit dem Griff zur Zigarette zu kompensieren.

Hinweis:

Vergewissern Sie sich stets vor Beginn einer Hypnosesitzung, daß Sie gegenüber dieser therapeutischen Disziplin keine Vorurteile mehr hegen. Überprüfen Sie das anhand von Kapitel 1. *Vorurteile abbauen* und räumen Sie mit eventuell noch bestehenden Zweifeln auf. Auf diese Weise vermeiden Sie, daß Sie gegen sinnlose Blockaden ankämpfen. Außerdem werden Sie den Zustand der hypnotischen Entspannung oder Trance wesentlich schneller erreichen.

Halten Sie die Ihnen bewußten Gründe Ihres Tabakkonsums fest (emotionale Zurückweisung, Furcht vor den Eltern, Frust, Beziehungsprobleme, beruflicher Mißerfolg usw.).

Wenn Sie wollen, können Sie die folgende Methode auf eine Kassette aufnehmen; Sie verstärken dadurch ihre Wirkung.

Gehen Sie dabei wie im vorangegangenen Kapitel vor, und setzen Sie den folgenden Text in die Sie-Form.

Suchen Sie sich zunächst einen ruhigen Ort, an dem Sie zwanzig Minuten lang ungestört sind, und lassen Sie sich bequem nieder.

Wenn Ihr Stuhl keine Armlehnen hat, legen Sie die Hände auf die Oberschenkel. Die Arme sind dabei ganz locker. Wenn Sie auf einem Stuhl mit Armlehnen sitzen, legen Sie die Unterarme über die Lehnen, die Hände hängen locker nach unten.

Lassen Sie in beiden Fällen die Schultern locker nach unten fallen. Ihre Arme sollten ohne jede Muskelanspannung wie zwei leblose Gewichte an Ihrem Körper baumeln.

Folgen Sie anschließend meinen Anweisungen.

* * *

- Atmen Sie zwanzigmal langsam und tief in den Bauch ein und wieder aus. Führen Sie Ihre Atmung bewußt durch.

Atmen Sie zunächst tief aus, damit die verbrauchte Luft aus Ihrer Lunge ausgestoßen wird. Ziehen Sie während des Ausatmens den Bauch langsam, aber nur soweit wie möglich ein.

Atmen Sie anschließend ein, und blähen Sie dabei den Bauch langsam, aber nur soweit wie möglich auf.

Sprechen Sie dabei folgende Formel: „Ich atme aus, ich weiß, daß ich ausatme, und mein Bauch wölbt sich wie von selbst nach innen."

„Ich atme ein, ich weiß, daß ich einatme, und mein Bauch wölbt sich wie von selbst nach außen."

Wenn Ihre Atmung zunächst noch kurz und abgehackt ist, ist das nicht schlimm. Erzwingen Sie nichts, sondern folgen Sie dem natürlichen Rhythmus Ihrer Atmung, ohne daß ein Gefühl des Erstickens sich einstellt.

Nachdem Sie diesen Vorgang einige Male wiederholt haben, wird Ihre Atmung langsam und tief sein.

- Jetzt werden Sie Ihren ganzen Körper entspannen.

Lockern Sie Ihren Körper von Kopf bis Fuß, indem Sie sich jeden Teil Ihres Körpers in dem Moment vorstellen, in dem Sie ihn entspannen. Sagen Sie dabei:

„Ich atme aus, und ich entspanne meinen linken Fuß... Ich atme ein..."

„Ich atme aus, und ich entspanne meine linke Wade... Ich atme ein..."

„Ich atme aus, und ich entspanne meinen linken Oberschenkel... Ich atme ein..."

„Ich atme aus, und ich entspanne meinen rechten Fuß... Ich atme ein..."

Usw.

- Sobald Sie diese Übung abgeschlossen haben, sagen Sie:

„Jetzt fühle ich mich gut... sehr gut... Ich spüre einen tiefen inneren Frieden. Der Tabak oder die Lust zu rauchen, beschäftigt mich bereits weit weniger, denn ich erkenne, daß ich auf andere Weise meine privaten, beruflichen oder partnerschaftlichen Probleme lösen kann."

- Versuchen Sie nun, die folgenden Empfindungen in dem Moment zu spüren, in dem Sie sie aussprechen. Legen Sie zwischen jedem Satz eine Pause ein. Sie wird im folgenden mit drei Punkten angezeigt. Sagen Sie:

„Ich verspüre in meinem Arm ein Gefühl der Schwere, das immer stärker wird..."

„Ich konzentriere mich auf meinen ausführenden Arm (den rechten Arm bei Rechtshändern, den linken Arm bei Linkshändern)..."

„Er wird schwer, immer schwerer... Er hängt tonnenschwer an meinem Körper. Er ist schwer... er wird immer schwerer... Ich will ihn nicht mehr bewegen..."

„Diese Schwere erfaßt allmählich meinen ganzen Körper... Mein zweiter Arm wird ebenfalls schwer, immer schwerer... Er ist wirklich schwer... er wird immer schwerer... Ich will ihn nicht mehr bewegen... Meine beiden

Arme sind nun wie zwei leblose Gewichte, die ich nicht mehr bewegen will..."

„Diese Schwere erfaßt nun meine Beine. Sie sind wirklich schwer... sie werden immer schwerer... Ich will sie nicht mehr bewegen... Meine Beine sind nun wie zwei leblose Gewichte, die ich nicht mehr bewegen will..."

„Jetzt wird auch mein Rücken schwer... meine Geschlechtsteile, mein Po werden schwer... Die Schwere steigt meine Wirbelsäule hinauf, wie die Flut den Strand hinaufsteigt und auf ihrem Wege alles einhüllt... Mein ganzer Körper wird von diesem Gefühl der Schwere erfaßt."

„Jetzt werden meine Schultern schlaff. Sie sind schwer... sie werden immer schwerer... Ich will sie nicht mehr bewegen..."

„Jetzt wird mein Hals locker, und nach und nach entspannt sich mein Gesicht. Meine Kiefer entspannen sich. Mein Mund öffnet sich... ohne Mühe..."

„Meine Augen sind schwer... sie werden immer schwerer. Sie sind vollständig geschlossen, aber nicht verkrampft. Ich fühle mich gut... Ich will sie nicht öffnen, sondern noch tiefer in den Zustand der hypnotischen Trance fallen..."

„Mein Gehirn und mein Geist entspannen sich. Wenn ich zu Beginn dieser Sitzung noch ein Verlangen nach Nikotin verspürte, wird dieses Gefühl nun verschwunden sein oder allmählich abklingen ..."

„Je stärker ich mich entspanne, desto weniger gelüstet es mich nach einer Zigarette."

„Ich will diesen Zustand der Hypnose nicht verlassen, weil ich mich wohl fühle und weil mein Verlangen nach einer Zigarette nun weniger stark ist. Ich weiß auch, daß ich noch weitergehen kann und dieses für mich so belastende Problem noch weiter zurückdrängen kann."

- Ihr Körper ist nun völlig entspannt, Ihre Lust auf Tabak weniger stark.

Nach dieser ersten Phase der hypnotischen Entspannung haben Sie nun einen Bewußtseinszustand erreicht, der Ihnen helfen kann, Ihre Nikotinabhängigkeit zu bekämpfen... In diesem Augenblick befinden Sie sich in einen Zustand des gesteigerten Wohlbefindens, der den Verlauf einer Sitzung günstig beeinflußt... Sie fühlen sich gut... bereit, sich körperlich und geistig zu verändern... Sie wollen diesen Zustand, der Sie tatkräftig macht, so oft wie möglich herstellen... Das ist dank der Bauchatmung möglich. (Führen Sie zehn Atemzyklen durch.)

- Lesen Sie nun folgenden Text langsam und mit entschlossener Stimme: „Nach dieser Übung bin ich entspannt... sehr entspannt... ich konzentriere mich auf mein Gesicht... Es wird extrem empfindlich, immer empfindlicher... Ich spüre einzelne Stiche... Meine Empfindlichkeit steigt... Nach und nach nehme ich dieses Gefühl sehr stark wahr... In meiner Wange prickelt es... Das Gefühl wird sehr stark... In meiner Wange prickelt es immer mehr... Dieses Prickeln wird immer intensiver... fast unerträglich... Dieses Gefühl ist sehr stark... sehr stark."

- Wenn Sie dieses Gefühl nun verspüren, sind Sie im Zustand der Tiefenhypnose. Jetzt können Sie in die Phase der posthypnotisch Suggestion übergehen.

Sagen Sie mit entschlossener Stimme.

„Dieses Gefühl verschwindet nun... Ich befinde mich immer noch im Zustand des Tiefenbewußtseins... Ich kenne die Folgen eines übermäßigen Nikotingenusses auf den Körper, den Geist, das familiäre Leben, die Arbeit usw..."

„Wenn ich beschlossen habe, diese Methode anzuwenden, dann deshalb, weil ich mich von diesem Laster aus bestimmten Gründen befreien will."

Nennen Sie nun die Gründe, deren Sie sich bewußt sind und die Sie zu

Beginn dieser Sitzung bereits festgehalten haben.

Zum Beispiel: „Ich rauche, weil meine Frau mich verlassen hat..." oder „Ich stecke mir eine Zigarette nach der anderen an, weil Ängste mich plagen, weil ich sexuell frustriert bin..." oder „Ich rauche so viel, weil ich Angst habe, meinen Arbeitsplatz zu verlieren..."

Formulieren Sie die Wurzeln Ihres Übels laut oder leise.

- Fahren Sie anschließend folgendermaßen fort: „Neben diesen persönlichen Gründen gibt es objektive Gründe, das Rauchen einzustellen. Es schadet zum Beispiel meiner Gesundheit und der meiner Mitmenschen."

„Das Nikotin verseucht meinen Körper, es zerstört meine Arterien. Es stellt eine echte Gefahr für meine Gesundheit dar."

„Meine Atemwege werden krank. Ich werde schnell müde und gerade sofort außer Atem. Ich huste von morgens bis abends. Ich vergifte meine Mitmenschen - (zum Beispiel) meine Frau, meine Kinder, meine Familie, meine Freunde..."

„Ich erkenne nun ganz klar die Folgen meiner Torheit für mich und die anderen, und ich bin entschlossen, mich aus dieser Abhängigkeit zu befreien."

„Ich bin bereit, das Rauchen freiwillig einzustellen (oder einzuschränken). Ich werde dem Tabak, der für mich zur wahren Droge geworden ist, abschwören. Ich werde aus freien Stücken darauf verzichten!"

„Deshalb verbanne ich ab sofort jeden Gedanken an das Rauchen, und ich werde mich so sehen, wie ich ohne diese Droge sein werde."

Betrachten Sie nun den Menschen, der Sie sein werden, wenn Sie das Rauchen vollständig aufgegeben oder erheblich eingeschränkt haben werden. Stellen Sie zum Beispiel fest: „Ich atme leichter. Ich huste nicht mehr. Ich bin körperlich wieder leistungsfähiger. Ich rieche nicht ständig nach Tabak. Ich schade meinen Angehörigen nicht mehr, die unter den

Folgen des passiven Rauchens (das Einatmen von Zigarettenqualm aufgrund der ständigen oder gelegentlichen Anwesenheit eines Rauchers) zu leiden hatten. Ich bin ausgeglichen, entspannt, glücklich und frei von Ängsten."

„Ich werde diese Bilder in mir tragen. Sie dienen mir dazu, stark zu bleiben, um jederzeit das Verlangen nach Tabak zurückdrängen zu können. Sobald ich mir eine Zigarette anzünden will, kann ich sie zu Hilfe rufen."

„Wenn mir das widerfährt, wenn ich versucht bin, ein Päckchen Zigaretten zu kaufen oder zu öffnen, werden mich die Bilder von der schädlichen Wirkung des Tabak einholen und mich von meiner Dummheit abhalten."

„Selbst der Geruch des Tabaks erfüllt mich mit Abscheu, er hält mich ab, diese Erfahrung erneut zu machen. Sobald ich Zigarettenqualm in meiner Umgebung wahrnehme, werde ich in meinem Entschluß bestärkt, von dieser Droge abzulassen. Der Geruch von Zigaretten ruft in mir jedesmal erneut Ekel hervor und bestärkt mich in meinem Entschluß, das Rauchen aufzugeben."

Fahren Sie im selben Tonfall fort.

Die Erfahrung hat gezeigt, daß eine nicht beherrschte Nikotinsucht die Probleme des Betroffenen verstärkt... Sie zerstört seine Gesundheit, seine geistigen Fähigkeiten."

„Mein übermäßiger Tabakkonsum ist Ausdruck eines inneren Konflikts und dient mir als Ventil, weil ich nicht in der Lage bin, diesen Konflikt zu lösen."

„Ich werde mich auch ohne Nikotin in meiner Haut wohl fühlen... Ich erkenne, daß es mir auch ohne den Griff zu Zigarette gutgehen kann."

„Ich sehe jetzt den Menschen, der ich sein werde, wenn ich nicht mehr nikotinabhängig bin. Ich bin ein anderer Mann (eine andere Frau). Ich fühle mich jünger. Ich bin (oder werde) gesünder. Ich fühle mich erleichtert, nicht mehr vom Tabak abhängig zu sein, denn das Rauchen zerstört mein Leben.

Es ist ein Reflex, der mir kein Vergnügen mehr bereitet. Ich konsumiere Zigaretten völlig gedankenlos und mechanisch. Ich bin glücklich, mein Laster besiegen zu können."

„Jetzt gebe ich mir selbst ein feierliches Versprechen, das mein Leben lang Gültigkeit besitzen soll: 'Alle meine Gedanken sollen ab sofort Wirklichkeit werden... Ich verspüre kein Verlangen mehr zu rauchen... Der bloße Anblick oder Geruch einer Zigarette verursachen mir Ekel. Allein das Wort „Tabak" ruft in mir ein Gefühl des Widerwillens hervor... Ich habe zuviel geraucht. Das muß sofort aufhören, damit ich meiner Gesundheit und der meiner Mitmenschen nicht schade.'"

„Der Tabak bereitet mir kein Vergnügen mehr (oder bereitete mir längst kein Vergnügen mehr, aber ich war mir dessen nicht bewußt)."

„Sobald ich Lust verspüre, eine Zigarette zu rauchen, werde ich sofort an die schädlichen Auswirkungen des Tabaks und insbesondere an das zerstörerische Werk denken, das Rauchen in meinem Leben bereit angerichtet hat..."

„Ich führe mir sofort die Vorteile vor Augen, die der Verzicht auf Tabak mir bietet, zum Beispiel (je nach Fall) eine bessere körperliche Verfassung, eine schönere Haut, harmonischere zwischenmenschliche Beziehungen, weniger Ängste."

„Sobald ich an das Rauchen denke, bringe ich mir die verheerenden Folgen in Erinnerung, die der Tabak verursachen kann und denen ich entkommen bin. Ich werde die Veränderungen sofort feststellen, die der Verzicht auf Tabak bereits bewirkt hat oder allmählich bewirkt."

„Ich werde nun gleich erwachen. Wenn ich in den Wachzustand zurückgekehrt bin, werden Abscheu und Ekel mich ergreifen, sobald ich eine Zigarette sehe oder daran denke... Jede Nacht wird, während ich schlafe, das positive Bild, das ich nun von sich selbst habe, in meinem Geiste erscheinen. Ich werde die Vorteile erkennen, die mir der Verzicht auf Tabak bietet... Ich werde mich morgens frisch fühlen, selbstsicher, voller Kraft und entschlossen, meiner neuen Lebensplanung zu folgen..."

„Die Sitzung ist nun beendet... Ich werde von 1 bis 10 zählen und dabei aus dem hypnotischen Trancezustand zurückkehren... Bei 10 ist diese Übung der Selbsthypnose abgeschlossen, und ich wache auf..."

„1... 2... 3... 4... 5... 6... 7... 8... 9... 10..."

„Jetzt habe ich meinen normalen Bewußtseinszustand wiedererlangt... Mein starkes Verlangen nach Nikotin ist vollständig oder teilweise abgeklungen. Ich fühle mich wesentlich besser als zu Beginn der Sitzung...Ich gehe meinen Aktivitäten im Bewußtsein dieser neuen Geisteshaltung nach."

Wenn Sie diese Übung regelmäßig praktizieren, werden Sie Ihr Verlangen nach Nikotin allmählich beherrschen.

Wenn Sie dennoch einmal Lust auf eine Zigarette verspüren sollten (zum Beispiel im Moment einer emotionale Belastung, während einer Trennung, bei einem Todesfall) führen Sie diese Übung so lange, bis das Problem erneut vollständig verschwunden ist.

KAPITEL 11

Die eigene Persönlichkeit entdecken

Nicht selten sind unsere Sorgen und Probleme auf die Kluft zurückzuführen, die sich zwischen unserer tatsächlichen Existenz und dem Leben, von dem wir träumen, aufgetan hat.

Unser Alltag erlegt uns häufig Pflichten auf, denen wir uns gerne entziehen würden. Es fehlt ihm das Feuer und die Lebendigkeit, die wir so gerne darin verspüren würden.

Die Hypnose ermöglicht uns, unsere wahre Persönlichkeit zu entdecken, denn sie führt uns zu den Potentialen, die in unserem Unterbewußtsein schlummern. Sie hilft uns, unsere Ängste zu überwinden, und weist uns den Weg, den wir gehen müssen, damit unsere Persönlichkeit sich voll entfalten kann.

Mit den einzigartigen Möglichkeiten der Hypnose können wir zu unserem eigenen Wohle und dem unserer Nächsten unser wahres Ich entdecken.

Ihr derzeitiges Leben behagt Ihnen nicht, weil Sie noch immer an den Illusionen festhalten, die verhindern, daß Ihnen das Glück zuteil wird, das Ihnen zusteht.

Unabhängig von Ihrer momentanen Lebenssituation werden Sie mit etwas Willenskraft und häufiger Hypnose die inneren Blockaden überwinden, die der Entfaltung Ihrer Persönlichkeit im Wege stehen. Um dahin zu gelangen, müssen Sie jedoch zunächst eine sehr wichtige Fähigkeit entwickeln, nämlich Mut.

Seinen inneren Mut hervorholen

Wenn Sie Ihr Leben in neue Bahnen lenken und wirklich glücklich werden wollen, müssen Sie den Mut aufbringen, Ihre Alltagsgewohnheiten umzustellen, ja wenn nicht radikal zu verändern.

Viele Menschen wollen sich ändern und ein glücklicheres Leben führen, aber nur wenige legen die tatsächliche Kraft an den Tag, die notwendig ist, um neue Denk- und Verhaltensweisen zu entwickeln.

Natürlich strebt jeder Mensch nach Glück. Aber wie viele sind bereit, das konkret Notwendige dafür zu unternehmen?

Zwischen dem frommen Wunsch und dem Einleiten des Veränderungsprozesses liegt ein Schritt, der nicht leicht zu tun ist.

Mit der Hypnose wird Ihnen dieser Schritt nicht schwerfallen, vorausgesetzt Sie halten die Anweisungen der folgenden Hypnoseübungen exakt ein.

Die eigene Persönlichkeit zur vollen Entfaltung zu bringen, ist kein leichtes Unterfangen. Es erfordert ein großes Maß an persönlichem Einsatz und Mut.

Diese beiden Qualitäten sind in uns im Ansatz bereits vorhanden. Es liegt an uns, sie zu Tage zu fördern.

Leider ist der Begriff des Muts ein sehr vager Begriff, und wir wissen häufig nicht, wie wir unsere guten Vorsätze in die Tat umsetzen können.

Als erstes müssen Sie den Mut aufbringen, sich selbst in Frage zu stellen. Das ist eine Übung, die an Ihre Moral appelliert und Ihnen auf Anhieb Ihre Verantwortungen vor Augen führt.

Mit der enormen Kraft, die Sie daraus beziehen, wird kein Hindernis mehr unüberwindbar für Sie sein.

Sie werden nichts und niemanden mehr fürchten und einen eisernen Willen entwickeln.

Ihr Wille ist eine Quelle der Energie. Diese Energie steckt bereit in Ihnen.

Sie können diese Energie freisetzen, die Sie für den inneren Kampf benötigen, den Sie gerade führen, um sich von jenen Illusionen und Irrtümern zu befreien, die Ihnen den Weg zum Glück versperren.

Zögern Sie also nicht, alle Gedanken und Vorstellungen in Frage zu stellen, die für Ihre Persönlichkeit bestimmend sind.

Dabei ist es einfacher, als Sie vielleicht meinen, die guten von den schlechten Gedanken zu trennen.

Wer Mut hat, hat auch gleichzeitig Angst, in erster Linie Angst vor sich selbst.

Tatsächlich ist es in einer schwierigen oder gefährlichen Situation nicht Ihr Angreifer oder das Ereignis, das Sie aus der Bahn wirft, sondern die Unkenntnis Ihrer eigentlichen Fähigkeit, das anliegende Problem zu meistern.

Da Ihnen Ihre innere Kraft unbekannt ist, geraten Sie in schwierigen Situationen in Panik und fürchten sich davor, durch das Ereignis körperlichen oder geistigen Schaden zu nehmen.

Sobald Sie sich selbst besser kennen, wird diese tiefe Angst aus Ihnen weichen, und Sie werden gerüstet sein, den Wechselfällen des Lebens die Stirn zu bieten.

Dafür müssen Sie zunächst den wahren Mut, der in Ihnen sehr wohl vorhanden ist, nach oben holen. Mit Hilfe der folgenden Übung wird Ihnen das gelingen.

* * *

Hypnoseübung zum Wachrufen des eigenen Muts

Nehmen Sie sich zunächst ein paar Minuten Zeit, um über Ihre größte Angst nachzudenken, über diese tiefe Furcht, die uns alle in unserem Leben schon einmal ergriffen hat. Sie ist ständig in uns vorhanden, zeigt sich jedoch jedesmal mit einem neuen Gesicht. Suchen Sie dafür nach Beispielen in Ihrem Leben.

Denken Sie zehn Minuten darüber nach, in welcher Form diese Angst bei Ihnen zum Ausdruck kommt, und halten Sie fest, wovor Sie sich besonders fürchten: vor dem Tod, vor Krankheiten, vor dem Alter, vor Gewalt, Arbeitslosigkeit, Armut usw.

- Lassen Sie sich an einem ruhigen Ort bequem nieder, und atmen Sie 20 bis 30mal bewußt in den Bauch ein und wieder aus. Gehen Sie dabei folgendermaßen vor:

Atmen Sie ein, und sagen Sie dabei: „Ich weiß, daß ich einatme." Atmen Sie aus, und sagen Sie dabei: „Ich weiß, daß ich ausatme."

- Sobald Sie diesen Atemzyklus abgeschlossen haben, steht Ihnen der Zugang zu Ihrem Unterbewußtsein offen. Wiederholen Sie nun 10mal: „Die größte Angst, die allen anderen Ängsten zugrunde liegt, ist die Angst vor mir selbst. Da diese Angst unwirklich ist, muß ich mich davor nicht fürchten. Dieser Gedanke macht mich von Tag zu Tag mutiger."

Mit dieser Übung werden Sie die Überzeugung in Ihrem Unterbewußtsein verankern, daß die Angst vor Ihnen selbst eine unbegründete Angst ist und auf einem falschen Bild Ihrer wahren Persönlichkeit beruht, das Sie unzufrieden oder unglücklich macht.

Gleichzeitig werden Sie damit Ihren Mut wecken, auch wenn er zu diesem Zeitpunkt noch wenig ausgeprägt ist. Sie „reaktivieren" Ihren Mut, wenn Sie diese Autosuggestions-Übung durchführen.

Die bewußte Atmung, mit der Sie die Übung eingeleitet haben, entspannt Sie und öffnet Ihren Geist für die Suggestionsformel, die Sie durch mehrmaliges Wiederholen dauerhaft in Ihrem Unterbewußtsein festschreiben.

Ihr Mut wird automatisch steigen, wenn Sie weniger Angst vor sich selbst empfinden.

* * *

Führen Sie diese Übung zunächst täglich während mindestens einer Woche durch, damit sie sich ein für allemal in Ihr Gedächtnis eingräbt.

Zögern Sie auch nicht, die Übung tagsüber zu praktizieren, wenn Sie spüren, daß Angst in Ihnen aufsteigt.

Das Selbstvertrauen stärken

Mut ist ohne Selbstvertrauen nicht möglich. Je mehr Sie Ihren Mut stärken, desto schneller wird Ihr Selbstvertrauen zunehmen und umgekehrt.

Ihr Selbstbewußtsein ist noch wenig ausgeprägt, weil Ihnen Ihre wahre Natur und Ihre eigentlichen Fähigkeiten noch unbekannt sind. Mit der

Hypnose werden Sie Ihre inneren Potentiale entdecken.

Im Moment sind die in Ihnen ruhenden Fähigkeiten von Denk- und Verhaltensweisen überlagert, die Ihnen in Ihrer Kindheit anerzogen wurden, von Zwängen, die das Leben in der Gesellschaft Ihnen auferlegt, von beruflichen Umständen, aber auch von bestimmten Vorstellungen, die Sie sich selbst angeeignet haben.

Sie sind Gefangener eines falschen Bilds Ihrer selbst, einer Sichtweise, von der Sie sich befreien müssen, wenn Sie über mehr Selbstvertrauen verfügen wollen.

Sie haben Ihren Platz auf dieser Welt, auch wenn Sie ihn noch nicht gefunden haben. Wir alle erfüllen eine Funktion in diesem Leben, nur wissen wir manchmal nicht welche.

Selbstvertrauen ist eine geistige Energie, die wir uns stets neu zuführen müssen, jeden Tag, so selbstverständlich, wie wir morgens das Frühstück zu uns nehmen.

Führen Sie deshalb nachfolgende Übung täglich während mindestens einer Woche durch.

Sie wird Ihnen helfen, aus Ihrem tiefsten Inneren, Ihrem persönlichen Energiespeicher, die in Ihnen schlummernden Fähigkeiten hervorzuholen.

Methode zum Wachrufen des Selbstvertrauens

- Setzen Sie sich bequem auf einen Stuhl. Legen Sie die Arme über die Armlehnen, auf den Tisch, auf den Schreibtisch, oder lassen Sie sie locker nach unten fallen.

- Konzentrieren Sie sich auf Ihre Atmung.

Erzwingen Sie den Rhythmus Ihrer Atmung nicht, sondern achten Sie lediglich auf die Art und Weise Ihres Ein- und Ausatmens. Werden Sie sich Ihrer Atmung bewußt, jedoch ohne sie zu beeinflussen. Atmen Sie zwanzigmal langsam und tief in den Bauch ein und wieder aus.

Atmen Sie ein, und sagen Sie dabei: „Ich atme ein."

Atmen Sie aus, und sagen Sie dabei: „Ich atme aus."

- Verdrängen Sie alle Gedanken, und sagen Sie zu sich selbst: „Ich werde nun gleich vollkommen entspannt sein."

- Lockern Sie sich. Entspannen Sie nach und nach sämtliche Teile Ihres Körpers, indem Sie mit jedem neuen Atemzyklus einen neuen Teil Ihres Körpers visualisieren.

Beginnen Sie bei den Füßen, und gehen Sie bis zum Kopf vor. Sagen Sie zum Beispiel: „Ich atme aus, und ich entspanne meine Füße. Ich atme ein, und ich entspanne meine Füße. Ich atme aus, und ich entspanne meine Waden. Ich atme ein, und ich entspanne meine Waden..."

- Sobald Sie beim Kopf angekommen sind, sagen Sie: „Jetzt bin ich vollkommen entspannt und bereit, neue Verhaltensweisen anzunehmen."

Jetzt sind Sie bereit für die Autosuggestion.

- Wiederholen Sie zehn- bis zwanzigmal: „Ich vertraue völlig auf mich selbst, weil ich eine Aufgabe in diesem Leben habe. Ich werde diese Aufgabe mit der Zeit finden. Wenn ich meine alltäglichen Aktivitäten wiederaufnehme, werde ich über mehr Selbstvertrauen verfügen."

- Sie können beliebig lange in diesem Zustand der vollkommenen Entspannung bleiben; wiederholen Sie jedoch währenddessen ständig obige Formel.

- Nachdem Sie zu Ihrem normalen Bewußtseinszustand zurückgekehrt sind, werden Sie, sobald Sie Ihren gewohnten Aktivitäten nachgehen, dieses neue Prinzip berücksichtigen.

* * *

Wenn Sie diese Übung, mit der Sie Ihr Selbstvertrauen auf den Plan rufen, regelmäßig durchführen, werden Sie nach und nach neue Denk- und Verhaltensmuster entwickeln.

Wenn Sie also zukünftig unter Konzentrationsproblemen leiden, wenn Ihre körperlichen oder geistigen Kräfte nachlassen, wenn Angst in Ihnen aufsteigt oder Sie sich verwirrt fühlen, konzentrieren Sie sich sofort auf Ihre Atmung und rufen mit obiger Methode Ihr Selbstvertrauen wach.

Dabei werden Sie sehr schnell wieder Kontrolle über sich selbst gewinnen und Lösungen für anstehende Probleme finden.

Auch wenn Sie vor keiner konkreten Schwierigkeit stehen, sollten Sie, wenn sich Ihnen während des Tages die Gelegenheit bietet, folgenden Satz wiederholen: „Ich vertraue völlig auf mich selbst, weil ich eine Aufgabe in diesem Leben habe. Ich werde diese Aufgabe mit der Zeit finden. Wenn ich meine alltäglichen Aktivitäten wiederaufnehme, werde ich über mehr Selbstvertrauen verfügen."

Mit dieser Übung wird es Ihnen gelingen, Ihr Selbstvertrauen in kürzester Zeit zu stärken.

Wenn Sie diese Formel zu einem festen Bestandteil Ihres Lebens machen, wird Ihr Geist eine Fähigkeit entwickeln, die Ihnen sehr zum Vorteil gereichen wird, nämlich eine extreme Empfänglichkeit für jede Art von Wahrnehmungen, Ideen oder Gedanken.

Ist Ihre Formel positiv, wird sich Ihr Geist öffnen; ist der Inhalt Ihrer Formel negativ, wird er sich verschließen.

Verinnerlichen Sie also einen konstruktiven Satz, dann wird Ihr Geist für Ihre Suggestionen empfänglich sein und sich in allen Lebenslagen als Ihr Verbündeter erweisen.

Sie sind das Konstrukt Ihrer Gedanken. Versuchen Sie deshalb, positiv zu denken.

Übung zur Stärkung des Selbstvertrauens

Wenden Sie obige Methode an, mit der Sie Ihr eigenes Selbstvertrauen wachgerufen haben, aber stellen Sie der Phase der Autosuggestion folgende Übung voran.

- Fixieren Sie einen farbigen Punkt bzw. ein farbiges Plättchen, das Sie an der Wand angebracht haben, wenn Sie sitzen, oder das Sie an der Decke befestigt haben, wenn Sie liegen. Konzentrieren Sie sich auf diesen Punkt, ohne Ihre Augen anzuspannen.

- Sagen Sie laut oder leise: „Ich denke nur an diesen Punkt (an dieses Plättchen). Ich konzentriere mich darauf... Nichts kann mich ablenken, kein Lärm, kein Gedanke... Mein Kopf wird schwer... Meine Augenlider fallen herab, aber ich konzentriere mich immer noch auf diesen Punkt (oder dieses Plättchen)... Er (es) erfaßt meine ganze Aufmerksamkeit... Meine Augenlider fallen herab... Ich fühle mich müde... Ich schließe die Augen... Sie sind geschlossen, aber ich bin ganz auf diesen Punkt (auf dieses Plättchen) konzentriert... Ich habe keinen anderen Gedanken als den, daß ich mich auf diesen Punkt (dieses Plättchen) konzentriere."

„Dieser Punkt leuchtet im Dunklen und erleuchtet meinen Geist... Mein Kopf wird immer schwerer, und ich fühle mich sehr entspannt... Der Punkt (oder das Plättchen) verliert an Leuchtkraft... Ich schlafe ein... Der Punkt (oder das Plättchen) verschwindet allmählich... Es herrscht nun völlige Dunkelheit, und ich fühle mich darin wohl..."

„Ich steige langsam einen schwarzen Abgrund hinab, der mich verschlingt.

Je weiter ich hinabsteige, desto mehr entspanne ich mich. Jetzt bin ich völlig entspannt."

Fahren Sie nun mit obiger Übung fort.

Den eigenen Willen stärken

Die Grundlagen Ihrer Persönlichkeit festigen sich nun allmählich. Wenn Sie oben beschriebene Übungen durchgeführt haben, erzielen Sie in Ihrer Entwicklung unweigerlich Fortschritte, denn Sie besitzen jetzt zwei wichtige und für Ihr persönliches Vorankommen unverzichtbare Eigenschaften, nämlich Mut und Selbstvertrauen.

Nun sind Sie bereit, Ihren eigenen Willen zu entdecken und zu stärken. Ihr Wille bildet in der Entwicklung Ihrer persönlichen Qualitäten, die Sie benötigen, um Ihr Leben zum Besseren zu wenden, das abschließende Element.

Wenn Ihre Ziele aufrichtig sind, wird Ihr Wille stets stark und ein Anreiz für Sie sein, den Weg Ihrer Entwicklung weiterzugehen.

Falls Ihr Wille schwächer werden oder vollständig verlorengehen sollte, sind Sie vom Weg Ihrer persönlichen Entwicklung abgekommen. Der Verlust seiner Intensität ist ein Alarmsignal. Sie müssen dieses Alarmzeichen rechtzeitig erkennen.

Je früher Sie zu Ihrem neu eingeschlagenen Weg zurückfinden, desto leichter wird es Ihnen fallen, Ihren Willen wiederherzustellen. Je länger Sie warten, desto schwieriger wird es, Ihre neue Willensstärke wieder zu erreichen und zu dem Weg, von dem Sie abgekommen sind, zurückzukehren.

Sie besitzen bereits alle positiven Eigenschaften. Sie müssen nicht in der äußeren Welt nach ihnen suchen. Ihr Wille ist vorhanden, er schlummert in Ihnen. Sie brauchen ihn nur an die Oberfläche holen, damit er sich entfalten kann.

* * *

Methode zum Wachrufen des eigenen Willens

- Setzen Sie sich bequem auf einen Stuhl. Legen Sie die Arme über die Armlehnen, auf den Tisch, auf den Schreibtisch, oder lassen Sie sie locker nach unten fallen. Sie können sich auch auf Ihr Bett legen.
- Konzentrieren Sie sich auf Ihre Atmung.
Erzwingen Sie den Rhythmus Ihrer Atmung nicht, sondern achten Sie lediglich auf die Art und Weise Ihres Ein- und Ausatmens. Werden Sie sich Ihrer Atmung bewußt, jedoch ohne sie zu beeinflussen.
Atmen Sie zwanzigmal langsam und tief in den Bauch ein und wieder aus.
Atmen Sie ein, und sagen Sie dabei: „Ich atme ein."
Atmen Sie aus, und sagen Sie dabei: „Ich atme aus."
- Verdrängen Sie alle Gedanken, und sagen Sie zu sich selbst: „Ich werde nun gleich vollkommen entspannt sein."
- Lockern Sie sich. Entspannen Sie nach und nach sämtliche Teile Ihres Körpers, indem Sie mit jedem neuen Atemzyklus einen neuen Teil Ihres Körpers visualisieren.
Beginnen Sie bei den Füßen, und gehen Sie bis zum Kopf vor. Sagen Sie zum Beispiel: „Ich atme aus, und ich entspanne meine Füße. Ich atme ein, und ich entspanne meine Füße. Ich atme aus, und ich entspanne meine Waden. Ich atme ein, und ich entspanne meine Waden..."
- Sobald Sie beim Kopf angekommen sind, sagen Sie: „Jetzt bin ich

vollkommen entspannt und bereit, neue Verhaltensweisen anzunehmen."

Jetzt sind Sie bereit für die Autosuggestion. Wiederholen Sie zehn- bis zwanzigmal: „Ich rufe meinen Willen zu Hilfe, der in mir bereits vorhanden ist. Ich werde meinen Willen nun wachrufen. Wenn ich meine alltäglichen Aktivitäten wiederaufnehme, werde ich in meinen Gedanken, Worten und Taten weitaus entschlossener sein."

- Sie können beliebig lange in diesem Zustand der vollkommenen Entspannung bleiben; wiederholen Sie jedoch währenddessen ständig obige Formel.

- Nachdem Sie zu Ihrem normalen Bewußtseinszustand zurückgekehrt sind, werden Sie, sobald Sie Ihren gewohnten Aktivitäten nachgehen, dieses neue Prinzip berücksichtigen.

* * *

Beobachten Sie sich unmittelbar nach Durchführung dieser Übung sowie am folgenden Tag, und halten Sie Veränderungen in Ihrem Verhalten gedanklich oder schriftlich fest.

Wenn Sie diese Übung regelmäßig praktizieren, wird Ihr Wille in allen Lebenslagen wach sein. Lassen Sie also nicht zu, daß er erneut in Ihrem Unterbewußtsein verschwindet.

Nehmen Sie sich auch vor jeder schwierigen Situation eine Viertelstunde Zeit, um mit dieser Übung Ihren Willen zu aktivieren. Wenn Sie in Zukunft spüren, daß Ihre Entschlossenheit nachläßt, wenden Sie diese Methode, mit der Sie Ihren Willen auf den Plan rufen, sofort an.

Aber auch wenn Sie keine besondere Schwierigkeit zu bewältigen haben, sollten Sie, wenn sich Ihnen während des Tages eine Gelegenheit bietet, folgenden Satz mehrere Male wiederholen: „Ich rufe meinen Willen zu Hilfe, der in mir bereits vorhanden ist. Ich werde meinen Willen nun wachrufen. Wenn ich meine alltäglichen Aktivitäten wiederaufnehme, werde ich in meinen Gedanken, Worten und Taten weitaus entschlossener sein."

Dieser mentale Prozeß wird Ihnen helfen, Ihren Willen in kürzester Zeit zu stärken. Und denken Sie daran, daß Sie Ihren Geist für jede Wahrnehmung, jede Idee und jeden Gedanken extrem empfänglich machen, wenn dieser Satz zu einem Bestandteil Ihres Lebens wird.

Vom positiven oder negativen Inhalt Ihrer Formeln hängt ab, ob Ihr Leben erfolgreich oder zum Scheitern verurteilt ist.

* * *

Methode zur Stärkung des eigenen Willens

Mit obiger Methode können Sie sehr schnell einen unerschütterlichen Willen entwickeln.

Wenn es Ihnen jedoch Schwierigkeiten bereitet, Ihre Entschlossenheit und Willensstärke aufrechtzuerhalten, sollten Sie diese zweite Übung durchführen, jedoch immer erst dann, nachdem Sie die erste Methode während der angegebenen Zeit (zwei Wochen) durchgeführt haben. Danach müßte Ihr Wille ein für allemal gestärkt sein, vorausgesetzt Sie vertrauen auf die Methode und praktizieren die Übung mit innerer Überzeugung.

Wenden Sie obige Methode an, mit der Sie Ihren Willen wachgerufen haben, aber stellen Sie der Phase der Autosuggestion folgende Übung voran.

- Fixieren Sie einen farbigen Punkt bzw. ein farbiges Plättchen, das Sie an der Wand angebracht haben, wenn Sie sitzen, oder das Sie an der Decke befestigt haben, wenn Sie liegen. Konzentrieren Sie sich auf diesen Punkt oder dieses Plättchen, ohne Ihre Augen anzuspannen.

- Sagen Sie laut oder leise: „Ich denke nur an diesen Punkt (an dieses Plättchen). Ich konzentriere mich darauf... Nichts kann mich ablenken, kein Lärm, kein Gedanke... Mein Kopf wird schwer... Meine Augenlider fallen herab, aber ich konzentriere mich immer noch auf diesen Punkt (oder dieses Plättchen)... Er (es) erfaßt meine ganze Aufmerksamkeit... Meine Augenlider fallen herab... Ich fühle mich müde... Ich schließe die Augen... Sie sind geschlossen, aber ich bin ganz auf diesen Punkt (auf dieses Plättchen) konzentriert... Ich habe keinen anderen Gedanken als den, daß ich mich auf diesen Punkt (dieses Plättchen) konzentriere.

„Dieser Punkt leuchtet im Dunkeln und erleuchtet meinen Geist... Mein Kopf wird immer schwerer, und ich bin vollkommen entspannt... Der Punkt (oder das Plättchen) verliert an Leuchtkraft... Ich schlafe ein... Der Punkt (oder das Plättchen) verschwindet allmählich... Es herrscht nun völlige Dunkelheit, aber ich fühle mich darin wohl..."

„Ich steige langsam einen schwarzen Abgrund hinab, der mich verschlingt. Je weiter ich hinabsteige, desto mehr entspanne ich mich. Jetzt bin ich völlig entspannt..."

Gehen Sie nun in die Phase der Autosuggestion, indem Sie obige Methode, mit der Sie Ihren Willen wachrufen, anwenden.

Kapitel 12
Das Gedächtnis stärken

Ein gutes Gedächtnis ist in allen Lebenslagen unverzichtbar. Wir benötigen es zum Beispiel für das Studium, um berufliche Termine einhalten zu können, um Sprachen zu erlernen oder um neu erworbenes Wissen zu behalten.

Das Gedächtnis ist wie ein Muskel, der schrumpft, wenn man ihn nicht ständig trainiert. Mit der Hypnose können Sie Ihr Gedächtnis aktiv erhalten, ja Ihre Gedächtnisleistung sogar steigern. Es könnten allerdings mehrere Hypnosesitzungen dafür erforderlich sein.

Zur Verbesserung Ihrer Gedächtnisleistung stehen Ihnen zwei Methoden zur Verfügung. Für jede dieser Methoden benötigen Sie eine unbespielte Tonkassette.

Sie können die nachfolgend beschriebene Sitzung abhalten, indem Sie den vorgeschlagenen Text lesen. Sie können aber auch zuvor Texte, die Sie in Ihrem Gedächtnis speichern wollen, auf eine Kassette aufnehmen und somit Ihre persönliche Methode des GEDÄCHTNISTRAININGS erstellen.

Wenn Sie nach der ersten Methode vorgehen, müssen Sie den vorgegebenen

Text laut sprechen. Dabei trainieren Sie Ihr Gedächtnis und steigern gleichzeitig seine Leistungsfähigkeit.

Wenn Sie sich für die zweite Methode entscheiden, lassen Sie sich passiv durch den Ton Ihrer eigenen Stimme anleiten.

Sie können also selbst wählen. Aus Erfahrung empfiehlt es sich jedoch, den Text laut zu lesen, denn damit aktivieren Sie die Leistungsfähigkeit Ihres Gedächtnisses. Sobald diese hergestellt ist, können Sie Ihre Gedächtnisleistung durch das Hören von Tonkassetten aufrechterhalten.

In beiden Fällen wählen Sie natürlich Texte aus Bereichen, die Ihren persönlichen Interessen entgegenkommen. Besprechen Sie eine oder mehrere Kassetten mit Texten.

Selbsthypnosesitzung zur Stärkung der Gedächtnisleistung

- Legen Sie sich ausgestreckt auf Ihr Bett, auf den Boden oder auf ein Sofa, oder lassen Sie sich an einem ruhigen Ort nieder, an dem Sie zwanzig Minuten lang ungestört sind.

Wenn Sie auf einem Stuhl sitzen und dieser keine Armlehnen hat, legen Sie die Hände auf die Oberschenkel. Die Arme sind dabei ganz locker. Wenn Sie auf einem Stuhl mit Armlehnen sitzen, legen Sie die Unterarme über die Lehnen, die Hände hängen locker nach unten.

Lassen Sie in beiden Fällen die Schultern locker nach unten fallen. Ihre Arme sollten ohne jede Muskelanspannung wie zwei leblose Gewichte an Ihrem Körper baumeln.

Ihr Kassettenrecorder befindet sich in Ihrer Nähe. Sie haben die erste Kassette mit einem Text eingelegt, den Sie in Ihrem Gedächtnis speichern wollen.

Atmen Sie zwanzigmal langsam und tief in den Bauch ein und wieder aus. Führen Sie Ihre Atmung bewußt durch.

Atmen Sie zunächst tief aus, damit die verbrauchte Luft aus Ihrer Lunge ausgestoßen wird. Ziehen Sie während des Ausatmens den Bauch langsam, aber nur soweit wie möglich ein. Atmen Sie anschließend ein, und blähen Sie dabei den Bauch langsam, aber nur soweit wie möglich auf.

Sprechen Sie dabei folgende Formel: „Ich atme aus, ich weiß, daß ich ausatme, und mein Bauch wölbt sich wie von selbst nach innen."

„Ich atme ein, ich weiß, daß ich einatme, und mein Bauch wölbt sich wie von selbst nach außen."

Wenn Ihre Atmung zunächst noch kurz und abgehackt ist, ist das nicht schlimm. Erzwingen Sie nichts, sondern folgen Sie dem natürlichen Rhythmus Ihrer Atmung, ohne daß ein Gefühl des Erstickens sich einstellt.

Nachdem Sie diesen Vorgang mehrere Male wiederholt haben, wird Ihre Atmung langsam und tief sein.

(Konzentrieren Sie sich fünf Minuten lang in aller Ruhe auf diese Übung.)

Ihr Geist ist nun zur Ruhe gekommen. Jetzt werden Sie Ihren Körper vollständig entspannen.

Lockern Sie Ihren Körper von Kopf bis Fuß, indem Sie sich jeden Teil Ihres Körpers in dem Moment vorstellen, in dem Sie ihn auf folgende Weise entspannen.

„Ich atme aus, und ich entspanne meinen linken Fuß... Ich atme ein..."

„Ich atme aus, und ich entspanne meine linke Wade... Ich atme ein..."

„Ich atme aus, und ich entspanne meinen linken Oberschenkel... Ich atme ein..."

„Ich atme aus, und ich entspanne meinen rechten Fuß... Ich atme ein..."

Und so weiter. Entspannen Sie sämtliche Teile Ihres Körpers in folgender

Reihenfolge:

Füße, Waden, Oberschenkel, Po, Bauch, Sonnengeflecht, Brust, Hände, Unterarme, Oberarme, Schultern, Kiefer, Stirn, Haare, Hinterkopf, oberer Rücken und unterer Rücken.

Entspannen Sie mit jedem neuen Atemzyklus einen neuen Körperteil, beim elften Ausatmen die Füße, beim zwölften Ausatmen die Waden, beim dreizehnten Ausatmen die Oberschenkel usw.

- Sobald Sie diesen Vorgang abgeschlossen haben, verweilen Sie einen Augenblick in dem erreichten Entspannungszustand und konzentrieren sich auf den Rhythmus Ihrer Atmung.

- Stellen Sie sich vor, daß inmitten Ihrer Brust ein gelbe, durchsichtig schimmernde Blase entsteht, die nach und nach größer wird.

- Konzentrieren Sie sich auf diese Blase. „Betrachten" Sie sie eingehend. Erfreuen Sie sich an ihrer makellos runden Form und der gelben Farbe ihrer Oberfläche.

- Lassen Sie die Blase größer werden, bis Sie sie vollständig umhüllt.

- Stellen Sie sich vor, daß Sie in ihrem Licht baden, bis Sie ein Gefühl des inneren Friedens verspüren.

- Verweilen Sie fünf Minuten in diesem Entspannungszustand.

Lesen Sie nun folgenden Text laut und mit innerer Überzeugung. Konzentrieren Sie sich vollständig darauf.

„Jetzt bin ich entspannt... Mein Körper ist vollständig entspannt... Ich bin bereit, mein Gedächtnis zu stärken... Nun kann ich alles, was ich will, mühelos in meinem Gedächtnis speichern..."

„Dank dieser hypnotischen Übung habe ich den Zustand der Entspannung erreicht, in dem ich mich nun befinde... Ich fühle mich gut, sehr gut..."

„Zweifellos war ich noch nie so entspannt wie in diesem Augenblick. Diesen Zustand kann ich jederzeit wiederherstellen."

„Jetzt bin ich in der Lage, jeden beliebigen Text in meinem Gedächtnis zu speichern. Das gilt insbesondere für jenen Text, den ich sofort hören werde. Während ich diesen Text höre, wird er sich unauslöschlich in mein Gedächtnis eingraben..."

(Schalten Sie Ihren Kassettenrecorder ein, und hören Sie entspannt und konzentriert den aufgezeichneten Text. Lesen Sie anschließend folgenden Text:)

„Ich bin ab sofort in der Lage, mich an den Inhalt dieser Kassette zu erinnern... Sobald ich erwache, werde ich mich regelmäßig darin üben, den Inhalt von Dokumenten, Büchern, Schriftstücken usw., die ich für meinen Beruf oder private Zwecke benötige, auf diese Weise in meinem Gedächtnis zu speichern... Dank dieser Technik werde ich nicht nur das leichter behalten, was ich unter Hypnose gelernt habe, sondern meine Gedächtnisleistung generell steigern..."

„Ich werde mich nun auf den neuen Menschen konzentrieren, der ich dank meiner neuen Fähigkeit geworden bin..."

(Lassen Sie in aller Ruhe fünf Minuten verstreichen, und stellen Sie sich währenddessen die Vorteile vor, die Ihnen aus Ihrer gesteigerten Gedächtnisleistung entwachsen. Lesen Sie anschließend weiter:)

„Ich werde nun gleich erwachen. Sobald ich in den Wachzustand zurückgekehrt bin, werde ich täglich fünfzehn Minuten darauf verwenden, unter Hypnose mein Gedächtnis zu trainieren... Außerdem werde ich diese Übung jedesmal dann durchführen, wenn ich sie benötige. Jeden Abend werde ich mir, bevor ich einschlafe, die Vorteile vor Augen führen, die mir aus meinem gestärkten Gedächtnis entstehen... Ich werde mich morgens frisch fühlen, selbstsicher, voller Kraft und entschlossen, meiner neuen Lebensplanung zu folgen..."

„Die Sitzung ist nun beendet... Ich werde von 1 bis 10 zählen und dabei den

Zustand der hypnotischen Trance verlassen... Bei 10 ist diese Übung der Selbsthypnose abgeschlossen, und ich wache auf..."

„1... 2... 3... 4... 5... 6... 7... 8... 9... 10..."

Kapitel 13

Ängste abbauen

Unsere Handlungen sind zunächst ein Produkt unseres Geistes. Sie sind die konkrete Umsetzung unserer Gedanken. Wenn unsere Gedanken negativ sind, ist unser Tun unangemessen, und wir fühlen uns unglücklich.

Sind unsere Gedanken dagegen positiv, werden wir auch positiv handeln und dabei glücklich sein.

Dieses Prinzip erscheint aus theoretischer Sicht einfach, erweist sich jedoch in der praktischen Anwendung häufig als sehr schwierig. Unsere Ängste, unsere unterdrückten Gefühle, unser mangelndes Selbstvertrauen, unsere bewußten und unbewußten psychischen Blockaden behindern uns in unserer persönlichen Entwicklung.

Deshalb ist ein klarer Geist so wichtig, denn nur so können wir richtig denken, sprechen und handeln. Die starke „selbstreinigende" Kraft der Hypnose kann sich hier als sehr hilfreich erweisen, weil Sie Ihnen in allen Lebenslagen mehr Selbstsicherheit verleiht.

Dank der Hypnose werden Sie mühelos:

1 negative Gefühle (Angst, Mangel an Zuneigung und Liebe usw.)

überwinden;

2 schlechte Gewohnheiten ablegen, verdrängte Wünsche erkennen, sich von Sorgen befreien usw.;

3 für Ihre Probleme schnell Lösungen finden.

Die psychologische Simulation: der Schlüssel zum Glück

Ihr inneres Wohlbefinden hängt in erster Linie von Ihrer Fähigkeit ab, Situationen, denen Sie sich stellen müssen, innerlich zuvorzukommen.

Diese Situationen lassen sich in zwei Gruppen unterteilen, nämlich in:

1 frühere Ereignisse, die sich wiederholen, zum Beispiel regelmäßig auftretende Schwierigkeiten (Probleme in der Partnerschaft, am Arbeitsplatz, in der Beziehung zu anderen Menschen usw.);

2 unbekannte Situationen, d.h. Probleme, die neu für Sie sind und die Sie bewältigen müssen.

Es ist also wichtig, daß Sie auf diese beiden Arten von Situationen vorbereitet sind, bevor erstere sich erneut einstellen oder letztere Ihnen zum ersten Mal begegnen.

Die psychologische Simulation ist eine ideale Methode, um derartige Situationen erfolgreich zu bestehen. Dabei geht es darum, in der hypnotischen Trance die fragliche Situation geistig zu durchleben, bevor sie sich in der Realität einstellt, um dann im Moment Ihres tatsächlichen Eintretens das richtige Verhalten an den Tag legen zu können.

Auf diese Weise werden Sie von einem Ereignis nicht überrollt. Sie werden vielmehr in der Lage sein, schnell und richtig zu reagieren und Situationen zu bewältigen, ohne daß Ihnen ein Nachteil daraus entwächst.

Mit Hilfe der psychologischen Simulation können Sie also jede Situation Ihres Lebens meistern.

Die Anwendung ist sehr einfach, denn Sie verfügen über eine sehr wirkungsvolle Waffe: die Kraft Ihres Geistes. Vielleicht waren Sie bisher unglücklich, weil Sie es nicht verstanden haben, Ihren Geist richtig zu nutzen. Wenn Sie Ihren Geist jedoch richtig beherrschen, kann er wahre Wunder für Sie vollbringen und Ihnen ein grenzenloses Glück bescheren.

Bisher haben Sie Ihre geistige Kraft unterschätzt, weil Ihre Vorstellung von dieser Kraft falsch war und Sie sie nur in beschränktem Rahmen zu nutzen wußten, was zweifellos auf Ihre Erziehung und Ihre Sicht des Lebens zurückzuführen ist. Vergessen Sie alles, was Sie über den Geist zu wissen meinen, denn nur so können Sie sich von einer neuen Geisteshaltung erfüllen lassen.

Zweifellos haben Sie in Ihrem Leben schon Momente großer Traurigkeit erlebt.

Halten Sie einen Augenblick inne, und denken Sie an die schlimmsten Ereignisse, die Ihnen bisher widerfahren sind: ein Trauerfall, eine Krankheit, die Trennung von einem Partner, der Verlust des Arbeitsplatzes usw.

Lassen Sie die schlimmsten Prüfungen, die Ihnen das Leben bisher auferlegt hat, an Ihrem geistigen Auge vorüberziehen. Die bloße Erinnerung an diese bedrückenden Zeiten läßt Sie bereits erschauern.

Der Gedanke an den Verlust eines geliebten Menschen, an Ihre Scheidung, an Ihr einstiges gesichertes Auskommen zerreißt Ihnen schier das Herz und deprimiert Sie. Vielleicht empfinden Sie erneut Angst, vielleicht sind Sie den Tränen nahe.

Das Wachrufen schmerzhafter Erinnerungen kann Ihr Verhalten und Ihr inneres Befinden beeinflussen.

Mit Hilfe der inneren psychologischen Simulation wird es Ihnen möglich sein, erlebte Situationen noch einmal zu durchleben und bevorstehende Ereignisse vorwegzunehmen, so daß Sie Ihnen schließlich zum Vorteil gereichen.

Erkennen Sie Ihre Ängste

Bevor Sie die Methode der psychologischen Simulation anwenden, müssen Sie zunächst Bilanz über die negativen Ereignisse und unbewältigten Situationen Ihres Lebens ziehen.

Ihre negativen Erfahrungen haben Ängste in Ihnen erzeugt, die wir zunächst aufspüren und anschließend, in einem zweiten Schritt, mit Hilfe der mentalen Simulation beseitigen müssen.

Ängste äußern sich stets und bei jedem Menschen in unterschiedlicher Weise. Gleichzeitig werden wir täglich mit Ereignissen konfrontiert, die - zum Teil unbegründet - neue Ängste in uns hervorrufen. Und jede Form von Angst ist ein fälschlicher Ausdruck unseres Geistes.

Die Angst zeigt uns unsere Defizite auf, bringt uns aber auch in unserer Entwicklung voran, weil sie uns auf unsere Schwachstellen hinweist. Wir müssen also wissen, in welchen Situationen die Angst uns im Wege steht!

Deshalb werden Sie im folgenden jene Situationen festhalten, deren Bewältigung Ihnen am schwierigsten erscheint, Ereignisse, die Sie in Panik versetzen, die Sie erzittern lassen oder Ihnen den Angstschweiß auf die Stirn treiben.

Angst kann manchmal ein alltägliches Gefühl sein, ist jedoch in diesem Fall nicht weniger traumatisierend und belastend. Es kann die Angst vor Ihrer Frau, vor Ihrem Chef sein, die Angst, öffentlich auftreten zu müssen, Ihre

Meinung oder Gefühle äußern zu müssen usw. Sie leben, ohne sich an Ihre Ängste heranzuwagen. Sehen Sie ihnen nun ins Gesicht!

* * *

Beantworten Sie folgende Fragen, indem Sie jene Fälle ankreuzen, die für Sie zutreffen. Achten Sie dabei darauf, daß Sie wirklich aufrichtig zu sich selbst sind, denn Aufrichtigkeit ist die Grundvoraussetzung Ihrer persönlichen Entwicklung.

Unter jeder Sparte finden Sie zwei leere Felder, in die Sie Ihre persönlichen Situationen eintragen können, die Angst in Ihnen hervorrufen.

Wo meinen oder meinten Sie in Ihrem Privatleben Schwierigkeiten zu haben?

‹ in der Beziehung zu Ihrer Frau?

‹ im Intimleben bzw. im sexuellen Bereich?

‹ in der Beziehung zu Ihren Kindern?

‹ in der Beziehung zu Ihren (oder bestimmten) Freunden?

‹

‹

Wann fühlen oder fühlten Sie sich an Ihrem Arbeitsplatz in innerer Bedrängnis?

‹ Sie haben Angst, sich an Ihren Chef oder einen Vorgesetzten zu wenden.

‹ Sie geraten in Panik, wenn Ihnen eine Aufgabe übertragen wird.

‹ Sie meinen, den an Sie gestellten Anforderungen nicht gewachsen zu sein.

‹ Sie wollen keine Anweisungen entgegennehmen.

‹ Sie können sich bei Ihren Untergebenen nicht durchsetzen.
‹
‹

Haben oder hatten Sie in Ihrem Gefühlsleben oder sexuellen Leben Schwierigkeiten?

‹ Zweifeln Sie an Ihrer Attraktivität?
‹ Sind Sie dem anderen Geschlecht gegenüber zu schüchtern?
‹ Bereitet es Ihnen Probleme, sich dem begehrten Wesen zu nähern?
‹ Können Sie sich nicht langfristig an einen Menschen binden?
‹ Können Sie die körperliche Liebe nicht genießen?
‹ Fürchten Sie, im Liebesakt keine Erfüllung zu erfahren?
‹ Zweifeln Sie an Ihren Fähigkeiten, Ihren Partner/Ihre Partnerin zu befriedigen?
‹ Haben Sie Tabus, sexuelle Grenzen?
‹
‹

Dieser Fragebogen enthält häufig auftretende Fälle, die auch bei Ihnen Angst, Schüchternheit, Zweifel usw. hervorrufen könnten.

Dabei gilt natürlich, daß Ihnen Ihre Ängste um so bewußter sind, je mehr Felder Sie ankreuzen.

Vergessen Sie nicht, in den leeren Feldern dieses Fragebogens Ihre persönlichen Probleme einzutragen.

Seien Sie aufrichtig zu sich selbst. Sie müssen nicht befürchten, sich eine Blöße zu geben, das vorliegende Dokument ist absolut vertraulich. Niemand außer Ihnen bekommt diesen Fragebogen zu Gesicht. Er kann Sie in Ihrem Leben einen entscheidenden Schritt voranbringen. Öffnen Sie sich also. Hier haben Sie eine einmalige Gelegenheit dazu, die sich Ihnen vielleicht so bald nicht wieder bietet.

Wenn Sie die Fragen nicht aufrichtig beantworten, bestrafen Sie sich im Grunde selbst.

Wenn Sie innerlich noch nicht dazu bereit sind, dann wissen Sie noch nicht, was wirkliche Demut ist, diese einzigartige Kraft, die Ihnen so nützlich sein kann. Und geben Sie nicht sofort auf, wenn es Ihnen schwerfällt, sich Ihre Ängste einzugestehen.

Aufgrund unserer Erziehung neigen wir dazu, unsere Ängste zu verstecken oder zu verdrängen. Diese Lösung ist jedoch trügerisch, denn wenn wir uns zu unseren Ängsten nicht bekennen, tauchen sie beim geringsten Anlaß wieder auf, ob wir wollen oder nicht.

Ängste sind eine sehr starke Kraft. Sie sind auf dem besten Wege, den Ihrigen auf die Spur zu kommen. Bald werden Sie wissen, wie Sie sich davon befreien.

Bei jedem neuen Versuch, Ihre Ängste aufzuspüren, werden Sie von der ungeheuren Kraft und Zahl überrascht sein, mit der diese aus Ihren Unterbewußtsein hervordrängen. Falls also während des Tages neue Ängste in Ihnen aufkommen, sollten Sie diese unbedingt zu Ihrem Fragebogen hinzufügen.

Wenn Sie sich selbst nicht belügen und so akzeptieren, wie Sie sind (jeder Mensch hat Fehler, niemand ist davon ausgenommen), kommen Sie in Ihrer Persönlichkeitsentwicklung ein entscheidendes Stück voran.

* * *

Lesen Sie den Fragebogen einmal pro Woche durch, und ergänzen Sie ihn in aller Aufrichtigkeit. Sie werden überrascht sein, wie sehr er sich im Laufe der Zeit verändert. Es werden neue Ängste, die Sie an sich entdecken, hinzukommen, und andere, die Sie überwunden haben, von der Liste verschwinden.

Sich seiner Ängste bewußt zu werden, ist der erste Schritt, um sich davon zu befreien. Wenn Sie sich selbst ständig beobachten, werden Sie feststellen, daß manche Ängste spontan verschwinden oder Sie intuitiv die notwendigen Maßnahmen ergreifen, um sie abzubauen.

Wenn Sie Ihren Fragebogen regelmäßig zur Hand nehmen, werden Sie außerdem bemerken, daß einige Ihrer inneren Blockaden sich wie von selbst lösen und wagemutigeren Verhaltensweisen Platz machen, die Ihr Leben definitiv verändern.

Vergessen Sie nicht, die bewußte Bauchatmung zehn Minuten durchzuführen, bevor Sie Ihren Fragebogen einmal wöchentlich studieren!

Denken Sie daran, daß ein regelmäßiges Üben der Schlüssel zu Ihrem Glück ist.

Die Methode der Simulation

Sobald Sie sich über Ihre persönlichen Ängste im klaren sind, können Sie sie mit Hilfe Ihres psychologischen Simulators kontrollieren. Die Simulation basiert auf einem sehr wirksamen Verfahren der Selbsthypnose, der sogenannten Treppen-Technik.

Bevor Sie sich jedoch an die Simulation vergangener und zukünftiger Situationen heranwagen, die Gegenstand der beiden letzten Abschnitte sind, sollten Sie zuvor den nachstehenden Simulationsprozeß einüben.

Wählen Sie einen ruhigen Ort, und beschränken Sie sich zunächst darauf, den folgenden Text zu lesen und in Ihrem Gedächtnis zu speichern.

* * *

1- Lassen Sie sich in einem ruhigen Raum nieder, der lediglich von einer Kerze erhellt wird.

2- Rufen Sie sich eine vergangene Situation ins Gedächtnis, und sagen Sie laut oder leise zu sich selbst: „Ich werde diese Situation (nennen Sie die Situation) noch einmal erleben und sie zunächst innerlich bewältigen, bevor ich mich an Ihre tatsächliche Lösung wage."

3- Konzentrieren Sie sich auf die Kerze, und sagen Sie laut oder leise: „Ich konzentriere mich auf diese Flamme.... Es gibt nichts außer dieser Flamme... „Je mehr ich mich konzentriere, desto stärker verspüre ich ein Gefühl der Schwere in mir... Diese Schwere geht von meinen Füßen aus, sie erfaßt meine Waden... meine Beine... meinen Bauch... meine Brust... meinen Rücken.... schließlich mein Gesicht... meinen Schädel... meinen ganzen Kopf... Mein Körper ist schwer, er wird immer schwerer... Mein Kopf ist schwer... Meine Augen schließen sich... Meine Augenlider sind schwer... Jetzt sind meine Augen geschlossen... Ich bin entspannt... Ich bin im Zustand der Hypnose..."

4- Entspannen Sie nun nach und nach Ihren Körper von Kopf bis Fuß, indem Sie mit jedem neuen Atemzyklus einen neuen Teil Ihres Körpers visualisieren.

Sagen Sie zum Beispiel, wenn Sie sich Ihren linken Fuß vorstellen:

„Ich atme aus, und ich entspanne meinen linken Fuß... Ich atme ein..."

Sagen Sie, wenn Sie sich Ihre linke Wade vorstellen:

„Ich atme aus, und ich entspanne meine linke Wade... Ich atme ein..."

Sagen Sie, wenn Sie sich Ihren linken Oberschenkel vorstellen:

„Ich atme aus, und ich entspanne meinen linken Oberschenkel... Ich atme ein..."

Sagen Sie, wenn Sie sich Ihren rechten Fuß vorstellen:

„Ich atme aus, und ich entspanne meinen rechten Fuß... Ich atme ein..."

Und so weiter.

Praktizieren Sie diese Übung für alle Körperteile, und gehen Sie dabei in folgender Reihenfolge vor: Füße, Waden, Oberschenkel, Po, Bauch, Sonnengeflecht, Brust, Hände, Vorderarme, Oberarme, Schultern, oberer Rücken, unterer Rücken, Wirbelsäule, Hinterkopf, Scheitel, Kiefer, Stirn, das dritte Auge, das zwischen den Augenbrauen in Höhe der Augenwurzel liegt.

5- Verweilen Sie einen Augenblick in dem erreichten Entspannungszustand, und stellen Sie sich vor, daß Sie am unteren Ende einer Rolltreppe stehen. Sie treten auf die erste Stufe, die Treppe setzt sich in Bewegung und bringt Sie langsam nach oben. Sie lassen sich nach oben fahren und sagen: „Ich lasse mich von dieser Rolltreppe fahren... Je weiter ich nach oben komme, desto mehr entspanne ich mich, desto wohler fühle ich mich... Ich lasse mich fahren... Je weiter ich nach oben komme, desto größer wird mein Entspannungszustand..."

Wenn Sie in Ihrer Vorstellung am oberen Ende der Rolltreppe angekommen sind, sind Sie absolut entspannt.

6- Jetzt gehen Sie in die zweite Phase dieser Übung über, indem Sie mehrere Male laut oder leise zu sich selbst einen Lösungssatz sprechen, der die Situation betrifft, die Sie zum Positiven wenden wollen. Zum Beispiel: „Ich bin absolut in der Lage, diese Situation (nennen Sie die Situation) innerlich zu bewältigen, bevor ich mich an ihre tatsächliche Lösung wage."

7- Lassen Sie nun in Ihrem Kopf Bilder entstehen, ohne sie zu kontrollieren.

Wenn diese Bilder nicht zu jener Situation gehören, die Sie beherrschen wollen, fahren Sie im Geiste die Treppe noch einmal hinauf und wiederholen obigen Lösungssatz.

Versuchen Sie nicht, mehrere Situationen gleichzeitig zu lösen. Sie könnten verwirrt werden oder den roten Faden Ihrer Übung verlieren.

Stellen Sie sich jede Situation intensiv vor, und versuchen Sie dabei Ihre entsprechenden Empfindungen wahrzunehmen.

8- Versuchen Sie sich vorzustellen, in welcher Weise Ihnen die Situation zum Vorteil hätte gereichen können, wenn Sie richtig reagiert hätten.

Erleben Sie die Situation noch einmal, aber dieses Mal in positiver Weise, und denken Sie an das, was Sie empfunden hätten, wenn Sie nicht (je nach Fall) zornig, gereizt, aggressiv, faul, nachlässig usw. gewesen wären. Betrachten Sie sich selbst, wie Sie ruhig, geduldig, friedlich, mutig usw. sind.

9- Um in den Wachzustand zurückzukehren, beenden Sie die Sitzung mit einer Formel, die Sie zuvor eingeübt haben, zum Beispiel: „Die Sitzung ist nun beendet... Ich kehre in den Wachzustand zurück und verlasse den Zustand der Selbsthypnose..."

Sobald Sie mit der fraglichen Situation erneut konfrontiert sind, rufen Sie sich sofort das entsprechende positive Verhalten in Ihr Gedächtnis und bemühen sich, es tatsächlich anzuwenden.

Indem Sie bekannte Ereignisse visualisieren, jedoch mit einem positiven Ausgang, verankern Sie in Ihrem Unterbewußtsein neue Verhaltensweisen.

Wenn sich in den folgenden Wochen die bekannte Situation erneut einstellt, werden Sie angemessen reagieren und die Situation beherrschen. Sie erleben gedanklich die Szene erneut, jedoch dieses Mal in konstruktiver Weise, denn Sie sind vorbereitet... vorausgesetzt Sie führen obige Übung regelmäßig durch.

Praktizieren Sie die Übung in der ersten Woche täglich, in der zweiten Woche alle zwei Tage, in der dritten Woche alle drei Tage usw., bis Sie den Ablauf der fraglichen Situation mental vollständig verändert haben.

Nach vier Wochen müßte sich die Situation in einer Weise verwandelt haben, die für Sie vorteilhaft ist.

Die Bewältigung vergangener Situationen

Unter „vergangener Situation" versteht man jedes Ereignis, das Sie bisher nicht vollständig abgeschlossen bzw. bewältigt haben.

Konzentrieren Sie sich zunächst auf jene Ereignisse, in denen Ihre Atmung bislang unkontrolliert war.

Nehmen Sie dafür die Liste zu Hilfe, die Sie unter dem Abschnitt *Erkennen Sie Ihre Ängste* erstellt haben.

Ordnen Sie die Ereignisse in der Reihenfolge an, in der Sie sie lösen wollen.

Beginnen Sie dabei mit jenen Situationen, deren Bewältigung Ihnen am einfachsten erscheint.

Sobald Sie Ihre Liste neu geordnet haben, gehen Sie folgendermaßen vor:

* * *

1- Lassen Sie sich in einem ruhigen Raum nieder, der lediglich von einer Kerze erhellt wird.

2- Rufen Sie sich das erste Ereignis auf Ihrer Liste ins Gedächtnis, und sagen Sie laut oder leise zu sich selbst: „Ich werde diese Situation (nennen

Sie die Situation) noch einmal erleben und sie zunächst innerlich bewältigen, bevor ich mich an Ihre tatsächliche Lösung wage."

3- Konzentrieren Sie sich auf die Kerze, und sagen Sie laut oder leise: „Ich konzentriere mich auf diese Flamme.... Es gibt nichts außer dieser Flamme... „Je mehr ich mich konzentriere, desto stärker verspüre ich ein Gefühl der Schwere in mir... Diese Schwere geht von meinen Füßen aus, sie erfaßt meine Waden... meine Beine... meinen Bauch... meine Brust... meinen Rücken.... schließlich mein Gesicht... meinen Schädel... meinen ganzen Kopf... Mein Körper ist schwer, er wird immer schwerer... Mein Kopf ist schwer... Meine Augen schließen sich... Meine Augenlider sind schwer... Jetzt sind meine Augen geschlossen... Ich bin entspannt... Ich bin im Zustand der Hypnose..."

4- Entspannen Sie anschließend sämtliche Teile Ihres Körpers (Füße, Waden, Oberschenkel, Po, Bauch, Sonnengeflecht, Brust, Hände, Unterarme, Oberarme, Schultern, Kiefer, Stirn, Haare, Hinterkopf, oberer Rücken, unterer Rücken, Wirbelsäule), indem Sie mit jedem neuen Atemzyklus einen neuen Teil Ihres Körpers visualisieren.

5- Verweilen Sie einen Augenblick in dem erreichten Entspannungszustand, und stellen Sie sich vor, daß Sie am unteren Ende einer Rolltreppe stehen. Sie treten auf die erste Stufe, die Treppe setzt sich in Bewegung und bringt Sie langsam nach oben. Sie lassen sich nach oben fahren und sagen: „Ich lasse mich von dieser Rolltreppe fahren... Je weiter ich nach oben komme, desto entspannter bin ich, desto wohler fühle ich mich...Ich lasse mich fahren. Je weiter ich nach oben komme, desto größer wird mein Entspannungszustand..."

Wenn Sie in Ihrer Vorstellung am oberen Ende der Rolltreppe angekommen sind, sind Sie absolut entspannt.

6- Jetzt gehen Sie in die zweite Phase dieser Übung über, indem Sie mehrere

Male laut oder leise zu sich selbst einen Lösungssatz sprechen, der die Situation betrifft, die Sie zum Positiven wenden wollen. Sagen Sie zum Beispiel im Fall eines emotionalen Problems: „Ich werde mir ab sofort meiner Sache sicherer sein. Das nächste Mal wird mir diese Frau - nennen Sie ihren Namen - nicht widerstehen können."

7- Lassen Sie nun in Ihrem Kopf Bilder entstehen, ohne sie zu kontrollieren. Wenn sie nicht zu jener Situation gehören, die Sie beherrschen wollen, fahren Sie im Geiste die Treppe noch einmal hinauf und wiederholen obigen Lösungssatz.

Stellen Sie sich die Umstände jener vergangenen Situation intensiv vor, und versuchen Sie erneut, Ihre Gefühle von damals wahrzunehmen.

8- Versuchen Sie sich vorzustellen, was geschehen wäre, wenn Sie richtig reagiert hätten.

Erleben Sie diese Situation noch einmal, und stellen Sie sich dabei vor, was Sie empfunden hätten, wenn Sie nicht (je nach Fall) zornig, gereizt, aggressiv, faul, nachlässig usw. gewesen wären.

Betrachten Sie sich selbst, wie Sie ruhig und geduldig sind, wie Sie lächeln und nun die Situation beherrschen.

Anstatt zum Beispiel zu erröten, ins Stottern zu geraten oder sich zurückzuziehen, wie Sie das beim ersten Mal getan haben, erleben Sie nun im Geiste die Situation so, wie sie sich zu Ihrer Zufriedenheit zutragen hätte können. Sie sind selbstsicher, Sie geraten nicht in Panik, Sie reagieren richtig. Sie finden die richtigen Antworten. Sehen Sie selbst, wie die Dame Ihrem Charme erliegt. Setzen Sie sich an ihren Tisch. Sie wird Ihnen nicht widerstehen können...

Wenn Ihre Eroberung sexueller Art sein soll, können Sie sich auch einen wollüstigen Ausgang der Situation vorstellen. Stellen Sie sich die verrücktesten, erotischten und aufregendsten Szenen vor. Genieren Sie sich nicht.

Ihrer Phantasie sind keine Grenzen gesetzt. Seien Sie also nicht schüchtern. Je intensiver Ihre Vorstellungen sind, desto größer sind Ihre Chancen, daß Sie ein neues Verhalten an den Tag legen, sobald Sie sich erneut in der fraglichen Situation befinden.

9- Um in den Wachzustand zurückzukehren, beenden Sie die Sitzung mit einer Formel, die Sie zuvor eingeübt haben, zum Beispiel: „Die Sitzung ist nun beendet... Ich kehre in den Wachzustand zurück und verlasse den Zustand der Selbsthypnose... Bei meinem nächsten Treffen mit... (nennen Sie den Namen der Dame) werde ich mich von dieser neuen Geisteshaltung inspirieren lassen."

Sobald Sie mit der fraglichen Situation konfrontiert sind, rufen Sie sich sofort das entsprechende positive Verhalten in Ihr Gedächtnis, das Sie in der Sitzung entwickelt haben, und bemühen sich, es tatsächlich anzuwenden.

Indem Sie ein vergangenes negatives Ereignis im Geiste noch einmal erleben, jedoch nun mit einem positiven Ausgang, verankern Sie in Ihrem Unterbewußtsein neue Reflexe, die bei der nächsten Gelegenheit von selbst aktiviert werden.

Ihre Verhaltensweisen sind das Ergebnis vergangener Erfahrungen. Weil das so ist, können Sie Ihre Reaktionen mit einem entsprechenden psychischen Training verändern.

Dabei bietet Ihnen die Selbsthypnose den Vorteil, daß Sie direkt in Ihr Unterbewußtsein hinabsteigen und dort neue Reflexe verankern.

Wenn Ihnen, um bei obigem Beispiel zu bleiben, die begehrte Dame gegenübersteht, werden Sie dank der psychologischen Simulation in der

Lage sein, diese Dame für sich einzunehmen, weil Sie innerlich auf die Begegnung vorbereitet sind.

Falls sich diese Begegnungen wiederholen sollten, werden Sie ein zunehmend positiveres Verhalten an den Tag legen, bis Sie schließlich Ihre scheinbaren mentalen Blockaden, die Sie an Ihrem Vergnügen hindern, vollständig überwunden haben.

Trainieren Sie jede vergangene Situation, die Sie verändern wollen, in der ersten Woche täglich, in der zweiten Woche alle zwei Tage, in der dritten Woche alle drei Tage usw. Üben Sie so lange, bis der mentale Veränderungsprozeß vollständig abgeschlossen ist.

Dieser Prozeß ist abgeschlossen, wenn Sie die Situation mental von Anfang bis zum Ende positiv erleben. Sie müssen in der Lage sein, sich die gesamte Situation in der Simulation vorzustellen, ohne daß deren erfolgreicher Ausgang in irgendeiner Weise beeinträchtigt wird.

Deshalb muß zum Beispiel ein Verführungsversuch zunächst in Ihren Gedanken völlig reibungslos und erfolgreich ablaufen. Sobald Sie dieses Stadium erreicht haben, werden Sie in der Lage sein, die begehrte Person auch in Wirklichkeit zu verführen.

Nach einem vierwöchigen mentalen Training haben Sie neue Verhaltensweisen in Ihrem Geist festgeschrieben. Beim nächsten Rendezvous werden Sie Ihr angestrebtes Ziel erreichen.

In der Zwischenzeit können Sie, indem Sie sich die Frau Ihrer Träume bewußt oder zufällig vor Ihr geistiges Auge führen, festzustellen, wie weit Sie in Ihrem Vorhaben bereits vorangekommen sind, auch wenn Sie Ihr neues Verhalten noch nicht vollständig verankert haben und Ihr geistiger Umwandlungsprozeß noch nicht abgeschlossen ist.

Die Anpassung an zukünftige Situationen

Natürlich kann es auch vorkommen, daß Sie neue, unbekannte Situationen bewältigen müssen. Dabei kann es sich um einen wichtigen beruflichen Termin, einen öffentlichen Auftritt, eine Dienstreise ins Ausland, eine neue berufliche, politische oder soziale Aufgabe, einen sportlichen Wettkampf, eine familiäre Veränderung usw. handeln.

Passen Sie die folgende Übung Ihrem persönlichen Fall an. Auf diese Weise kann sie für Sie wirksam werden, und Sie werden einen optimalen Nutzen daraus ziehen.

Eine unbekannte Situation können Sie nicht vorab geistig durchleben, denn Sie kennen ihre Umstände nicht.

In diesem Fall müssen Sie vor der Simulation festlegen, in welcher Weise sich die Situation abspielen soll.

Setzen Sie sich dabei keine geistigen Grenzen, denn sonst werden Sie das, was Sie sich so sehr wünschen, nicht erreichen. Meist sind wir uns selbst der größte Feind. Nicht selten berauben wir uns unserer eigenen Hoffnungen. Befreien Sie sich also von Ihren inneren Zwängen, dann wird Ihr Leben mit Sicherheit eine positive Wendung nehmen.

Gegebenenfalls können Sie für die unbekannte Situation, die auf Sie zukommt, einen idealen Ablauf konstruieren.

Wenn es um eine wichtige Entscheidung geht, die Ihr berufliches Vorankommen betrifft, legen Sie fest, welchen positiven Ausgang Sie sich mit all den Vorteilen wünschen, die Sie aus dieser beruflichen Veränderung ziehen wollen.

Wenn Sie vor Publikum das Wort ergreifen müssen und Sie eher zu Schüchternheit neigen, beschreiben Sie einen optimalen Ablauf der Szene:

Sie sprechen mit sicherer Stimme, Sie sind mit dem Thema bestens vertraut, Sie sind kompetent und wirken ruhig, die Anwesenden zollen Ihnen Beifall...

Ein Rat: Wenn in nächster Zeit mehrere Veränderungen auf Sie zukommen sollten, simulieren Sie jeweils nur eine unbekannte Situation. Ansonsten könnten Sie in Verwirrung geraten, und Ihre Bemühungen wären unweigerlich zum Scheitern verurteilt.

„Behandeln" Sie Ihre zukünftigen Ereignisse der Reihe nach. Gehen Sie erst zur nächsten Situationen über, wenn Sie die vorangegangene zur Ihrer Zufriedenheit gelöst haben (oder sie Ihnen akzeptabel erscheint).

Um Ihre Zukunft bestmöglich vorzubereiten, gehen Sie folgendermaßen vor.

* * *

1- Lassen Sie sich in einem ruhigen Raum nieder, der lediglich von einer Kerze erhellt wird.

2- Bringen Sie die unbekannte Situation vor, indem Sie folgende Formel laut oder leise zu sich selbst sprechen: „Ich werde diese zukünftige Situation (nennen Sie die Situation) durchleben und sie zunächst innerlich bewältigen, bevor ich mich an Ihre tatsächliche Lösung wage."

3- Konzentrieren Sie sich auf die Kerze, und sagen Sie laut oder leise: „Ich konzentriere mich auf diese Flamme.... Es gibt nichts außer dieser Flamme... „Je mehr ich mich konzentriere, desto stärker verspüre ich ein Gefühl der Schwere in mir... Diese Schwere geht von meinen Füßen aus, sie erfaßt meine Waden... meine Beine... meinen Bauch... meine Brust... meinen Rücken.... schließlich mein Gesicht... meinen Schädel... meinen ganzen Kopf... Mein Körper ist schwer, er wird immer schwerer... Mein Kopf ist schwer... Meine Augen schließen sich... Meine Augenlider sind schwer... Jetzt sind meine Augen geschlossen... Ich bin entspannt... Ich bin im Zustand der Hypnose..."

4- Entspannen Sie anschließend sämtliche Teile Ihres Körpers (Füße, Waden, Oberschenkel, Po, Bauch, Sonnengeflecht, Brust, Hände, Unterarme, Oberarme, Schultern, Kiefer, Stirn, Haare, Hinterkopf, oberer Rücken, unterer Rücken, Wirbelsäule), indem Sie mit jedem neuen Atemzyklus einen neuen Teil Ihres Körpers visualisieren.

5- Verweilen Sie einen Augenblick in dem erreichten Entspannungszustand, und stellen Sie sich vor, daß Sie am unteren Ende einer Rolltreppe stehen. Sie treten auf die erste Stufe, die Treppe setzt sich in Bewegung und bringt Sie langsam nach oben. Sie lassen sich nach oben fahren und sagen: „Ich lasse mich von dieser Rolltreppe fahren... Je weiter ich nach oben komme, desto entspannter bin ich, desto wohler fühle ich mich...Ich lasse mich fahren. Je weiter ich nach oben kommen, desto größer wird mein Entspannungszustand..."

Wenn Sie in Ihrer Vorstellung am oberen Ende der Rolltreppe angekommen sind, sind Sie absolut entspannt.

6- Jetzt gehen Sie in die zweite Phase dieser Übung über, indem Sie laut oder leise zu sich selbst einen Lösungssatz sprechen, der Ihre zukünftige Situation betrifft.

7- Lassen Sie nun in Ihrem Kopf Bilder entstehen, ohne sie zu kontrollieren. Wenn diese Bilder nicht zu jener Situation gehören, die Sie beherrschen wollen, fahren Sie im Geiste die Treppe noch einmal hinauf und wiederholen obigen Lösungssatz.

Stellen Sie sich die jeweilige Situation intensiv vor, und versuchen Sie, Ihre Eindrücke und Empfindungen so wahrzunehmen, als wären Sie in diesem Moment tatsächlich vorhanden.

8- Erleben Sie nun im Geiste das bevorstehende Ereignis entsprechend Ihrer zuvor erstellten Beschreibung. Stellen Sie sich einen positiven Ablauf der Situation vor, und denken Sie an das, was Sie empfinden werden, sobald Sie im Eifer des Gefechts sind. Betrachten Sie sich selbst, wie Sie ruhig, geduldig, mutig und frei von Aggressionen usw. sind.

Wenn Sie sich diese zukünftigen Situationen in positiver Weise vorstellen, werden Sie neue Verhaltensmuster in sich verankern.

9- Um in den Wachzustand zurückzukehren, beenden Sie die Sitzung mit einer Formel, die Sie zuvor eingeübt haben, zum Beispiel: „Die Sitzung ist nun beendet... Ich kehre in den Wachzustand zurück und verlasse den Zustand der Selbsthypnose... Sobald ich mich in der fraglichen Situation befinde, werde ich mich von dieser neuen Geisteshaltung inspirieren lassen"

Sobald sich das fragliche Ereignis tatsächlich einstellt, rufen Sie sich sofort das positive Verhalten in Ihr Gedächtnis, das Sie in der Sitzung entwickelt haben, und versuchen, es anzuwenden.

Sollten Sie in den kommenden Wochen mit diesem Ereignis konfrontiert werden, werden Sie positiv reagieren und nach und nach alle negativen Verhaltensweisen ablegen, die Ihnen schaden könnten...

Wenn Sie den Zeitpunkt des visualisierten Ereignisses kennen, sollten Sie mindestens einen Monat vor dessen Eintreten mit der Simulation beginnen. Praktizieren Sie die Übung in der ersten Woche täglich, in der zweiten Woche alle zwei Tage, in der dritten Woche alle drei Tage, und in der vierten Woche wieder täglich.

Nach vier Wochen werden Sie den idealen Ablauf der entsprechenden Situation vollständig verinnerlicht haben. Sobald sich das Ereignis einstellt, werden Sie ohne zu zögern im richtigen Moment richtig handeln.

Sie werden nach und nach in Ihr neues Ich schlüpfen, und Ihre einstigen von Angst und Unsicherheit geprägten Verhaltensweisen werden starken und positiven Gedanken weichen.

Kapitel 14

Ein erfülltes sexuelles Leben führen

Mit Hilfe der Hypnose können Sie Ihre sexuelle Kraft erheblich steigern und damit die Erfüllung Ihrer geheimsten Phantasien erfahren.

Denn die Hypnose verleiht Ihnen eine Verführungskraft, mit der Sie jeden Menschen Ihrer Wahl an sich ziehen und Ihre sexuellen Gelüste befriedigen können.

Das Prinzip der hypnotischen Verführung basiert darauf, daß Sie mit Hilfe verschiedener Methoden der Entspannung, der Einflußnahme aus der Ferne, der Hypnose und des Magnetismus die sexuellen Regungen des begehrten Wesens aktivieren.

Sie können in kürzester Zeit zu dem Verführer werden, der Sie schon immer sein wollten. Dabei spielen Ihre Größe, Ihr Gewicht, Ihr Alter und Ihr Aussehen keine Rolle.... Es ist unbedeutend, ob Sie klein oder groß, häßlich oder schön, reich oder arm sind...

Verführung ist nicht einzig und allein eine Frage von körperlicher Schönheit, sondern in erster Linie von innerer Attraktivität.

Sehen Sie sich einmal um, blättern Sie durch Zeitschriften, oder sehen Sie fern. Sie werden feststellen, daß die Männer, die bei den Frauen so überaus erfolgreich sind, nicht immer unbedingt von einem attraktiven Äußeren sind. Allerdings besitzen sie dieses „kleine Etwas", das die Frauen unwiderstehlich anzieht, nämlich Charme. Sie treten selbstsicher auf, sie kleiden sich gut, sie kennen die Regeln der Höflichkeit, und sie können zuhören. (Vergessen Sie diese Verhaltensweisen nicht, die auch Sie beherrschen müssen.) Und sie strahlen eine Anziehungskraft aus, denen das andere Geschlecht kaum widerstehen kann.

Unabhängig davon, ob ihre sexuelle Ausstrahlung spontan (selten) oder erarbeitet (meistens) ist, brechen sie scheinbar mühelos die Herzen der Frauen und erwecken in ihnen ein sexuelles Verlangen. Diese Fähigkeiten können Sie ebenfalls entwickeln.

Dank Ihrer neu entdeckten Verführungskraft werden Sie nicht nur selbst sexuelle Befriedigung erfahren, sondern auch die erotischen Sehnsüchte Ihrer Partnerin erfüllen.

Wecken Sie den Verführer in Ihnen

Wenn es Ihnen momentan nicht gelingt, die Frauen Ihrer Träume zu verführen, dann liegt das an Ihrer inneren Einstellung, die falsch ist. Sie lassen sich immer noch von Klischees, einem Idealbild Ihrer selbst und einer allgemein gültigen Vorstellung leiten, wie man sich zu verhalten hat, um verführerisch zu sein.

Zweifellos orientieren Sie sich an den Idolen aus Fernsehen und Film oder einem generell gültigen Bild des Verführers.

Von diesen illusorischen Vorstellungen müssen Sie sich sofort verabschieden, denn wenn Sie nach diesen Idealbildern schielen, streben Sie nach einem idealisierten Verhalten, das für Sie nicht zutrifft. Es geht nicht darum, daß Sie der Verführer werden, dessen Bild in unserer Gesellschaft Gültigkeit besitzt, sondern derjenige, der Sie sein wollen.

Jeder Mensch hat seine besonderen äußeren und inneren Merkmale, denen er Rechnung tragen muß. Wie wollen Sie also, wenn Sie von kleinem Wuchs sind, jenen großen, blonden und muskulösen Übermännern gleichen!

Wichtig ist deshalb, daß Sie sich selbst erkennen und das, was Ihnen zunächst als ein Hindernis erscheint, zu Ihrem persönlichen Vorteil verwandeln.

Bevor Sie sich jedoch Ihrem Äußeren zuwenden, müssen Sie Ihre Denkweise in die eines Verführers verändern. Dabei werden Sie mit Hilfe entsprechender hypnotischer Übungen neue Wertvorstellungen in Ihrem Geist verankern.

Ihre derzeitige „mentale Programmierung" hat Sie nicht zum Erfolg geführt, deshalb müssen Sie sie neu gestalten.

* * *

Verwenden Sie zunächst ein paar Minuten darauf, in Ihrem Unterbewußtsein den Glauben an Ihre eigene Verführungskraft fest zu verankern. Dafür sprechen Sie eine bestimmte Induktionsformel.

- Führen Sie zunächst zehn bewußte Bauchatmungen nach folgendem Modell durch.

Atmen Sie aus, und ziehen Sie dabei den Baum soweit wie möglich, jedoch ohne Übertreibung ein. Sagen Sie dabei: „Ich atme aus, ich weiß, daß ich ausatme."

Atmen Sie ein, und wölben Sie dabei den Bauch soweit wie möglich, jedoch ohne Übertreibung nach außen. Sagen Sie dabei: „Ich atme ein, ich weiß, daß ich einatme."

Wiederholen Sie anschließend laut und mit innerer Überzeugung zehnmal folgende Formel.

„Ja! Ich akzeptiere den Verführer, der ich im Grunde bin. Dieses Bild meiner selbst prägt sich tief in mein Unterbewußtsein ein. Es wird mich leiten und ab heute mein Verhalten bestimmen."

* * *

Bevor Sie einen Verführungsversuch starten, müssen Sie sich selbst bejahen können. Das ist die absolute Grundvoraussetzung einer jeden psychischen Deblockierung, ohne die die Befriedigung eines sinnlichen Verlangens nicht möglich ist.

Mit Hilfe obiger Induktionsformel, mit der Sie den Verführer in Ihnen wachrufen, können Sie auch alle anderen Suggestionen vorbereiten, die Sie im folgenden in Ihrem Geist festschreiben wollen.

Bringen Sie sich die Formel während des Tages einige Male in Erinnerung.

Damit öffnen Sie sich für Ihre Autosuggestionen und verankern diese fest in Ihrem Unterbewußtsein.

Glauben Sie mit all Ihrer inneren Überzeugung an die Kraft dieser elementaren Formel, dann werden Ihre Wünsche in Erfüllung gehen.

Wenn Sie die Formel regelmäßig sprechen, wird sie zum tragenden Element Ihrer Verführungskraft.

Falls Sie an Ihren Verführungskünsten einmal zweifeln sollten, sprechen Sie die Formel mindestens zehnmal hintereinander.

Auf diese Weise finden Sie zu Ihrem neuen Verhalten zurück, das Sie bereits mit dem ersten Äußern dieser Formel angenommen haben.

Seit diesem Augenblick sind Sie der Verführer, von dem Sie immer träumten. Und mit jedem neuen Formulieren dieses Satzes steigern Sie Ihre Anziehungskraft beim anderen Geschlecht.

Sie haben zum Beispiel beschlossen, eine bestimmte Frau zu verführen (wir wollen Sie Annie) nennen. Lassen Sie sich an einem ruhigen Ort nieder. Atmen Sie einige Male bewußt in den Bauch ein und wieder aus, und entspannen Sie sich körperlich (siehe Beschreibung der Methode in Kapitel 2. Übung Nr. 4). Sagen Sie:

„Seit ich die Formel der hypnotischen Verführung kenne, akzeptiere ich den Verführer, der ich im Grunde bin. Dieses Bild meiner selbst prägt sich tief in mein Unterbewußtsein ein. Es wird mich leiten und ab heute mein Verhalten bestimmen."

Wiederholen Sie anschließend zehnmal folgenden Satz:

„Es gibt keinen objektiven oder subjektiven Grund, warum es mir nicht gelingen sollte, Annie zu verführen. Ich verfüge über die körperlichen und geistigen Voraussetzungen dazu. Außerdem begehre ich sie. Ich sehe nichts, was mich davon abhalten sollte."

Nachdem Sie diese Übung ein paar Tage durchgeführt haben, werden Sie sich Ihrer Sache sicherer fühlen, und es wird Ihnen leichter fallen, ein Rendez-vous zu vereinbaren oder Ihre Herzensdame zumindest anzusprechen.

Nach einem zweiwöchigen regelmäßigen Training werden Sie dank dieser Formel Ihre Verführungskraft erheblich gesteigert haben.

Dabei gilt auch hier folgendes psychologisches Prinzip: Alles, was Sie in Ihr Unterbewußtsein einbringen, wird Ihr Leben verändern, in diesem Fall insbesondere Ihr sexuelles Leben. Wenn Sie dieses universelle mentale Gesetz akzeptieren, wird der Moment Ihrer sinnlichen Befriedigung nicht mehr weit sein.

Die Anziehungskraft des Gesichts

Ihr Gesicht ist der Teil Ihres Körpers, den ein anderer als erster an Ihnen wahrnimmt. Vom Ausdruck Ihres Gesichts, ob traurig oder freundlich, hängt zum großen Teil ab, ob Ihr Verführungsversuch erfolgreich oder zum Scheitern verurteilt ist.

Deshalb ist es wichtig, daß Ihr Gesicht freundlich und attraktiv wirkt und Sie die Anziehungskraft Ihres Gesichts bewußt erhöhen.

Dafür stehen Ihnen zwei sehr wirkungsvolle Methoden zur Verfügung: die Methode der Augenfixierung und die Methode des sinnlichen Blicks.

Die Fixierung mit den Augen

Die Augen spielen bei der Verführung eine sehr wesentliche Rolle. Sie können Ihren Blick sehr wirkungsvoll einsetzen.

Die meisten Menschen vermeiden einen direkten Blickkontakt. In unserer westlichen Welt wird es kaum ein Mensch wagen, einem anderen offen ins Gesicht zu sehen, wenn er nicht will, daß man ihn für schlecht erzogen hält oder ihm böse Absichten unterstellt; das gilt insbesondere dann, wenn sich der Blick eines Mannes auf eine Frau richtet.

Von diesem Verhaltensschema sollten Sie sich sofort befreien. Üben Sie sich so häufig wie möglich darin, allen Menschen, mit denen Sie Kontakt haben, direkt in die Augen zu sehen, insbesondere Menschen des anderen Geschlechts, und vor allem jener Person, die Sie verführen wollen.

Wer in der Lage ist, einem anderen Menschen lange in die Augen zu sehen, ohne den Blick abwenden zu müssen, kann sich glücklich schätzen.

Gehen Sie jedoch nicht zu offensichtlich vor. Ihr Gegenüber darf sich nicht unwohl fühlen oder Sie für arrogant halten. Wenn Ihr Blick zu aufdringlich wird, werden Sie bei dem Betroffenen nicht die gewünschte, sondern eine gegenteilige Reaktion hervorrufen!

Beginnen Sie die Fixierungsübung mit Menschen, vor denen Sie keine Angst haben - mit Unbekannten auf der Straße oder Mitgliedern Ihrer Familie.

Nachdem Sie eine Woche lang täglich geübt haben, werden Sie sich absolut sicher fühlen, sobald Sie sich der Person, die Sie verführen wollen, nähern.

Wenn Ihr Blick offen, sanft und warm ist, werden Sie sehr schnell Ihr gewünschtes Ziel erreichen.

Es werden Ihnen nur wenige Frauen lange widerstehen können, insbesondere dann nicht, wenn Ihr Blick zugleich sinnlich ist, was Sie im folgenden lernen werden.

Die Person, auf die sich der Blick richtet, wird stets neugierig sein und sich (bewußt oder unbewußt) von dem Interesse, das ihr entgegengebracht wird, geschmeichelt fühlen, vor allem dann, wenn dieser insistierende Blick von einem Vertreter des anderen Geschlecht kommt.

Wichtig ist in all diesen Fällen die Art des Blicks, der uns trifft. Wenn Sie jemanden herablassend oder mit Verachtung anblicken, wird er (oder sie) sich niemals weder von Ihnen noch von Ihrem Blick angezogen fühlen.

Wenn Sie dagegen in der Lage sind, einen Blick, der Ihr Verlangen ausdrückt, auf jemanden zu werfen, wird die betroffene Person dies - bewußt oder unbewußt - spüren und sich angezogen oder leicht irritiert fühlen. Mit etwas Übung könnte es Ihnen sogar gelingen, bei der begehrten Person allein dadurch, daß Sie sie ansehen, ebenfalls sexuelle Gelüste zu wecken oder sie aus der Ferne zu erregen, ohne sie berührt zu haben!

Der sinnlich beladene Blick

Ein anderer Mensch wird sich von Ihnen angezogen fühlen, wenn Sie in der Lage sind, Ihren Blick mit „Sinnlichkeit zu beladen".

Damit Ihnen das gelingt, müssen Sie Ihre sexuellen Phantasien zum Gehirn der Person, die Sie verführen wollen, übertragen.

Wenn Sie das begehrte Wesen anblicken, ist wichtig, welche Gedanken Sie hegen. Die Gedanken sind eine Energie, die, wenn sie beherrscht und richtig geleitet wird, das Gehirn eines anderen Menschen erreicht, das somit aus der Ferne beeinflußt wird.

Schon um die Aufmerksamkeit des begehrten Wesens zu erregen, ist es wichtig, daß man ihm entgegentritt, jedoch auf diskrete und freundschaftliche Weise und nicht aggressiv oder herablassend. Alles an Ihnen, Ihr Auftreten, Ihre Art, sich zu bewegen und Ihr Gegenüber anzublicken, muß absolute Sicherheit ausstrahlen. Vermeiden Sie jedes Zögern, bewegen Sie sich lässig, und lassen Sie niemals in Ihren Gedanken, Worten oder Taten die geringste Unsicherheit zu.

Sie müssen sich in jedem Moment Ihres Verführungsversuchs Ihrer selbst absolut sicher und von positiven sexuellen Vorstellungen erfüllt sein.

Um Ihren Blick eine sinnliche Komponente zu verleihen, müssen Sie das sexuelle Verlangen, das der begehrte Mensch in Ihnen hervorruft, gedanklich oder mit leiser Stimme formulieren. Anschließend schicken Sie diese „emotionale Fracht" zur Stirn der betroffenen Person; dabei fixieren Sie sie und stellen sich Ihr sexuelles Verlangen intensiv vor.

Projizieren Sie mental diese Empfindung, indem Sie sich diese sexuelle Fracht als einen Energiestrom vorstellen, der von Ihrer Stirn ausgeht und zur Stirn Ihres Gegenübers fließt. „Sehen" Sie, wie dieser Energiestrom Sie verläßt, den Raum durchfließt, der sie voneinander trennt, und schließlich sein Ziel erreicht.

Führen Sie diese Übung beim ersten Treffen fünf Minuten lang durch und anschließend jedes Mal, wenn Sie der fraglichen Person begegnen.

Die Verführung aus der Ferne

Die Verführung eines anderen Menschen aus der Ferne durch Hypnose ist dank extrem wirksamer Formeln möglich, die auch Beschwörungs- oder Anrufungsformeln genannt werden und Ihnen unbegrenzte Verführungskraft verleihen.

Wenn Sie diese Formeln anwenden, setzen Sie verborgene, jedoch extrem starke Kräfte frei.

Mit Hilfe dieser Formeln werden Sie Ihr sexuelles Verlangen befriedigen und das Ihres Partners/Ihrer Partnerin wecken können, so daß Sie schließlich die Höhen der sinnlichen Freuden erreichen.

Bitte beachten Sie folgende Empfehlungen, damit die beiden nachstehend beschriebenen Beschwörungsformeln ihre volle Wirkung entfalten können.

1- Nutzen Sie stets die Anwesenheit der begehrten Person, um diese Beschwörungen durchzuführen, und konzentrieren Sie sich vollständig auf sie.

Im Idealfall können Sie es so arrangieren, daß die betroffene Person Sie nicht bemerkt oder sich Ihrer Anwesenheit nicht bewußt ist. Ohne sich tatsächlich zu verstecken, suchen Sie sich einen Ort, von dem aus Sie sie unbemerkt beobachten können.

2- Die Tatsache, daß das begehrte Wesen Sie nicht wahrnimmt, verstärkt die Wirkung Ihrer Projektionen. In Unkenntnis Ihrer verborgenen Arbeit kann es sich Ihrem mentalen Einfluß nicht widersetzen.

Wäre die auserwählte Person über Ihr Vorgehen jedoch informiert, würde sie bewußt oder unbewußt psychologische Abwehrmechanismen in Gang setzen, die Ihren Verführungsversuch schwierig wenn nicht unmöglich machen würden.

3- Sie können die Übung an jedem beliebigen Ort durchführen, an Ihrem Arbeitsplatz, in öffentlichen Verkehrsmitteln, in einer Bibliothek, in einem Café usw.

Je weniger „Störquellen" (Lärm und andere Menschen) Sie insbesondere während Ihrer ersten Versuche umgeben, desto besser ist das natürlich. Denn Sie müssen sich während Ihrer magnetischen Projektionen so lange wie möglich auf Ihr Ziel konzentrieren.

4 Der Ablauf dieser beiden mentalen Projektionen ist einfach.

Lassen Sie sich bequem nieder, so daß Sie die begehrte Frau im Blickfeld haben.

Führen Sie zwanzig tiefe Bauchatmungen durch, und entspannen Sie anschließend Ihren ganzen Körper. Gehen Sie anschließend mindestens zehn Minuten lang in sich. Je konzentrierter Sie sind, desto wirksamer wird Ihre mentale Aktion sein.

Richten Sie Ihre mentalen Projektionen auf die begehrte Person, und fixieren Sie dabei Ihren Nacken, wenn sie Ihnen mit dem Rücken zugewandt ist, bzw. ihr drittes Auge zwischen den Augenbrauen oberhalb der Nasenwurzel, wenn Sie sich in frontaler Position und auf Sichtweite zu ihr befinden.

Konzentrieren Sie sich während des gesamten Vorgangs auf obigen Punkt. Vermeiden Sie jede Abschweifung, und sprechen Sie sich mit innerer Überzeugung die vorgeschlagenen Formeln vor. Stellen Sie sich dabei vor, wie der Inhalt Ihrer Beschwörungsformeln in den Kopf des begehrten Wesen über den Punkt, auf den Sie sich konzentrieren, eindringt.

Führen Sie diese Übung so oft wie möglich durch, denn dadurch verstärken Sie die Wirkung der Beschwörungsformeln und „öffnen" das begehrte Wesen für Ihr Verlangen. Auf diese Weise wird die Frau Ihrer Träume schneller in Ihre Arme sinken.

Es kommt übrigens nicht selten vor, daß die Person, die Sie auf diese Weise fixieren, den Kopf hebt und Sie anblickt.

Wenn das der Fall ist, schenken Sie ihr Ihr schönstes Lächeln und sehen ihr geradewegs in die Augen.

Geben Sie sich gelöst und ungeniert, und setzen Sie ein strahlendes Lächeln auf. Dieses Verhalten vermittelt Selbstsicherheit und wird die betroffenen Person für Sie einnehmen.

Eine Frau, die bemerkt, daß Sie sie auf sinnliche Weise (aber niemals auf vulgäre Art) wahrnehmen, wird sich durch das Interesse, das Sie ihr entgegenbringen, geschmeichelt fühlen, unabhängig davon, was sie für Sie empfindet.

Dank der Methode der telehypnotischen Verführung wird Ihnen das begehrte Wesen nicht widerstehen können und nach und nach Gefallen an Ihnen finden...

Der Aufbau des inneren Verführers

Erstellen Sie das Idealbild des Verführers, der Sie sein wollen. Verinnerlichen Sie dieses Bild, und glauben Sie mit all Ihrer Kraft und inneren Überzeugung daran. Wenn sich Ihnen während des Tages ein freier Moment bietet, denken Sie an dieses Bild und an die Mittel, die Sie einsetzen wollen, um dieser Idealvorstellung nahezukommen.

Wenn möglich sollten Sie vor dieser Übung zwanzig tiefe Bauchatmungen durchführen und Ihren Körper vollständig entspannen. Dadurch öffnen Sie sich für die Suggestionen, die Ihre Verführungskraft steigern.

Aufgrund des Gesetzes der natürlichen Anziehungs- und Verführungskraft und der Kraft der positiven Denkens werden Sie, sobald Sie Ihr Idealbild anrufen, diesem ein wenig näherkommen. Den ersten Schritt in diese Richtung haben Sie bereits getan, als Sie dieses Bild entwarfen.

Nutzen Sie während des Tages jede Gelegenheit, sich Ihr Idealbild vor Augen zu führen. Lassen Sie sich vollständig davon einnehmen. Denken Sie daran, wenn Sie aufwachen, wenn Sie zur Arbeit gehen, in den Pausen, während der Mahlzeiten, auf dem Nachhauseweg, bevor Sie einschlafen... Beginnen Sie am nächsten Tag erneut damit.

Auf diese Weise werden Sie im Laufe der Zeit wie jener Verführer denken, sprechen und handeln, der Sie schon immer sein wollten, und Ihrem Idealbild, das in Ihnen steckt, immer ähnlicher werden.

Indem Sie den Verführer in Ihnen anrufen, bedienen Sie sich der einzigartigen magischen Kräfte, die in den Gedanken und Worten liegen.

Die Anrufung der begehrten Frau kraft der Hypnose

Sobald Sie das Idealbild des Verführers, der Sie sein wollen, verinnerlicht haben, müssen Sie Ihre Anrufungen auf jene Person richten, die Sie begehren. Dabei gehen Sie im verborgenen vor.

Diese Anrufung wird Ihnen die Frau (oder Frauen) näherbringen, die Sie verführen wollen.

Die Methode der *Anrufung der begehrten Frau kraft der Hypnose* funktioniert in allen Fällen, ganz gleich ob Sie sie auf eine spezielle Frau richten oder ob Sie einen bestimmten Typ von Frau oder alle Frauen, die Ihren Weg kreuzen, verführen wollen.

Folgende Formel wird bei allen Frauen eine Wirkung zeigen. Sie müssen Sie lediglich Ihrem persönlichen Verlangen anpassen:
„Wie ein wirklicher Liebhaber ziehe ich alle Frauen unwiderstehlich an, die ich verführen will und die ein sexuelles Verlangen in mir erwecken."

Wenden Sie diese Formel an, sobald jene Umstände gegeben sind, bei denen Sie auch die unter: *Der Aufbau des inneren Verführers* genannten Anrufungen sprechen (Nutzung aller Gelegenheiten zur Einflußnahme aus der Ferne, Möglichkeiten eines diskreten Vorgehens und der mentalen Konzentration).
Je exakter das Bild ist, das Sie erstellt haben, desto stärker wird Ihre magnetische Kraft auf die Frau wirken, die Sie begehren.
Wenn Sie bereits an eine ganz bestimmte Frau denken, wenden Sie eine präzise Formel der folgenden Art an: *Wie ein wirklicher Liebhaber ziehe ich Isabelle (zum Beispiel) unwiderstehlich an. Wir werden uns gegenseitig begehren und unser sinnliches Verlangen stillen.*

Ein anderer Fall. Wenn Sie zum Beispiel einen bestimmten Frauentyp bevorzugen, zum Beispiel orientalische Frauen mit großen Brüsten und langen Haaren, ändern Sie Ihre Formel in folgender Weise ab:
„Wie ein wirklicher Liebhaber ziehe ich alle orientalischen Frauen mit großen Brüsten und langen Haaren an. Ich kann Sie verführen, und wir werden unser gegenseitiges Verlangen stillen.

Zögern Sie nicht, zu jeder Tageszeit, sobald sich Ihnen eine Möglichkeit bietet, an die Frau Ihrer Begierde zu denken, indem Sie obige Anrufungen durchführen.

Wenn Sie die *Übung regelmäßig und mit innerer Überzeugung* praktizieren, wird Ihre Angebete noch innerhalb von drei Wochen Ihrem heimlichen Drängen nachgeben. Oder Sie erhalten zumindest ein ermutigendes Zeichen: ein Lächeln, ein erstes Gespräch, ein Rendez-vous, die Gelegenheit, einen Augenblick allein mit ihr zu sein. Vielleicht finden Sie sogar einen Moment, in dem sie bereit ist, sich Ihnen hinzugeben.

Sie können die beiden Anrufungen, das heißt die erste, mit der Sie *den Verführer in Ihnen aufbauen*, und die zweite, mit der Sie *die begehrte Frau kraft der Hypnose anrufen*, nach der dritten Übungswoche auch kombinieren.

Führen Sie zunächst die gesamte Übung ca. zwanzigmal täglich, das heißt nach dem Aufstehen und vor dem Zubettgehen, durch.

Praktizieren Sie sie anschließend so häufig wie möglich, um Ihre hypnotische Verführungskraft aufrechtzuerhalten.

Telehypnose mit Hilfe eines Photos

Eine weitere Methode, die ebenfalls sehr wirksam ist, ist die telehypnotische Verführung mit Hilfe eines Photos. Sie wird übrigens von vielen Magiern und Magnetiseuren angewandt.

Wenn Sie an eine ganz bestimmte Frau denken, bemühen Sie sich um ein Photo derselben (es kann ein Gruppenphoto, eine Aufnahme vom Strand, einer Party, eines Arbeitstreffens usw. sein). Wenn Sie kein derartiges Photo besitzen, suchen Sie nach einem Vorwand, um die Dame abzulichten, unter

Umständen zusammen mit anderen Personen, um Ihr Mißtrauen nicht zu wecken.

Gehen Sie folgendermaßen vor: (Rechnen Sie mindestens acht Übungstage dafür ein).

Wenden Sie während des Tages regelmäßig die unter *Der Aufbau des inneren Verführers* beschriebene Anrufung an.

Konzentrieren Sie sich mindestens einmal täglich, am besten bevor Sie zu Bett gehen, auf das fragliche Photo, und prägen Sie sich das Gesicht und (oder) den Körper der abgebildeten Person ein.

Wenden Sie auf dieses Photo die Methode der *Anrufung der begehrten Frau kraft der Hypnose* an.

Stellen Sie sich anschließend die Dinge vor, die Sie mit dieser Person gerne machen würden. Lassen Sie die gewünschten Situationen in Ihrem Geiste entstehen. Geben Sie Ihrer Phantasie nach, und sagen Sie sich, daß alle Ihre Wünsche realisierbar sind.

Praktizieren Sie diese Visualisierungen, bis Sie einschlafen. Sie werden auf diese Weise schnell in einen entspannten Schlaf sinken. Dabei liefern Sie Ihrem Unterbewußtsein einen emotional hochbeladenen Rohstoff, den dieses während der Nacht verarbeitet und in Ihrem Bewußtsein Gedanken entstehen läßt, die dazu beitragen werden, daß Ihre Wünsche und Phantasien Wirklichkeit werden.

Im Laufe der folgenden Tage (maximal 10) verhalten Sie sich entsprechend dem von Ihnen erstellten Idealbild Ihrer selbst. Führen Sie Ihre geistigen Projektionen durch, und beobachten Sie die Veränderungen im Verhalten des begehrten Wesens. Es wäre erstaunlich, wenn sie auf Ihre Verführungsversuche aus der Ferne mit Hilfe eines Photos keine Reaktion zeigen würde.

Indem Sie auf diese Weise mit Ihrem Unterbewußtsein direkt in Kontakt treten, erhalten Sie die Möglichkeit zur vollen persönlichen Entfaltung, vorausgesetzt Sie sind wirklich bereit dazu. Denn während Ihres Schlafs gibt Ihr Unterbewußtsein den Ton an. Sie können es nicht daran hindern, daß es sich zum Ausdruck bringt, und Sie werden vergeblich versuchen, Ihre Begierden zurückzudrängen, wie Sie es tun, wenn Sie wach sind.

Wenn Sie mit einem Photo arbeiten, können Sie bei der begehrten Frau sexuelle Energien aktivieren, weil das Photo zum Teil mit der Persönlichkeit dieser Frau, insbesondere mit ihren Eigenschaften beladen ist. Wenn Sie mit diesem Medium arbeiten, nehmen Sie auf Körper und Geist dieser Person Einfluß, auch wenn Sie nicht in Ihrer Nähe ist.

Mit der Teleprojektion stellen Sie zu der von Ihnen begehrten Frau eine mentale Verbindung her. Indem Sie sich auf ihr Abbild konzentrieren, indem Sie sich ihre Begierden vorstellen, schicken Sie starke sexuelle Projektionen zu ihr, die ihre Intimität berühren. Diese Projektionen sind deshalb so wirksam, weil die betroffene Person, die Sie nicht sieht, Ihrem Einfluß keinen Widerstand entgegensetzen kann.

·

Kapitel 15

Im Beruf erfolgreich sein

Arbeit muß nicht immer langweilig und mühsam sein. Es ist durchaus möglich, daß wir eine berufliche Aktivität ausüben, die mit unserer inneren Entwicklung in Einklang steht. Unabhängig davon, ob man als Angestellter tätig oder selbständig ist, müssen für die persönliche berufliche Entfaltung bestimmte Voraussetzungen erfüllt werden, die über die bloße Befriedigung, die man durch die Bezahlung erfährt, hinausgehen.

Jeder Mensch will, daß seine beruflichen Ansprüche wahrgenommen werden: „Ich möchte meine Fähigkeiten in jenem Bereich entfalten können, mit dem ich am besten vertraut bin, dort wo ich am nützlichsten bin..."

Der Beruf muß es uns ermöglichen, das Beste in uns zu entdecken und zum Ausdruck zu bringen.

Die Arbeit darf nicht mehr, wie das in früheren Zeiten der Fall war, gleichbedeutend mit Qual und Mühsal sein. Leider besitzt diese Definition heute noch immer häufig Gültigkeit, dabei sollte uns die Arbeit die Möglichkeit bieten, unseren Lebensunterhalt in Würde zu verdienen.

Unsere Arbeit als Last zu empfinden, ist keine gesunde Einstellung zum Berufsleben, das, das dürfen wir nicht vergessen, ein Drittel unserer Tage während mindestens der Hälfte unseres Lebens einnimmt! Dieser negative Ansatz hindert uns daran, die Gegenwart, die als einzige wirklich zählt, tatsächlich zu erleben.

Mit Hilfe der Hypnose können Sie jede Stunde Ihrer beruflichen Arbeit zu einem Zeitraum der Persönlichkeitsentwicklung machen.

Die richtige Einstellung zur Arbeit finden

Wenn wir uns von der „Fahrenden Handwerkerzunft" des Mittelalters inspirieren lassen, entdecken wir eine Philosophie neu, die die Arbeit über die Vorstellung von bloßer Qual und Mühsal erhebt und zu einem „Instrument der Persönlichkeitsentwicklung" macht und damit dem „Beruf" eine spirituelle Dimension verleiht. Aus diesem Blickwinkel betrachtet erhält jede Beschäftigung ihre Daseinsberechtigung, ihre Ethik, und jedes berufliche Handeln, jeder Vorgang eine heilige Bedeutung.

Nach Überlieferung jener Handwerker, die an den großen Baustellen des Mittelalters beteiligt waren, kann jeder Mensch in der täglichen Ausübung seines Berufs seine eigene innere Kathedrale bauen. Glücklicherweise gibt es zum Ausklang unseres Jahrhunderts noch Menschen, die von ihrer Arbeit so beseelt sind, daß sie damit ein Werk schaffen und dieses mit einer Schönheit erfüllen, die ihnen eine tiefe innere Zufriedenheit verschafft, eine Zufriedenheit, die für ihren inneren Einklang unerläßlich ist, der sich wiederum im äußeren „Meisterwerk", das sie zu Wege bringen, widerspiegelt.

Der Mensch arbeitet nicht nur mit dem Verstand, sondern auch mit dem Körper. Die Arbeit kann sich als einzigartiges Instrument der Persönlichkeitsentwicklung erweisen, weil sie die Entfaltung von Körper und Geist zugleich ermöglicht.

Der „Beruf" ist eine Schule der Redlichkeit und selbstlosen Suche nach moralischen Werten, die uns daran erinnert, daß wir, wenn wir Rechte haben, auch Pflichten erfüllen müssen. Unter diesem altruistischen Aspekt wird das Vergnügen des einzelnen nicht geopfert, sondern, im Gegenteil, durch die berufliche Tätigkeit erhöht.

Die Arbeit wird auf diese Weise zu einem wahren Yoga, das sich in einer Vielzahl von Gesten ausdrückt, die ebenso wertvoll wie die Asanas oder Stellungen des Yoga sind. „Alles ist in allem" entnimmt man in der einen oder anderen Weise allenthalben den alten Überlieferungen, warum also sollte für unsere tägliche Arbeit dieses Prinzip nicht gelten?

Unser Tun läßt sich nicht in erhabene Aktivitäten einerseits (beten, meditieren, fasten, gute Gedanken fassen usw.) und „schmutzige" Beschäftigungen andererseits (arbeiten, sich waschen, seinen Lebensunterhalt verdienen, Geld haben usw.) einteilen. Wenn „das eine in allem und alles in dem einem" ist, dann muß es auch möglich sein, in der Arbeit geistige Erfüllung zu erfahren und aus dem eigenen Leben ein Meisterwerk zu machen.

In unserem Zeitalter der Spezialisierung ist es wichtig, daß der „Arbeiter" (mit diesem Begriff ist sowohl der Leiter eines Unternehmens als auch der gewöhnliche Handwerker gemeint) die globale Vision seiner Aktivität erkennt. Er muß sich seines Werts bewußt sein, und die Gesamtstruktur erkennen, in die sich sein „kleines Werk" einfügt.

Das Instrument, ob ein Hammer oder ein Computer, darf nur der verlängerte Arm des menschlichen Gehirns sein, eine Prothese, die dem Menschen das auszuführen ermöglicht, was sein Geist erdacht hat. Auf diese Weise wird das Mittel erhaben, ja sogar heilig, denn wäre es nicht vorhanden, könnte nichts entworfen, gebaut, geschaffen werden und es gäbe keinen Fortschritt. Wichtig ist auch, eine begonnene Arbeit mit Sorgfalt und Hingabe auszuführen, oder anders gesagt, ein berufliches Gewissen zu haben. Dieser Anspruch ist eine moralische Grundregel und ein Beweis des Respekts vor der eigenen Leistung aber auch vor sich selbst. Die Liebe zur vollendeten Arbeit stellt sich nur ein, wenn die Tätigkeit frei gewählt wurde und man mit sich selbst und den anderen in Einklang ist. Ist das nicht der Fall, wird die Arbeit zur Last.

Vermeiden Sie, bei der Ausübung Ihres Berufs in geistiger Passivität zu erstarren. Es ist möglich und sogar empfehlenswert, den Beruf in ein kreatives Instrument zu verwandeln. Auf diese Weise kann auch eine noch so geringwertige Arbeit sich als ein Weg der Persönlichkeitsentfaltung erweisen. In der Kreativität liegt das Leben. Ein aktiver Mensch, ganz gleich, ob er an der Spitze eines großen Industriekonzerns steht oder einfacher Töpfer ist, bleibt nur dann dynamisch, wenn er kreativ ist.

Für die gute Qualität der eigenen Arbeit sind gewisse Eigenschaften unerläßlich. Deshalb muß das berufliche Gewissen möglichst ausgeprägt sein, denn es unterstützt den Menschen in seiner Suche nach Perfektion.

Von grundlegender Wichtigkeit ist auch, daß Sie Ihr Metier beherrschen, denn eine einzige unangemessene und unkonzentrierte Aktion kann das - materielle oder geistige - Gebäude, das Sie errichtet haben, zum Einsturz bringen. Berufliches Gewissen und Handeln müssen also in Einklang sein.

Die geistige Harmonie, die dadurch entsteht, daß ein und dieselben Gesten von unterschiedlichen Menschen ausgeführt werden, schafft eine konstruktive Solidarität und Brüderlichkeit. Auch die Symbolik eines jeden Instruments, ob ein Hammer oder ein Computer, muß erkannt werden, denn jedes dieser Instrumente hat eine unterschiedliche Resonanz auf unsere innere Struktur.

Arbeitslosigkeit bekämpfen

Die Hypnose bietet arbeitslosen Menschen Wege aus der Krise und insbesondere die Möglichkeit, eine Situation, die häufig vom Arbeitslosen selbst, aber auch von seinen Angehörigen als Katastrophe empfunden wird, zum persönlichen Vorteil zu verwandeln.

Es gibt Methoden der Persönlichkeitsentwicklung, die dem Betroffenen helfen, in einer derartigen Situation innerlich stabil zu bleiben und beruflich wieder Tritt zu fassen. Ohne verneinen zu wollen, daß der Verlust des Arbeitsplatzes ein tragisches Ereignis ist, möchten wir darauf hinweisen, daß im Gegensatz zur vorherrschenden Meinung diese Zeit der Inaktivität eine Gelegenheit sein kann, um nachzudenken und einen Neuanfang zu wagen. Meist sind es psychisch bedingte Ängste, die die Situation so schwierig machen: Die Angst vor der Zukunft, vor der Reaktion der Familie, vor den Freunden und Bekannten, die Angst, keine neue Arbeit zu finden usw. Den eigenen Arbeitsplatz zu verlieren wird nicht selten immer noch als Schande angesehen und läßt manchmal Zweifel an der beruflichen Qualifikation des armen Opfers aufkommen. Auch bei einer Entlassung aus wirtschaftlichen Gründen wird dem Arbeitslosen häufig eine Mitschuld an seinem Schicksal unterstellt.

Diese psychologischen Umstände lasten in dieser äußerst schwierigen Situation auf dem Betroffenen und schränken ihn bei seiner Suche nach einem neuen Arbeitsplatz ein. Ändert er dagegen seine Einstellung zur Arbeit und lernt, konstruktiv in sich selbst nachzuforschen, bringt er seine berufliche Wiedereingliederung voran. Er wird in seinem früheren Beruf oder in einem neuen Bereich eine neue Aufgabe finden oder vielleicht sogar den Sprung in die Selbständigkeit schaffen.

Die Techniken der Hypnose ermöglichen eine neue Vision von Arbeit und ... Arbeitslosigkeit.

Lernen Sie anhand der folgenden drei Methoden, wie Sie:

Ihr derzeitiger Beruf mit mehr Zufriedenheit erfüllt;

den Arbeitsplatz wechseln;

(wieder) Arbeit finden.

Mit dem eigenen Beruf zufrieden sein

Die meisten Menschen sind mit Ihrem Beruf unzufrieden. Täglich treffen oder hören Sie in Ihrem Unternehmen, in den öffentlichen Verkehrsmitteln oder auf der Straße zumindest einen Menschen, der sich über seine Arbeit beklagt. Allerdings haben nur wenige dieser Unzufriedenen den Mut, ihre Situation zu verändern. Sie reden zwar häufig davon, die Arbeitsstelle zu wechseln, werden jedoch in keiner Weise aktiv.

Im Gespräch mit diesen Menschen stellt man häufig fest, daß ihnen im Grunde eine neue Einstellung zur Arbeit genügen würde, um glücklicher zu sein.

Um Freude am eigenen Beruf zu haben, reicht es manchmal bereits aus, diesen zu akzeptieren und seine positiven Seiten zu erkennen. Viele Menschen argumentieren mit Dingen, die sie an ihrer beruflichen Tätigkeit vermissen, und vergessen das, was sie bereits besitzen. Ich möchte Ihnen damit keinesfalls empfehlen, eine gewisse Resignation an den Tag zu legen oder es an Ehrgeiz mangeln zu lassen, sondern Sie auffordern, Ihre Situation mit einem gewissen Abstand zu betrachten.

Mit seiner Arbeit zufrieden zu sein ist häufig die Basis für ein besseres Leben. Diese Zufriedenheit gibt Ihnen die Möglichkeit, Ihre wirklichen Fähigkeiten unter Beweis zu stellen und damit vielleicht sogar eine Gehaltserhöhung oder Beförderung zu erreichen!

Deshalb sollten Sie sich mit nachstehend beschriebener Methode vertraut machen.

Lesen Sie jedoch zunächst die drei folgenden Methoden vollständig durch, bevor Sie sie anwenden.

Methode zur inneren Akzeptanz der eigenen Arbeit

- Lassen Sie sich in einem ruhigen Raum nieder, der lediglich von einer Kerze erhellt wird. Setzen Sie sich bequem auf einen Stuhl, lassen Sie die Schultern locker nach unten fallen, und legen Sie die Arme über die Armlehnen oder auf die Oberschenkel.

- Sagen Sie laut oder leise zu sich selbst den Lösungssatz, den Sie im zweiten Teil dieser Übung induzieren werden. Hier zum Beispiel: „Ich muß meinen Beruf akzeptieren, denn er ermöglicht mir (je nach Fall), meinen Lebensunterhalt zu verdienen, meine Familie zu ernähren, meine Miete zu bezahlen, das zu kaufen, was mir gefällt, meine Freizeit zu gestalten, Reisen zu finanzieren usw."

- Schließen Sie die Augen, und führen Sie die Bauchatmung durch. Beginnen Sie mit dem Ausatmen.

Denken oder sagen Sie während des Ausatmens: „Ich atme aus, ich weiß, daß ich ausatme."

Denken oder sagen Sie während des Einatmens: „Ich atme ein, ich weiß, daß ich einatme."

Führen Sie diese Atemtechnik zehn Minuten lang durch, oder zählen Sie zwanzig Atemzyklen nach folgendem Schema:

1. Ich atme aus, ich weiß, daß ich ausatme. Ich atme ein, ich weiß, daß ich einatme."

2. Ich atme aus, ich weiß, daß ich ausatme. Ich atme ein, ich weiß, daß ich einatme."

3. Ich atme aus, ich weiß, daß ich ausatme. Ich atme ein, ich weiß, daß ich einatme."

Und so weiter bis 20.

- Richten Sie ab dem einundzwanzigsten Atemzyklus während des Ausatmens Ihren Atem mental und physisch auf die verschiedenen Teile Ihres Körpers, das heißt auf: Füße, Waden, Oberschenkel, Bauch, Sonnengeflecht, Brust, Hände, Unterarme, Oberarme, Schultern, Kiefer, Stirn, Haare, Hinterkopf, oberer Rücken, unterer Rücken.

Hauchen Sie mit jedem neuen Zyklus in Richtung eines neuen Körperteils, beim einundzwanzigsten Ausatmen auf die Füße, beim zweiundzwanzigsten Ausatmen auf die Waden, beim dreiundzwanzigsten Ausatmen auf die Oberschenkel usw.

Beginnen Sie folgendermaßen:

„Ich atme aus, und ich entspanne meinen linken Fuß. Ich atme ein, und ich entspanne meinen linken Fuß."

„Ich atme aus, und ich entspanne meine linke Wade. Ich atme ein, und ich entspanne meine linke Wade."

„Ich atme aus, und ich entspanne mein linkes Knie. Ich atme ein, und ich entspanne mein linkes Knie."

Und so weiter.

- Sobald Sie diesen Vorgang abgeschlossen haben, verweilen Sie einen Augenblick in dem erreichten Entspannungszustand und konzentrieren sich auf den Rhythmus Ihrer Atmung.

- Öffnen Sie die Augen, und konzentrieren Sie sich auf die Kerze. Sagen Sie dabei laut oder leise zu sich selbst: „Ich konzentriere mich auf diese Flamme.... Es gibt nichts außer dieser Flamme... "Je mehr ich mich konzentriere, desto stärker verspüre ich ein Gefühl der Schwere in mir... Diese Schwere geht von meinen Füßen aus, sie erfaßt meine Waden... meine Beine... meinen Bauch... meine Brust... meinen Rücken.... schließlich mein Gesicht... meinen Schädel... meinen ganzen Kopf... Mein Körper ist schwer, er wird immer schwerer... Mein Kopf ist schwer... Meine Augen schließen sich... Meine Augenlider sind schwer... Jetzt sind meine Augen geschlossen... Ich bin entspannt... Ich bin im Zustand der Hypnose..."

- Verweilen Sie einen Augenblick in diesem Entspannungszustand, und stellen Sie sich vor, daß Sie am unteren Ende einer Rolltreppe stehen. Sie treten auf die erste Stufe, die Treppe setzt sich in Bewegung und bringt Sie langsam nach oben. Lassen Sie sich nach oben fahren, und sagen Sie: „Ich lasse mich von dieser Rolltreppe fahren... Je weiter ich nach oben komme, desto mehr entspanne ich mich, desto wohler fühle ich mich... Ich lasse mich fahren... Je weiter ich nach oben komme, desto größer wird mein Entspannungszustand..."

- Wenn Sie in Ihrer Vorstellung am oberen Ende der Rolltreppe angekommen sind, sind Sie absolut entspannt.

- Nun können Sie in die zweite Phase dieser Übung übergehen, indem Sie laut oder leise eine aktualisierte Version des obigen Lösungssatzes mehrere Male sprechen. Zum Beispiel: „Jetzt wird es mir gelingen, meinen Beruf zu akzeptieren, denn er ermöglicht mir (je nach Fall), meinen Lebensunterhalt zu verdienen, meine Familie zu ernähren, meine Miete zu bezahlen, das zu kaufen, was mir gefällt, meine Freizeit zu gestalten, Reisen zu finanzieren usw."

- Stellen Sie sich die sofortigen und (oder) späteren Vorteile vor, die Ihnen aus Ihrer beruflichen Situation entwachsen. Erkennen Sie sich in diesen geistigen Bildern wieder. Identifizieren Sie sich mit diesen Vorstellungen.
- Beenden Sie die Sitzung, indem Sie eine zuvor eingeübte Formel mehrere Male wiederholen. Zum Beispiel: „Die Sitzung ist nun beendet. Meine oben gefaßten Vorsätze und meine Gedanken werden in meinem Geist fest verankert bleiben. Sie werden mich ab sofort in meinem Tun begleiten. Ich kehre jetzt zu meinem normalen Bewußtseinszustand zurück und verlasse den Zustand der Hypnose."
- Öffnen Sie die Augen, und gehen Sie Ihren gewohnten Aktivitäten nach.

* Dauer: Um eine Veränderung in Ihrem Denken zu bewirken, sollten Sie die Übung einen Monat lang täglich durchführen. Rechnen Sie für die Durchführung fünfzehn bis zwanzig Minuten ein.

Den Arbeitsplatz wechseln

Als zweiter Fall könnte die Situation eintreten, daß Sie den tatsächlichen inneren Wunsch verspüren, Ihren Arbeitsplatz zu wechseln. Wenn Sie obige Methode bereits versucht haben und (oder) Ihr Wunsch nach einer beruflichen Veränderung noch immer vorhanden ist, sollten Sie in den Verlauf Ihres jetzigen Lebens eingreifen und folgende zweite Hypnosetechnik anwenden.

Diese Methode wird Ihnen die Kraft geben, den entscheidenden Schritt zu wagen und sich insbesondere von einer möglichen Angst vor dem Unbekannten zu befreien, die in verschiedenen Formen zum Ausdruck kommen kann: der Angst vor einem neuen Arbeitsplatz, vor einem Umzug in eine andere Stadt oder in ein anderes Land, vor einer neuen Arbeitsumgebung, vor neuen Kollegen und Freunden usw.

Methode für eine berufliche Veränderung

- Lassen Sie sich in Ruhe in einem Raum mit einem Karton nieder, den Sie selbst aus zwei Rechtecken hergestellt haben (das linke Rechteck ist gelb, das rechte Reckeck ist blau), die durch einen grauen oder weißen Streifen voneinander getrennt sind. Beide Rechtecke haben dieselbe Größe (8 cm breit und 10 cm hoch); das Band hat eine Breite von 2 cm.

Setzen Sie sich bequem hin, zum Beispiel auf einen Stuhl, lassen Sie die Schultern locker nach unten fallen, und legen Sie die Arme über die Armlehnen oder auf die Oberschenkel.

- Sagen Sie laut oder leise zu sich selbst den Lösungssatz, den Sie im zweiten Teil dieser Übung induzieren werden. Hier zum Beispiel: „Ich kann jede Angst überwinden, auch die Angst vor einer neuen Arbeitsstelle. Ich fühle mit jedem neuen Tag meinen Mut wachsen. Ich bin absolut in der Lage, mich meiner neuen Situation anzupassen."

„Ich muß mich nicht davor fürchten, meine Arbeitsstelle zu wechseln, denn meine neue berufliche Aktivität wird es mir ermöglichen (je nach Fall), meinen Lebensunterhalt zu verdienen, meine Familie zu ernähren, meine Miete zu bezahlen, das zu kaufen, was mir gefällt, meine Freizeit zu gestalten, Reisen zu finanzieren usw."

- Schließen Sie die Augen, und führen Sie die Bauchatmung durch. Beginnen Sie mit dem Ausatmen.

Denken oder sagen Sie während des Ausatmens: „Ich atme aus, ich weiß, daß ich ausatme."

Denken oder sagen Sie während des Einatmens: „Ich atme ein, ich weiß, daß ich einatme."

Führen Sie diese Atemtechnik zehn Minuten lang durch, oder zählen Sie zwanzig Atemzyklen nach folgendem Schema:

1. „Ich atme aus, ich weiß, daß ich ausatme. Ich atme ein, ich weiß, daß ich einatme."

2. „Ich atme aus, ich weiß, daß ich ausatme. Ich atme ein, ich weiß, daß ich einatme."

3. „Ich atme aus, ich weiß, daß ich ausatme. Ich atme ein, ich weiß, daß ich einatme."

Und so weiter bis 20.

- Richten Sie ab dem einundzwanzigsten Atemzyklus während des Ausatmens Ihren Atem mental und physisch auf die verschiedenen Teile Ihres Körpers, das heißt auf: Füße, Waden, Oberschenkel, Bauch, Sonnengeflecht, Brust, Hände, Unterarme, Oberarme, Schultern, Kiefer, Stirn, Haare, Hinterkopf, oberer Rücken, unterer Rücken.

Hauchen Sie mit jedem neuen Zyklus in Richtung eines neuen Körperteils, beim einundzwanzigsten Ausatmen auf die Füße, beim zweiundzwanzigsten Ausatmen auf die Waden, beim dreiundzwanzigsten Ausatmen auf die Oberschenkel usw.

Beginnen Sie folgendermaßen:

„Ich atme aus, und ich entspanne meinen linken Fuß, ich atme ein, und ich entspanne meinen linken Fuß."

„Ich atme aus, und ich entspanne meine linke Wade, ich atme ein, und ich entspanne meine linke Wade."

„Ich atme aus, und ich entspanne mein linkes Knie, ich atme ein, und ich entspanne mein linkes Knie."

Und so weiter.

- Sobald Sie diesen Vorgang abgeschlossen haben, verweilen Sie einen Augenblick in dem erreichten Entspannungszustand und konzentrieren sich auf den Rhythmus Ihrer Atmung.

- Halten Sie den Karton mit ausgestreckter Hand vor sich hin (mit der linken Hand, wenn Sie Linkshänder sind, mit der rechten, wenn Sie Rechtshänder sind), so daß sich der linke gelbe Teil vor Ihrem linken Auge befindet.

- Konzentrieren Sie sich auf die Farben des Kartons, vor allem aber auf die Linie, die die beiden Hälften voneinander trennt.

- Nachdem Sie den Karton eine Zeitlang intensiv fixiert haben, verschwimmen die Farben allmählich ineinander, oder es treten Teile des Kartons stärker hervor. Das bedeutet, daß Sie einen neuen Bewußtseinszustand erreicht haben.

Sagen Sie nun zu sich selbst: „Mein Blick trübt sich... Das ist das Zeichen, daß ich in Selbsthypnose gehe, daß mein Bewußtsein sich verändert....Meine Augen werden müde... Bald werden meine Augenlider herabfallen... Ich kann meine Augen unmöglich offenhalten... Meine Augen schließen sich... Jetzt wird mein Arm (der rechte bei Rechtshändern, der linke bei Linkshändern) schwer, sehr schwer... So schwer, daß ich ihn nicht mehr ausgestreckt halten kann... Mein Arm wandert unweigerlich nach unten... Ich kann den Karton nicht mehr auf Höhe der Augen halten... Ich lasse ihn fallen... Jetzt wird auch mein zweiter Arm schwer... Meine beiden Arme sind schwer, schrecklich schwer, ich kann sie nicht mehr bewegen... Diese Schwere, die ich in meinen Armen verspüre, verstärkt den Zustand der Selbsthypnose. Die Schwere erfaßt meine Schultern... meinen Hals... meinen Kopf... Jetzt steigt dieses Gefühl der Schwere in mir hinab... Es erfaßt meine Brust... meinen Bauch... Je stärker diese Schwere mich erfaßt, desto tiefer steige ich in die Selbsthypnose hinab... Meine Oberschenkel sind schwer, sie werden immer schwerer... Meine Waden sind schwer, sie werden immer schwerer... Meine Füße sind schwer, sie werden immer schwerer... Mein ganzer Körper ist schwer, schwerer geht es nicht... Ich befinde mich in einem tiefen Zustand der Selbsthypnose..." (Wiederholen Sie die letzten beiden Sätze mindestens dreimal, bis Sie den gewünschten Entspannungszustand erreicht haben.)

- Wiederholen Sie drei- bis viermal: „Der Zustand der Selbsthypnose, in dem ich mich nun befinde, ermöglicht mir, Einfluß auf mein Unterbewußtsein zu nehmen..." Und dann: „Jetzt bin ich in der Lage, meine Trance zu nutzen... Jetzt werde ich konstruktiv sein..."

- Verankern Sie nun den von Ihnen gewählten Lösungssatz, indem Sie ihn in seiner aktualisierten Version mehrere Male laut oder leise zu sich selbst sprechen. Hier: „Jede Angst erscheint mir gegenwärtig als unbegründet; deshalb kann ich sie überwinden. Das gilt auch für die Angst vor einem neuen Arbeitsplatz. Dieser Gedanke wird mit jedem neuen Tag meinen Mut wachsen lassen. Ich werde absolut in der Lage sein, mich meiner neuen beruflichen Situation anzupassen."

„Ich fürchte mich nicht mehr davor, meinen Arbeitsplatz zu wechseln, denn meine neue berufliche Aktivität wird es mir ermöglichen (je nach Fall), meinen Lebensunterhalt zu verdienen, meine Familie zu ernähren, meine Miete zu bezahlen, das zu kaufen, was mir gefällt, meine Freizeit zu gestalten, Reisen zu finanzieren usw."

- Stellen Sie sich nun die Vorteile vor, die Ihnen aus Ihrer neuen beruflichen Situation entwachsen. Erkennen Sie sich in diesen geistigen Bildern wieder. Identifizieren Sie sich mit diesen Vorstellungen.

- Beenden Sie die Sitzung, indem Sie eine zuvor eingeübte Formel mehrere Male wiederholen. Zum Beispiel: „Die Sitzung ist nun beendet. Meine Vorsätze und meine Gedanken werden in meinem Geist fest verankert bleiben. Sie werden mich ab sofort in meinem Tun begleiten. Jetzt kehre ich zu meinem normalen Bewußtseinszustand zurück und verlasse den Zustand der Hypnose."

- Öffnen Sie die Augen, und gehen Sie Ihren gewohnten Aktivitäten nach.

* Dauer: Um eine Veränderung in Ihrem Denken zu bewirken, sollten Sie die Übung einen Monat lang täglich durchführen. Rechnen Sie für die Durchführung fünfzehn bis zwanzig Minuten ein.

(Wieder) Arbeit finden

Der dritte Fall ist von allen drei Fällen der schwierigste, aber wie wir bereits feststellten, müssen Sie lernen, positiv zu denken, um eine für Sie bedrohliche Situation in eine Chance des Neuanfangs zu verwandeln.
Gehen Sie dafür folgendermaßen vor:

Methode des positiven Denkens

- Lassen Sie sich an einem ruhigen Ort nieder. Setzen Sie sich bequem auf einen Stuhl, lassen Sie die Schultern locker nach unten fallen, und legen Sie die Arme auf die Armlehnen oder die Oberschenkel.
- Sagen Sie laut oder leise zu sich selbst den Lösungssatz, den Sie im zweiten Teil dieser Übung induzieren werden. Hier zum Beispiel: „Ich muß meine derzeitige Arbeitslosigkeit akzeptieren. Ich werde Sie für einen Neuanfang nutzen. Ich werde diese Krise überwinden und neue Arbeit finden, die es mir ermöglicht (je nach Fall), meine persönliche Würde wiederherzustellen, meinen Lebensunterhalt zu verdienen, meine Familie zu

ernähren, meine Miete zu bezahlen, das zu kaufen, was mir gefällt, Reisen zu finanzieren usw."

- Schließen Sie die Augen, und führen Sie die Bauchatmung durch.

Beginnen Sie mit dem Ausatmen:

Denken oder sagen Sie während des Ausatmens: „Ich atme aus, ich weiß, daß ich ausatme."

Denken oder sagen Sie während des Einatmens: „Ich atme ein, ich weiß, daß ich einatme."

Führen Sie diese Atemtechnik zehn Minuten lang durch, oder zählen Sie zwanzig Atemzyklen nach folgendem Schema:

1. „Ich atme aus, ich weiß, daß ich ausatme. Ich atme ein, ich weiß, daß ich einatme."

2. „Ich atme aus, ich weiß, daß ich ausatme. Ich atme ein, ich weiß, daß ich einatme."

3. „Ich atme aus, ich weiß, daß ich ausatme. Ich atme ein, ich weiß, daß ich einatme."

Und so weiter bis 20.

- Richten Sie ab dem einundzwanzigsten Atemzyklus während des Ausatmens Ihren Atem mental und physisch auf die verschiedenen Teile Ihres Körpers, das heißt auf: Füße, Waden, Oberschenkel, Bauch, Sonnengeflecht, Brust, Hände, Unterarme, Oberarme, Schultern, Kiefer, Stirn, Haare, Hinterkopf, oberer Rücken, unterer Rücken.

Hauchen Sie mit jedem neuen Zyklus in Richtung eines neuen Körperteils, beim einundzwanzigsten Ausatmen auf die Füße, beim zweiundzwanzigsten Ausatmen auf die Waden, beim dreiundzwanzigsten Ausatmen auf die Oberschenkel usw.

Beginnen Sie folgendermaßen:

„Ich atme aus, und ich entspanne meinen linken Fuß. Ich atme ein, und ich entspanne meinen linken Fuß."

„Ich atme aus, und ich entspanne meine linke Wade. Ich atme ein, und ich entspanne meine linke Wade."

„Ich atme aus, und ich entspanne mein linkes Knie. Ich atme ein, und ich entspanne mein linkes Knie."

Und so weiter.

- Sobald Sie diesen Vorgang abgeschlossen haben, verweilen Sie einen Augenblick in dem erreichten Entspannungszustand und konzentrieren sich auf den Rhythmus Ihrer Atmung.

- Nun werden Sie eine Übung durchführen, die dem sogenannten Autogenen Training entliehen ist und es Ihnen ermöglicht, sowohl den Körper als auch den Geist vollständig zu entspannen. Die Übung besteht aus vier Teilen, mit denen Sie jeweils eine Entspannung der Muskeln, der Gefäße, des Herzens und schließlich der Organe erreichen.

- Verankern Sie anschließend Ihre oben gefaßten Vorsätze.

Erster Teil: Entspannung der Muskeln

- Suchen Sie sich einen ruhigen Ort, setzen oder legen Sie sich hin, und schließen Sie die Augen. Beginnen Sie mit der Bauchatmung.

- Wiederholen Sie laut oder leise und mit innerer Überzeugung folgenden Satz zwei- bis dreimal: „Ich bin ruhig... ich werde immer ruhiger."

- Wiederholen Sie anschließend fünfmal hintereinander: „Mein Arm (der rechte bei Rechtshändern, der linke bei Linkshändern) wird schwer, sehr schwer, immer schwerer..." Stellen Sie sich ihn als eine leblose Masse in Höhe Ihrer Schultern vor.

- Wenn Sie diese Schwere spüren, lockern Sie die Arme. Atmen Sie einmal kurz aus und ein, und öffnen Sie die Augen.

- Schließen Sie erneut die Augen, und wiederholen Sie im Geiste: „Ich werde ruhig, immer ruhiger." Und nun fünfmal: „Mein Arm (der linke bei Rechtshändern, der rechte bei Linkshändern) wird schwer, sehr schwer, immer schwerer..." Gehen Sie wie oben beschrieben und mit derselben inneren Überzeugung vor.
- Sobald Sie diese Schwere spüren, wiederholen Sie: „Ich werde ruhig, immer ruhiger." Und nun fünfmal: „Meine Arme und Beine werden schwer, sehr schwer, immer schwerer..." Stellen Sie sich Ihre Arme und Beine als schwere Gewichte vor, die an Ihrem Körper hängen.
- Wenn Sie diese Schwere spüren, lockern Sie die Arme und Beine. Atmen Sie einmal kurz aus und ein, und öffnen Sie die Augen.
- Schließen Sie erneut die Augen, und wiederholen Sie im Geiste: Ich werde ruhig, immer ruhiger." Und nun fünfmal: „Mein ganzer Körper wird schwer, sehr schwer, immer schwerer..." Stellen Sie sich Ihren Körper als eine leblose Masse vor, die von einer Bleischicht überzogen ist.
- Sobald Sie diese Schwere wirklich spüren, setzen Sie die Übung ein paar Minuten aus. Lockern Sie die Arme, atmen Sie einmal aus und ein, und öffnen Sie die Augen.

Zweiter Teil: Entspannung der Gefäße
- Sie befinden sich immer noch sitzend oder liegend an demselben ruhigen Ort. Schließen Sie die Augen, und führen Sie die Bauchatmung durch (ca. 10 Zyklen).
- Wiederholen Sie laut oder leise und mit innerer Überzeugung folgenden Satz zwei- bis dreimal:„Ich werde ruhig, immer ruhiger."
- Wiederholen Sie anschließend fünfmal: „Mein Arm... (rechter Arm bei Rechtshändern, linker Arm bei Linkshändern) wird warm, sehr warm, immer

wärmer...", Stellen Sie sich vor, daß ein Gefühl der Wärme von den Schultern in Ihren Arm hinabsteigt.

- Sobald Sie dieses Gefühl der Wärme spüren, lockern Sie die Arme. Atmen Sie einmal tief aus und ein, und öffnen Sie die Augen.

- Schließen Sie erneut die Augen, und wiederholen Sie im Geiste: „Ich werde ruhig, immer ruhiger." Und nun fünfmal: „Mein Arm (linker Arm für Rechtshänder, rechter Arm für Linkshänder) wird warm, sehr warm, immer wärmer..." Gehen Sie wie oben beschrieben und mit derselben inneren Überzeugung vor.

- Sobald Sie dieses Gefühl der Wärme spüren, wiederholen Sie mit Überzeugung: „Ich werde ruhig, immer ruhiger." Und nun fünfmal: „Meine Arme und Beine werden warm, sehr warm, immer wärmer..." Versuchen Sie tatsächlich zu spüren, wie ein angenehmes Gefühl der Wärme Sie durchzieht.

- Sobald Sie dieses Gefühl der Wärme spüren, lockern Sie die Arme und Beine. Atmen Sie einmal tief aus und ein, und öffnen Sie die Augen.

- Schließen Sie erneut die Augen, und wiederholen Sie im Geiste: „Ich werde ruhig, immer ruhiger." Und nun fünfmal: „Mein ganzer Körper wird warm, sehr warm, immer wärmer..." Stellen Sie sich vor, daß Ihr Körper nach und nach wärmer wird.

- Sobald Sie dieses Gefühl der Wärme wirklich spüren, setzen Sie die Übung ein paar Minuten aus. Lockern Sie die Arme. Atmen Sie einmal aus und ein, und öffnen Sie die Augen.

Dritter Teil: Entspannung des Herzens

- Sie befinden sich immer noch sitzend oder liegend an demselben ruhigen Ort. Schließen Sie die Augen, und führen Sie die Bauchatmung durch (10

Zyklen).

- Wiederholen Sie laut oder leise und mit innerer Überzeugung folgenden Satz zwei- bis dreimal: „Ich werde ruhig, immer ruhiger." Achten Sie darauf, daß Sie sich wirklich entspannt fühlen.

- Wiederholen Sie anschließend fünfmal: „Mein Herz schlägt langsam und regelmäßig..." Versuchen Sie, diesen Rhythmus tatsächlich zu spüren.

- Verweilen Sie in diesem Zustand der Ruhe, und konzentrieren Sie sich fünfzehn Minuten lang auf Ihren Herzschlag.

- Sobald Sie diesen ruhigen Herzschlag spüren, lockern Sie die Arme. Atmen Sie tief aus und ein, und öffnen Sie die Augen.

Vierter Teil: Entspannung der Organe

Gehen Sie wie im dritten Teil dieser Übung vor, aber ersetzen Sie den Satz „Mein Herz schlägt langsam und regelmäßig" durch folgende Formeln: „Meine Lunge atmet langsam und regelmäßig." „Ich verspüre eine intensive Wärme in meinem Sonnengeflecht." „Mein Gehirn ist entspannt und leistungsfähig."

- Gehen Sie zum zweiten Teil der Übung über, indem Sie mehrere Male laut oder leise zu sich selbst eine aktualisierte Version Ihres Lösungssatzes sprechen. Hier: „Jetzt bin in der Lage, meine derzeitige Arbeitslosigkeit besser zu akzeptieren. Ich werde sie für einen Neuanfang nutzen. Meine geistigen und beruflichen Fähigkeiten sind intakt und nicht der Grund meiner Arbeitslosigkeit. Ich werde diese Krise überwinden und neue Arbeit finden, die es mir ermöglichen wird (je nach Fall), meine persönliche Würde wiederherzustellen, meinen Lebensunterhalt zu verdienen, meine Familie zu ernähren, meine Miete zu bezahlen, das zu kaufen, was mir gefällt, Reisen zu finanzieren usw."

- Stellen Sie sich nun vor, welche Vorteile Ihnen aus Ihrer neuen beruflichen Situation entwachsen. Lassen Sie vor Ihrem geistigen Auge Bilder entstehen, in denen Sie aktiv handeln und Ihre Projekte verwirklichen. Identifizieren Sie sich mit diesen Bildern.

- Beenden Sie die Sitzung, indem Sie eine zuvor eingeübte Formel mehrere Male wiederholen. Zum Beispiel: „Die Sitzung ist nun beendet. Meine oben gefaßten Vorsätze und meine Gedanken werden in meinem Geist fest verankert bleiben. Sie werden mich ab sofort in meinem Tun begleiten. Jetzt kehre ich zu meinem normalen Bewußtseinszustand zurück und verlasse den Zustand der Hypnose."

- Öffnen Sie die Augen, und gehen Sie Ihren gewohnten Aktivitäten nach.

* Dauer: Um eine positive Denkweise zu entwickeln, sollten Sie die Übung einen Monat lang täglich durchführen. Rechnen Sie für die Durchführung fünfzehn bis zwanzig Minuten ein.

Kapitel 16

Zu materiellem Wohlstand gelangen

Mit Hilfe der Hypnose kann jeder Mensch zu materiellem Wohlstand gelangen und frei von finanziellen Sorgen leben.

Sie wollen ein gesichertes Auskommen haben, Sie wollen reich und glücklich sein, Sie möchten, daß Ihre materiellen Wünsche in Erfüllung gehen... All das ist aufgrund einer einzigartigen Kraft möglich, die bewirkt, daß Ihnen das Geld wie von selbst zufließt. Dank dieses Verfahrens können Sie Ihren Wohlstand beträchtlich mehren.

Seine Anwendung, die keinerlei besonderen Kenntnisse erfordert, wird Ihnen binnen kürzester Zeit zu einem besseren Leben verhelfen.

Die hypnotische Kraft, mit der Sie zu materiellem Wohlstand gelangen, zieht Geld und Glück wie ein Magnet auf sich und macht Sie zu einem wohlhabenden Menschen. Sie löst Mechanismen aus, die materielle Güter anziehen.

Weil Sie mit der Hypnose neue Denkweisen in Ihrem Unterbewußtsein verankern, sind Sie in der Lage, in einer Weise zu denken, zu sprechen und zu handeln, die Ihnen zu größerem materiellen Wohlstand verhilft.

Materieller Wohlstand: eine Frage der Geisteshaltung

Viele Menschen besitzen kein Geld, weil sie nicht wissen, wie sie sich die richtige Geisteshaltung aneignen, um zu Geld zu kommen.

Häufig glauben die Menschen, die nicht über die notwendigen Mittel verfügen, um das Leben zu führen, von dem sie träumen, daß es keinen Ausweg aus Ihrer Situation gibt.

Resigniert beschränken sie sich schließlich darauf, die Reichen neidisch zu beargwöhnen, ohne zu wissen, daß auch sie dieses angenehme Leben führen können.

Im festen Glauben an diese negative Geisteshaltung verstricken sie sich immer mehr in ihrer trostlosen Situation.

In Zeiten materieller Not erscheint uns das Leben düster. Wir sehen kein Licht im Tunnel und meinen, ein Leben frei von materiellen Sorgen sei uns verwehrt und einer kleinen Gruppe von privilegierten Menschen vorbehalten, der wir niemals angehören werden.

Dank der Kraft der Hypnose trifft das nicht zu! Armut muß kein Schicksal sein. Sie können mühelos innerhalb kürzester Zeit zu Geld kommen. Jeder Mensch hat ein Recht auf materiellen Wohlstand. Es gibt keinen objektiven Grund, der rechtfertigen würde, daß Sie ständig in finanziellen Schwierigkeiten sind oder am Ende des Monats Ihr Auskommen nicht haben.

Die Hauptursache von Armut ist eine negativen Denkweise, die uns zu einem armseligen Leben verdammt und verhindert, daß wir ein Leben ohne finanzielle Sorgen führen.

Der zweite Grund ist die Unkenntnis der Methode, die uns hilft, dahin zu gelangen.

Sie werden diese Methode nun kennenlernen. Sobald Sie sie anwenden, lenken Sie Ihr Leben in neue Bahnen und setzen einen nicht enden wollenden Zustrom von Geld in Ihrem Leben in Gang.

Die Hypnosetechnik, die Sie aus Ihrer materiellen Not befreit, besteht aus drei aufeinander aufbauenden Übungen, die Sie einzeln oder in Kombination durchführen können.

Mit der ersten Methode werden Sie Ihre materielle Situation generell verbessern und bewirken, daß Sie ständig über Geld verfügen.

Die zweite Methode wird Ihnen helfen, ein bestimmtes Gut zu erwerben, zum Beispiel ein neues Auto, eine Wohnung, ein Haus, ein Fernsehgerät usw.

Die dritte Methode sollten Sie anwenden, wenn Sie erfolgreiche Geschäftsabschlüsse tätigen oder ein Unternehmen gründen wollen.

Diese drei Methoden, die Ihnen materielles Glück und Erfolg bescheren, können Sie einzeln oder in Kombination anwenden. Sie sollen die tragenden Pfeiler Ihres neuen Lebens werden. Wenn Sie sie nicht exakt und regelmäßig anwenden, kommen Sie unweigerlich von Ihrem neuen Weg ab und fallen in Ihre alten Denk- und Verhaltensweisen zurück, die der Grund Ihres Unglücks und Ihrer materiellen Not sind.

Behalten Sie also Ihren neu eingeschlagenen Kurs bei, und befolgen Sie unsere Ratschläge vorbehaltlos, dann werden Sie schließlich das Leben führen, von dem Sie schon immer träumten.

Methode zur generellen Steigerung des Wohlstands

Mit dieser ersten Methode wird es Ihnen gelingen, Ihren materiellen Besitz zu mehren. Sie öffnen Ihren Geist für neue Konzepte, die Ihnen helfen, zu Geld zu kommen und negative Gedanken, die das bislang verhinderten, zu vertreiben.

1. Phase oder Phase der Öffnung

- Setzen Sie sich bequem hin, und schließen Sie die Augen. Befreien Sie Ihren Geist von störenden Gedanken.

Kontrollieren Sie Ihre Atmung; dadurch werden Sie zu einer inneren Ruhe finden und Ihren Geist klären. Führen Sie ca. zwanzig tiefe Bauchatmungen durch (siehe Kapitel 2, Übung Nr. 2: *die Bauchatmung*).

- Sobald Sie diesen Atemzyklus abgeschlossen haben, entspannen Sie sämtliche Teile Körpers, indem mit jedem neuen Atemzyklus einen neuen Teil Ihres Körpers visualisieren. Gehen Sie dabei in folgender Reihenfolge vor: linker Fuß, linke Wade, linker Oberschenkel und dann rechter Fuß, rechte Wade, rechter Oberschenkel, Genitalbereich, linke Hand, linker Unterarm, linker Oberarm und dann rechte Hand, rechter Unterarm, rechter Oberarm, Po, Rücken, Hals, Kiefer, Kopf.

Sagen Sie zum Beispiel, wenn Sie sich Ihren linken Fuß vorstellen: „Ich atme aus, und ich entspanne meinen linken Fuß... Ich atme ein..."

Sagen Sie, wenn Sie sich Ihre linke Wade vorstellen: „Ich atme aus, und ich entspanne meine linke Wade... Ich atme ein..."

2. Phase oder Lösungsphase

- Sobald Sie diesen Zustand der vollkommenen Entspannung erreicht haben, sprechen Sie folgende Formel: „Jetzt bin ich körperlich und geistig vollkommen entspannt. Ich werde mir neue Konzepte aneignen, die mir zu materiellem Wohlstand verhelfen und einen nicht enden wollenden Zustrom von Geld in meinem Leben in Gang setzen."

- Wiederholen Sie nun langsam und mit innerer Überzeugung zehnmal hintereinander: „Ab jetzt befreie ich mich von allen negativen Gedanken, die verhindern, daß es mir im Leben an materiellen Dingen fehlt. Sobald ein negativer Gedanke mich daran zweifeln lassen sollte, daß ich über mehr Geld verfügen kann, werde ich ihn sofort durch einen positiven Gedanken ersetzen. Ich werde mich selbst darin bestärken, daß ich ein Leben frei von finanziellen Sorgen führen kann. Diese Einstellung wird mich auf den Weg meines persönlichen Erfolgs zurückführen und mich aus meiner finanziellen Not befreien.

Das wird auf folgende Weise geschehen." (Beschreiben Sie die Veränderung, die Sie herbeiwünschen, sowie das Leben, nach dem Sie streben.) Sie können nun sagen: „Ich werde bald über so viel Geld verfügen, daß ich meine materiellen Bedürfnisse befriedigen kann, ohne in finanzielle Not zu geraten."

- Schließen Sie die Augen, und stellen Sie sich die gewünschte Veränderung in Ihrem Leben vor. Betrachten Sie sich selbst, wie Sie eine neue, gut bezahlte Arbeit finden, wie Sie Ihre Miete oder Raten bezahlen.

Sie erzeugen einen Energiestrom, der Ihnen hilft, Ihre materiellen Ziele zu erreichen. Sie haben den Weg hin zu einem besseren Leben eingeschlagen, der Ihnen bislang aufgrund Ihrer inneren geistigen Blockaden versperrt war und Sie in Ihrem jetzigen Dasein gefangenhielt.

Wenden Sie diese Methode einmal täglich an, und zwar so lange, bis die ersten Anzeichen einer materiellen Besserung in Ihrem Leben erkennbar sind: eine Gehaltserhöhung, ein neuer Arbeitsplatz, ein Erbe, ein Kredit usw.).

Wenn Sie die Übung anschließend einmal wöchentlich durchführen, werden Sie von diesem Weg, der Sie an Ihr Ziel bringt, nicht abkommen.

Fassen Sie während des Tages bezüglich Ihrer materiellen Wünsche positive Gedanken. Äußern Sie sich über Wohlstand und Reichtum in positiver Weise, und handeln Sie danach.

Methode zum Erwerb eines bestimmten Guts

Vielleicht wollen Sie aber auch ein ganz bestimmtes Gut erwerben (ein Auto, ein Haus, eine Wohnung, ein Schiff, eine Stereoanlage usw.). In diesem Fall sollten Sie folgendermaßen vorgehen.

1. Phase oder Phase der Öffnung
Siehe unter *Methode zur generellen Steigerung des Wohlstands*.

2. Phase oder Lösungsphase
- Sobald Sie diesen Zustand der vollkommenen Entspannung erreicht haben, sprechen Sie folgende Formel: „Jetzt bin ich körperlich und geistig vollkommen entspannt. Ich werde mir neue Konzepte aneignen, die mir helfen, in den Besitz des gewünschten Gegenstands (nennen Sie den Gegenstand) zu kommen."
- Wiederholen Sie nun langsam und mit innerer Überzeugung zehnmal hintereinander: „Ab jetzt befreie ich mich von allen negativen Gedanken, die verhindern, daß ich diesen Gegenstand (nennen Sie den Gegenstand) erwerbe. Sobald ein negativer Gedanke mich daran zweifeln lassen sollte, daß ich seinen Besitz gelangen kann, werde ich ihn sofort durch einen

positiven Gedanken ersetzen. Ich werde mich selbst darin bestärken, daß ich mir diesen Gegenstand (nennen Sie den Gegenstand) aneignen kann. Diese Einstellung wird mich auf den Weg meines persönlichen Erfolgs zurückführen und dazu beitragen, daß meiner materieller Wunsch sich erfüllt." (Beschreiben Sie, in welcher Weise Sie das fragliche Gut erwerben wollen. Zum Beispiel: „Ich werde den Kredit erhalten, mit dem ich dieses Haus kaufen kann.")

- Schließen Sie die Augen, und stellen Sie sich vor, wie Sie sich an dem neu erworbenen Besitz erfreuen. Sie erzeugen dabei einen Energiestrom, der Ihnen hilft, Ihre materiellen Ziele zu erreichen. Sie haben den Weg hin zu einem besseren Leben eingeschlagen, der Ihnen bislang aufgrund Ihrer inneren geistigen Blockaden versperrt war und Sie in Ihrem jetzigen Dasein gefangenhielt.

Wenden Sie diese Methode einmal täglich an, und zwar so lange, bis das gewünschte materielle Gut in Ihrem Besitz ist.

Fassen Sie während des Tages bezüglich Ihrer materiellen Wünsche positive Gedanken. Äußern Sie sich über Wohlstand und Reichtum in positiver Weise, und handeln Sie danach.

Methode für erfolgreiche Geschäftsabschlüsse oder eine erfolgreiche Unternehmensgründung

Mit Hilfe der Hypnose können Sie sich auch von jenen psychischen Blockaden befreien, die Sie bislang daran hinderten, erfolgreiche Geschäftsabschlüsse zu tätigen, ein Unternehmen zu gründen oder selbständig oder Ihr eigener Chef zu sein.

1. Phase oder Phase der Öffnung

Siehe unter *Methode zur generellen Steigerung des Wohlstands.*

2. Phase oder Lösungsphase

- Sobald Sie diesen Zustand der vollkommenen Entspannung erreicht haben, sprechen Sie folgende Formel: „Jetzt bin ich körperlich und geistig vollkommen entspannt. Ich werde mir neue Konzepte aneignen, die mir helfen werden (je nach Fall), erfolgreiche Geschäftsabschlüsse zu tätigen, mein eigenes Unternehmen zu gründen, selbständig zu werden, mein eigener Chef zu sein."

- Wiederholen Sie nun langsam und mit innerer Überzeugung zehnmal hintereinander: „Ab jetzt befreie ich mich von allen negativen Gedanken, die verhindern, daß mein Wunsch (nennen Sie Ihren Wunsch) in Erfüllung geht. Sobald ein negativer Gedanke mich daran zweifeln lassen sollte, werde ich ihn sofort durch einen positiven Gedanken ersetzen. Ich werde mich selbst darin bestärken, daß ich mein Ziel erreichen werde. Diese Einstellung wird mich auf den Weg meines persönlichen Erfolgs zurückführen und bewirken, daß mein Wunsch schnellstmöglich in Erfüllung geht." (Beschreiben Sie, in welcher Weise Sie Ihr Ziel erreichen wollen. Zum Beispiel: „Ich bin fest entschlossen, ein Unternehmen zu gründen. Dieser Prozeß wird reibungslos verlaufen, und ich werde meine Ziele schnell erreichen.")

- Schließen Sie die Augen, und stellen Sie sich den Erfolg Ihres neuen Unternehmens bzw. den erfolgreichen Verlauf der einzelnen Phasen seiner Gründung vor.

Sie erzeugen dabei einen Energiestrom, der Ihnen hilft, Ihren Zielen näherzukommen. Sie haben den Weg Ihres persönlichen Erfolgs eingeschlagen, der Ihnen bislang aufgrund Ihrer inneren geistigen Blockaden versperrt war und Sie in Ihrem jetzigen Dasein gefangenhielt.

Wenden Sie diese Methode einmal täglich an, und zwar so lange, bis Sie an Ihrem Ziel angekommen sind.

Fassen Sie während des Tages bezüglich Ihres Ziels positive Gedanken. Äußern Sie sich darüber in positiver Weise, und handeln Sie auch danach.

Kapitel 17
Andere aus der Ferne beeinflussen

Sie können Ihr Leben verändern und das wahre Glück erfahren, indem Sie andere Menschen durch Ihre Gedanken beeinflussen, so daß sich jedes Ereignis zu Ihrem Vorteil wendet. Ein sehr wirksames Instrument der sogenannten Telesuggestion ist die Hypnose.

Wenn Sie kraft der Hypnose auf einen anderen Menschen aus der Ferne Einfluß nehmen, verankern Sie im Geist jener Person, die Sie sich gewogen machen wollen, entsprechende Bilder (und keine Gedanken).

Mit etwas Übung werden Sie auf diese Weise in kürzester Zeit bei jedem Menschen Ihrer Wahl die gewünschte Reaktion hervorrufen.

Sie können alles erreichen, wonach Sie streben, denn Ihre telesuggestive Kraft wird mit jeder neuen Anwendung dieser einzigartigen Methode zunehmen. Nach und nach werden Sie Ihr eigenes Unterbewußtsein und das anderer Menschen beherrschen.

Sie werden Aufmerksamkeit erregen, man wird Sie respektieren und auf Sie hören.

Allerdings ist Ihr Erfolg an eine Bedingung geknüpft: Ihr Vorgehen muß ein absolutes Geheimnis bleiben. Unter keinen Umständen dürfen Sie das Geheimnis Ihres Erfolgs verraten.

Denn wenn Sie Ihr Geheimnis preisgeben, werden die Menschen Sie zu Recht oder Unrecht verdächtigen, daß Sie Ihre mentale Kraft nutzen, um Macht über sie auszuüben. Das würde ein negatives Licht auf Sie werfen. Sie könnten nichts mehr tun oder sagen, ohne daß Ihnen nicht böse Absichten unterstellt werden würden.

Hüten Sie deshalb dieses Geheimnis gut. Behalten Sie es für sich. Prahlen Sie nicht damit, und nehmen Sie sich davor in acht, andere ins Vertrauen zu ziehen. Verwenden Sie Ihre Energie vielmehr darauf, Ihre hypnotische Kraft zu steigern und zu stabilisieren, anstatt sich vor Neidern und Anklägern verteidigen zu müssen.

Der Mechanismus der Telesuggestion

Die Kraft der Telesuggestion beruht auf der mentalen Projektion von Gedanken, die eine Realität sind. Gedanken, aber auch Bilder, werden auf diese Weise seit jeher zwischen Menschen auf der ganzen Welt ausgetauscht. Dank der Hypnose können Sie sich diese mentale Kraft aneignen, die es Ihnen insbesondere ermöglicht, jedem beliebigen Menschen direkt oder indirekt über den Weg der Gedanken Befehle zu erteilen.

Jeder Gedanke, den Sie regelmäßig zu einem anderen Menschen schicken, wird das Denken und Handeln dessen beeinflussen, auf den Sie Ihre mentale Kraft richten. Die Wirkung, die Sie dabei erzielen, ist Ausdruck Ihres mentalen Sendungsvermögens, das wiederum proportional ist zu:

- Ihrer Motivation,

- Ihrem Glauben an die Kraft der Telesuggestion,

- der positiven Ausrichtung Ihrer Ziele,
- der Regelmäßigkeit Ihres Trainings.

Der Grad der Wirkung, den Sie mit Ihrer hypnotischen Kraft erzielen, hängt aber auch von der Suggestibilität des Empfängers ab. Ist die betroffene Person für äußere Einflüsse sehr empfänglich, wird Ihr Gedanke schnell in ihren Geist eindringen und dort Veränderungen hervorrufen. Ist das nicht der Fall, wird sich die Reaktion mit einer gewissen Verzögerung einstellen. Seien Sie jedoch nicht beunruhigt, nur wenige Menschen sind geistig so gefestigt, daß sie sich nicht mit etwas Geduld und Hartnäckigkeit erobern lassen würden.

Wenn Sie nicht sofort Erfolge erzielen, bedeutet das nicht, daß Sie für die Telesuggestion unbegabt sind. Üben Sie sich in Geduld; der Grad der Suggestibilität ist bei jedem Menschen unterschiedlich. Vielleicht müssen Sie Ihre Suggestions- und Projektionsversuche auf die Person Ihrer Wahl - unabhängig von deren Anwesenheit - mehrere Male wiederholen, bevor sich eine Wirkung einstellt.

Achten Sie zunächst darauf, daß Sie mit diesem ersten theoretischen Teil gut vertraut sind. Denn wie schnell Sie eine Wirkung erzielen, hängt nicht zuletzt davon ab, wie gut Sie die Methode der Telesuggestion beherrschen.

Die Erfahrung hat eines gezeigt: Sobald Sie beschlossen haben, auf einen anderen Menschen mentalen Einfluß auszuüben, wird Ihre psychische Kraft spontan aktiv und der mentale Beeinflussungsprozeß sofort in Gang gesetzt. In der Telehypnose wird dieser Prozeß konkretisiert und verstärkt. Wenn Sie sich exakt an den Ablauf dieser hypnotischen Methode halten, wird es lediglich eine Frage von ein paar Tagen, vielleicht von ein paar Wochen sein, bis Sie Ihr Ziel erreichen.

Auch für sehr willensstarke Menschen gilt, daß mit wiederholten

Teleprojektionen - sagen wir täglich, bis die gewünschte Wirkung sich einstellt - ihre Widerstandskraft letztendlich geschwächt werden kann. Tatsächlich sind nur wenige Menschen in der Lage, wiederholten psychischen Beeinflussungsversuchen standzuhalten, es sei denn, sie haben sich selbst einem entsprechenden mentalen Training unterzogen. Das ist jedoch selten der Fall!

Die Wirksamkeit der Telesuggestion basiert auf der Wiederholung einer oder mehrerer mentaler Projektionen, die Sie über eine bestimmte Zeit auf ein und dieselbe Person richten. Konzentrieren Sie Ihre mentale Kraft auf diese Person, und behalten Sie dabei Ihr Ziel im Auge. Je stärker dieses Ziel in Ihnen verankert ist, desto schneller werden Sie es erreichen.

Nach mehreren Telesuggestionsversuchen werden Sie schließlich auf die Art des Denkens der betroffenen Person unbemerkt Einfluß nehmen und diese Ihrem Willen beugen.

Die Voraussetzungen einer richtigen Telesuggestion

Von Telesuggestion spricht man, wenn Sie einen anderen Menschen, ganz gleich ob dieser anwesend ist oder nicht, aus der Ferne durch Ihre Gedanken beeinflussen.

Dabei gilt folgendes:

A- Sobald Sie für Ihre Telesuggestion eine bestimmte Person - zum Beispiel aus Ihrem Kollegen- oder Freundeskreis - ausgewählt haben, liefert Ihnen die einfache Tatsache, daß Sie mit dieser Person in Kontakt sind, daß Sie sie sehen, mit ihr sprechen, sie berühren, bereits zahlreiche bewußte und unbewußte Informationen.

B- Diese Informationen bilden die Grundlage Ihrer geistigen Projektionen, die Sie zu dieser Person schicken werden. Sie werden ihr Bewußtsein, aber auch und vor allem ihr Unterbewußtsein beeinflussen.

Nach und nach werden die von Ihrem Geist erzeugten Suggestionswellen die betroffene Person erreichen und schließlich in ihren Geist eindringen, ohne daß sie sich dessen bewußt wäre. Ihre mentalen Schwingungen werden bewirken, daß der Betroffene allmählich eine positive Haltung Ihnen gegenüber annimmt.

Wenn Sie diesen genau beobachten, werden Sie sehr schnell eine Wirkung Ihrer unsichtbaren Arbeit feststellen.

Ist der Betroffene Ihr Chef, den Sie von einer Gehaltserhöhung überzeugen wollen, dann sollten Sie ab der ersten Woche Ihrer mentalen Arbeit die allmählichen Veränderungen in seinem Verhalten aufmerksam verfolgen. Sie werden feststellen, daß er seine Gleichgültigkeit ablegt und sich nun für Sie interessiert, daß er in freundschaftlichem Ton zu Ihnen spricht und Ihnen schließlich den Termin gewährt, den er Ihnen bisher verweigert hatte.

Dank der Telesuggestion werden Sie in allen Bereichen Ihres Lebens Menschen für sich einnehmen können, bei denen Sie bislang auf Ablehnung stießen.

Wenn Sie über diese einzigartige Kraft verfügen wollen, die die Menschen Ihrem Willen untertan macht, müssen Sie die folgenden fünf Grundregeln der Telesuggestion beachten. Bringen Sie sich diese Regeln in Erinnerung, sobald Sie einen anderen Menschen aus der Ferne beeinflussen wollen.

Regel Nr. 1: Der Erfolg der Telesuggestion basiert nicht auf der Projektion von Gedanken sondern von Bildern.

Regel Nr. 2: Um eine wirksame mentale Suggestion durchführen zu können, muß man ausreichend motiviert sein.

Regel Nr. 3: Der Grad der Suggestibilität des Betroffenen ist ein weiteres Element, das für die Wirksamkeit der Suggestion bestimmend ist.

Regel Nr. 4: Regelmäßige und kurze mentale Projektionen, die zum richtigen Zeitpunkt durchgeführt werden, sind wirksamer als unregelmäßige und lange Projektionen.

Regel Nr. 5: Bei einer konstanten Anwendung der Telesuggestionsmethode läßt sich jeder Widerstand brechen.

Der Ablauf einer Telesuggestionssitzung

Damit Ihre Telesuggestionssitzung eine Wirkung zeigt, müssen Sie einen bestimmten Ablauf einhalten, der im folgenden beschrieben wird. Unabhängig vom Ziel, das Sie mittels der mentalen Beeinflussung erreichen wollen, sollten Sie dieses Modell als Ausgangsbasis nehmen und Ihrem persönlichen Fall anpassen.

Jede richtige Telesuggestion umfaßt vier Visualisierungen, die nacheinander auf den Geist des Betroffenen projiziert werden.

Vorbereitung der Visualisierungen:

1- Versuchen Sie festzustellen, mit welchen Gedanken Sie sich die betroffene Person gewogen machen können.

2- Halten Sie diese Gedanken schriftlich fest. Nehmen Sie als Grundlage Ihrer Projektionen die aktuelle Haltung, die diese Person Ihnen gegenüber einnimmt (Gleichgültigkeit, leichtes Interesse, starkes Interesse oder Eifersucht, Neid, Haß oder Mißgunst).

Es ist sehr wichtig, daß Sie wirklich wissen, was die Person, die Sie mental beeinflussen wollen, über Sie denkt, denn nur so können Sie exakte Formeln und Bilder ausarbeiten.

Ausarbeitung der Visualisierungen:

Bereiten Sie jede Visualisierung sorgfältig vor, ohne sie mit unnötigen Details zu belasten. Gehen Sie anschließend folgendermaßen vor.

- Setzen oder legen Sie sich hin. Schließen Sie die Augen, und formulieren Sie laut oder leise einen Satz, der zum Ausdruck bringt, daß Sie sich vollständig konzentrieren wollen: „Ich werde nun gleich vollständig entspannt und in der Lage sein, mich die gewünschte Zeit auf meine geistigen Projektionen zu konzentrieren, mit denen ich X (nennen Sie die Person) beeinflussen will."

- Führen Sie die Bauchatmung durch, bis Ihre Atmung langsam und tief wird, oder zählen Sie zehn Atemzyklen.

- Richten Sie ab dem elften Zyklus Ihren Atem während des Ausatmens mental und physisch auf die verschiedenen Teile Ihres Körpers, das heißt auf: Füße, Waden, Oberschenkel, Po, Bauch, Sonnengeflecht, Brust, Hände, Unterarme, Oberarme, Schultern, oberer Rücken, unterer Rücken, Kiefer, Hinterkopf, Stirn.

Hauchen Sie mit jedem neuen Zyklus in Richtung eines neuen Körperteils, beim elften Ausatmen auf die Füße, beim zwölften Ausatmen auf die Waden, beim dreizehnten Ausatmen auf die Oberschenkel usw.

- Sobald Sie diesen Vorgang abgeschlossen haben, verweilen Sie im erreichten Entspannungszustand und beobachten den Rhythmus Ihrer Atmung.

- Konzentrieren Sie sich nun darauf, die folgenden vier Bilder auf die fragliche Person zu projizieren.

Bild Nr. 1: Sie erscheinen vor dem geistigen Auge der fraglichen Person.

Bild Nr. 2: Die fragliche Person betrachtet Sie mit Wohlwollen.

Bild Nr. 3: Sie verankern den gewünschten neuen Gedanken in ihrem Geist.

Bild Nr. 4: Sie stellen sich die Wirkung Ihrer Suggestion vor.

Praktische Übung:

Versuchen Sie zunächst, jedes Bild einzeln zu visualisieren. Konzentrieren Sie sich so lange wie möglich, jedoch mindestens fünf Minuten, auf die Bilder 1 und 2 und 10 Minuten auf die Bilder 3 und 4.

Sitzung des ersten Tages: Projizieren Sie Bild 1.

Sitzung des zweiten Tages: Projizieren Sie Bild 2.

Sitzung des dritten Tages: Projizieren Sie Bild 3.

Sitzung des vierten Tages: Projizieren Sie Bild 4.

Sitzung des fünften Tages: Projizieren Sie Bild 1, 2.

Sitzung des sechsten Tages: Projizieren Sie Bild 1, 2, 3.

Projizieren Sie ab dem siebten Tag alle 4 Bilder eine Woche lang.

Nach zwei Wochen werden Sie bei der betroffenen Person eine Veränderung im Verhalten feststellen oder Ihr Ziel bereits erreicht haben. Ist das nicht der Fall, setzen Sie die Visualisierungen fort, bis sich das gewünschte Ergebnis einstellt.

Zusätzliche Empfehlungen

Um sicherzustellen, daß Ihre Projektionen eine Wirkung zeigen, sollten die Bilder Ihrer Visualisierungen möglichst präzise sein. Lassen Sie sich also Zeit, und studieren die fragliche Person genau. Beschränken Sie sich dabei nicht nur auf das Gesicht, sondern beobachten Sie das gesamte Verhalten. Wenn Sie die Augen schließen, sollte ein exaktes Bild dieses Menschen vor Ihnen erscheinen, so, als würde er tatsächlich vor Ihnen stehen.

Je realistischer Ihr mentales Bild ist, desto schneller werden Sie Ihr Ziel erreichen.

Ein präzises Vorgehen, das heißt eine präzise Visualisierung und eine exakte mentale Projektion, ist Grundvoraussetzung für eine erfolgreiche Telesuggestion.

Neben Ihrem Versuch, einen anderen Menschen mental zu beeinflussen, sollten Sie ein Verhalten an den Tag legen, das bei diesem ein positives Interesse für Sie weckt.

Oder versuchen Sie zumindest, keine negativen Gefühle hervorzurufen, also Zorn, Haß, Verärgerung usw., denn diese Gefühle wirken bewußt oder unbewußt Ihrer geistigen Arbeit entgegen. Zwar wird es Ihnen mit Sicherheit gelingen, den Widerstand des Betroffenen zu brechen, aber es würde Sie mehr Zeit kosten.

Die Person, auf die Sie Ihre Projektionen richten, muß eine positive Geisteshaltung und Sympathie für Sie entwickeln.

Wenn möglich sollte sie von Ihrem Vorgehen nichts ahnen. Sie sind im Vorteil, wenn die fragliche Person entspannt und leicht beeinflußbar ist. Je offener und formbarer ihr Geist ist, desto besser ist das für Sie.

Beispiel einer Sitzung

Wie Sie Ihren Chef von einer Gehaltserhöhung überzeugen.

1. Phase: Sie erscheinen vor dem geistigen Auge Ihres Chefs

2. Phase: Ihr Chef bringt Ihnen Wohlwollen entgegen

3. Phase: Sie bitten ihn um eine Gehaltserhöhung

4. Phase: Sie stellen sich vor, daß er Ihrer Bitte nachkommt

Zu Phase Nr. 3

Stellen Sie sich vor, daß Sie sich im Büro Ihres Chefs befinden und ihn um eine Gehaltserhöhung bitten. Konzentrieren Sie sich möglichst lange auf dieses Bild. Verzichten Sie dabei auf störende Details (es gibt nur ihn, Sie und sein Büro); dadurch vermeiden Sie jede Ablenkung.

Sie sitzen Ihrem Chef gegenüber. Sie wirken entschlossen. Betrachten Sie sich selbst, wie Sie Ihren Wunsch äußern. Sprechen Sie dabei laut oder leise zu sich selbst die Worte, die Sie in dieser Situation vorbringen wollen.

Zum Beispiel: „Herr X (nennen Sie seinen Namen), ich wünsche mir eine Gehaltserhöhung, denn (je nach Fall), ich arbeite nun seit fünfzehn Jahren in Ihrem Unternehmen, ich leiste viele Überstunden, meine Arbeit ist gut, die Produktion konnte aufgrund meiner Leistung gesteigert werden..."

Heben Sie vor allem Ihre persönliche Leistung für das Unternehmen hervor, und weisen Sie darauf hin, wie wertvoll für das Unternehmen Ihr Verbleib ist.

Sobald Sie diese Visualisierung deutlich und dauerhaft in Ihrem Gedächtnis gespeichert haben, projizieren Sie dieses Bild mehrere Male auf Ihren Vorgesetzten. Nehmen Sie die Projektionen zunächst in seiner Anwesenheit vor, und betrachten Sie ihn heimlich, ohne daß er sich dessen bewußt ist. Dabei spielt es keine Rolle, ob Ihr Chef Ihnen gegenübersteht, Ihnen den Rücken zukehrt oder sich seitlich zu Ihnen befindet.

Beenden Sie anschließend Ihre Projektion, und gehen Sie Ihren gewohnten Aktivitäten nach. Nach einer gewissen Zeit nehmen Sie diese Telesuggestionsübung wieder auf.

Wenn der Betroffene während der Übung häufig den Kopf wendet, bedeutet das, daß er für Ihre unsichtbare Arbeit empfänglich ist.

Da Sie es sind, der die Projektionen aussendet, bestimmen Sie auch den Grad ihrer Wirkung. Je größer die Kraft ist, mit der Sie sie vornehmen, desto dauerhafter werden sie im Gedächtnis des Betroffenen festgeschrieben.

Die Kraft Ihrer Suggestionen hängt von Ihrer Motivation ab, das heißt von der Intensität, mit der Sie sich die Realisierung Ihres Wunsches vorstellen. Gehen also mit aller Entschlossenheit vor, und versuchen Sie, Ihre vorrangigen Ziele zu erreichen.

Wenn Ihre Visualisierung klar ist und Sie sie mit aller Intensität projizieren, sind Sie Ihrem Erfolg bereits ein großes Stück näher.

Ihre Visualisierung muß mit Ihren Gefühlen in Einklang stehen, sonst ist sie vergebens. Bevor Sie also irgendwelche Schwingungen aussenden, sollten Sie überprüfen, welche Gefühle Sie dazu veranlassen.

Beobachten Sie auch zwischen zwei Sitzungen die Reaktionen der fraglichen Person, damit Sie in Ihren nachfolgenden Suggestionen der bereits erzielten Wirkung Rechnung tragen können.

Wenn Sie beim Betroffenen Veränderungen feststellen, nehmen Sie für Ihren nächsten Telesuggestionsversuch nicht mehr dessen Verhalten vor Ihrer ersten Visualisierung als Ausgangsbasis, sondern das bereits erzielte Ergebnis.

Ihr Chef hat Ihnen, um bei obigem Beispiel zu bleiben, nach Ihren anfänglichen Telesuggestionssitzungen den gewünschten Termin eingeräumt. Bevor Sie diesen Termin wahrnehmen, beginnen Sie mit einer zweiten Sequenz, der Sie dieses positive Bild zugrunde legen. Sie projizieren eine Szene auf Ihren Chef, in der Sie ihn um eine Gehaltserhöhung entsprechend Bild Nr. 3 bitten und er dieser Bitte entsprechend Bild Nr. 4 nachkommt.

Kleiner Tip für den Erfolg

Um die Kraft Ihrer mentalen Projektionen zunächst zu testen, sollten Sie regelmäßig - zum Beispiel täglich - den Nacken einer beliebigen Person (in einem Restaurant, im Kino, in den öffentlichen Verkehrsmitteln) fixieren und sich dabei intensiv vorstellen, daß diese sich umdreht. Nach einer bestimmten Zeit, die variieren kann, wird sie sich tatsächlich umdrehen!

Wenn Ihnen die Übung sehr schnell gelingt, sind Sie für die Telesuggestion sehr begabt. Ihre Versuche, andere Menschen aus der Ferne zu beeinflussen, werden sehr schnell von Erfolg gekrönt sein. Mit dieser Übung testen Sie auch gleichzeitig Ihre Konzentrationsfähigkeit.

Lassen Sie sich nicht entmutigen, wenn Ihnen die Übung zunächst schwerfällt. Praktizieren Sie sie täglich in Ergänzung zu Ihrem eigentlichen Hypnoseprogramm. Ihre Ausdauer wird sich lohnen.

Wählen Sie für die Übung Menschen, die Ihnen sympathisch sind oder die Sie körperlich anziehen. Auf diese Weise wird sie Ihnen leichter fallen, und die ersten Ergebnisse werden sich bald einstellen.

Veranschlagen Sie für diese Fixierungsübung zunächst zehn bis fünfzehn Minuten. Die Entwicklung telepathischer Fähigkeiten erfordert ein gewisses Maß an persönlichem Engagement. Aber gilt das nicht für alle Bereiche unseres Lebens?

Der ideale Zeitpunkt einer Projektion

Nicht jeder Zeitpunkt ist für die Durchführung einer mentalen Projektion ideal. Bestimmte Augenblicke eignen sich besonders dafür.

Stellen Sie zunächst jene Momente fest, die aufgrund Ihrer körperlichen

Konstitution besonders günstig sind, um Ihre mentale Energie auszusenden. Wenn Ihnen zum Beispiel morgens das Aufstehen schwerfällt, sollten Sie Ihre Übungen nicht um fünf Uhr morgens durchführen! Da es Ihnen zu diesem Zeitpunkt an der nötigen Vitalität fehlt, würde die Übung keine Wirkung zeigen.

Beschränken Sie Ihre Suggestionsübungen zunächst auf jene Augenblicke, in denen die betroffene Person anwesend ist. Das stärkt Ihre Motivation und verhindert, daß Sie geistig abgelenkt sind, zumindest wenn Sie als Anfänger unter Konzentrationsproblemen leiden.

Etwas später werden Sie Ihre Versuche, die Sie zunächst in Anwesenheit der betroffenen Person durchführen, in deren Abwesenheit fortsetzen, das heißt noch am selben Abend oder am nächsten Morgen.

Eine wichtige Rolle spielt die Dauer einer Sitzung. Ist die fragliche Person anwesend, dehnen Sie die Übung möglichst lange aus. Überschreiten Sie jedoch dabei die Grenzen Ihrer Konzentrationsfähigkeit nicht. Sie würden körperlich ermüden und Ihre Versuche blieben sehr schnell ohne Wirkung.

Im Idealfall bringen Sie täglich eine Stunde für Ihre Telesuggestionsübung auf. Sie können diese Stunde auch in sechs Einheiten von jeweils zehn Minuten bzw. drei Einheiten von jeweils zwanzig Minuten unterteilen.

Ihre mentale Einflußnahme in Anwesenheit der fraglichen Person sollte in spielerischer Form ablaufen. Sie sollten Ihnen Spaß machen. Lassen Sie davon ab, wenn Sie sie als Last empfinden. Eine Telesuggestion, die Sie innerlich erzwingen, hat keine Wirkung, ja könnte sich sogar ins Gegenteil verkehren.

Eruieren Sie also zunächst Ihre innere Gemütslage, bevor Sie aktiv werden. Wenn Sie voller Begeisterung sind, steigern Sie die Kraft Ihrer mentalen Projektionen. Wenn Sie sich dagegen nicht in Form fühlen, sollten Sie nichts erzwingen und Ihren Versuch auf einen späteren Zeitpunkt verschieben.

Empfehlung

Um den optimalen Zeitpunkt einer Telesuggestion in Anwesenheit der fraglichen Person zu kennen, sollten Sie diese genau beobachten, bevor Sie einen Versuch starten.

Wenn Ihr Chef zum Beispiel schlecht gelaunt ins Büro kommt, verschieben Sie Ihren Versuch auf später. Wenn er innerlich gereizt und schlechter Stimmung ist, wird er unbewußt Ihren Beeinflussungsversuch nicht zulassen. Dasselbe gilt, wenn Sie zum Beispiel Streit mit Ihrer Lebensgefährtin haben. Warten Sie ein paar Stunden, bis sie sich beruhigt hat oder an etwas anderes denkt, bevor Sie mit einer Projektion beginnen.

Versuchen Sie auch stets, die Stimmung der fraglichen Person auszuloten, wenn Sie aus der Ferne aktiv werden. Rufen Sie sie zum Beispiel kurz an, um festzustellen, welcher Laune sie ist und ob sie sich an dem Ort befindet, den Sie für Ihre Projektion ausgewählt haben.

Für die Durchführung von Telesuggestionen in Abwesenheit des Betroffenen empfiehlt sich als Zeitpunkt die Nacht, denn zu dieser Zeit behindern weniger störende Gedanken den Prozeß. Die meisten Menschen senden während des Schlafs keine Gedanken aus. Der Äther ist relativ leer, so daß Ihr Fluidum auf relativ wenig Hindernisse trifft.

Es ist ziemlich wahrscheinlich, daß nachts die Person Ihrer Wahl schläft und Ihren geistigen Projektionen keinen Widerstand entgegensetzen kann. Wenn Sie während des Tages diese Person nicht sehen und keine Möglichkeit haben, Ihre Stimmung auszumachen, könnte sie sich Ihren mentalen Beeinflussungsversuchen aufgrund negativer Gedanken oder Verärgerung, die sie empfindet, widersetzen. Deshalb sollten Sie Ihre Telesuggestionen nachts durchzuführen.

Nehmen Sie Ihre Suggestionen zwischen Mitternacht und zwei Uhr morgens bzw. zwischen sechs Uhr und acht Uhr morgens vor. Zu dieser Zeit schlafen die meisten Menschen noch.

Versuchen Sie, die Schlafgewohnheiten der fraglichen Person in Erfahrung bringen, das ermöglicht Ihnen ein gezielteres und effektiveres Vorgehen.

Abschließend bleibt Ihnen nur noch, Ihre mentalen Projektionen mit den Zeiten Ihrer persönlichen Höchstleistung abstimmen, dann werden Ihre hypnotischen Suggestionen ihre volle Kraft entfalten.

Im Sinne des Ziels handeln

Neben obigen Telesuggestionen, die Sie unbemerkt durchführen, empfiehlt es sich, gleichzeitig im Sinne des Ziels zu handeln, das Sie erreichen wollen. Wenn sich Ihnen eine Gelegenheit bietet, die fragliche Person mit Worten zu beeinflussen, sie zu einem Treffen zu überreden oder zu einem für Sie günstigen Handeln zu bewegen, sollten Sie diese Chance nutzen, allerdings ohne zu sehr darauf zu drängen.

Das richtige Mittelmaß zu finden, ist dabei ein entscheidender Faktor. Bringen Sie Ihr Gegenüber nicht durch ein Gespräch in Verlegenheit, das zu persönlich gefärbt ist, nicht durch Ihr allzu häufiges Erscheinen und auch nicht durch spontane Anrufe. Die fragliche Person könnte Ihrer müde werden. „Spüren" Sie die Grenzen, die Sie nicht überschreiten dürfen, damit Sie vor Ihren Verführungsversuchen nicht die Flucht ergreift.

Wenn Sie alle diese Ratschläge befolgen, werden Sie mit Hilfe der Telesuggestion Ihre persönliche Anziehungskraft steigern und die Sympathie jener Menschen gewinnen, die Sie in Ihre Nähe bringen wollen.

Kapitel 18

In der therapeutischen Regression Hilfe suchen

Die Durchführung der therapeutischen Regression besteht darin, die eigene Vergangenheit im Zustand der Selbsthypnose noch einmal zu durchleben und das eigene Leben bis zur jüngsten Kindheit zurückzuverfolgen.

Ihr Ziel ist, unbewußte Blockaden, die Sie in Ihrer Entwicklung behindern, zu lösen und Sie von den psychischen Folgen traumatischer Ereignisse zu befreien. Diese Technik ist sehr wirksam, muß jedoch, da sie sehr tief in das eigene Unterbewußtsein hinabführen kann, mit besonderer Vorsicht angewandt werden.

Es wird dringend empfohlen, diese Technik erst dann anzuwenden, wenn Sie einige der in den vorangegangen Kapiteln beschriebenen Methoden der Selbsthypnose beherrschen. Gehen Sie niemals unvorbereitet in die therapeutische Regression, denn Sie könnten dabei Ihre Psyche ins Ungleichgewicht bringen.

Wenn Sie jedoch mit einigen Methoden der Autosuggestion vertraut sind, wird es Ihnen leichter fallen, diesen sehr wirksamen Prozeß der Selbsterkenntnis zu kontrollieren.

Bevor Sie die therapeutische Regression durchführen, sollten Sie zum Beispiel die Übungen und Methoden aus Kapitel 2 sowie Kapitel 11. *Die eigene Persönlichkeit entdecken* und (oder) Kapitel 13. *Ängste abbauen* beherrschen.

Im Idealfall sind Ihnen natürlich die Übungen aus allen drei Kapiteln bekannt.

Ratschläge vor der praktischen Durchführung

Um Ihr psychisches Gleichgewicht zu stabilisieren und zufriedenstellende Ergebnisse zu erzielen, müssen Sie hier mehr als in jedem anderen Kapitel den nachstehend beschriebenen Ablauf exakt einhalten.

Falls Sie während einer Sitzung die Kontrolle über die Situation verlieren sollten, unterbrechen Sie diese sofort und kehren entsprechend den Anweisungen, die Sie am Ende der Übung finden, zu Ihrem normalen Bewußtseinszustand zurück. Fahren Sie etwas später mit der Übung fort.

Die therapeutische Regression basiert auf einer Erkenntnis, die heute allgemeine Anerkennung genießt: Die meisten unserer (körperlichen oder geistigen) Probleme haben eine psychische Ursache, die häufig tief in unserem Unterbewußtsein verborgen liegt und nicht selten aus unserer Kindheit stammt.

Mittels der therapeutischen Regression können Sie diese Blockaden aufspüren, die Sie bisher trotz Ihrer Nachforschungen nicht ausfindig machen konnten. Dennoch sollten Sie die Methode nicht in jedem Fall anwenden, sondern nur dann, wenn Sie meinen, daß Ihnen das erneute Durchleben Ihrer Vergangenheit wirklich hilfreich sein kann und ein echter therapeutischer Bedarf besteht, aber auf keinen Fall, um Ihre Neugierde zu befriedigen.

Hinweis:

Vergewissern Sie sich stets vor Beginn einer Hypnosesitzung, daß Sie gegenüber dieser therapeutischen Disziplin keine Vorurteile mehr hegen. Überprüfen Sie das anhand von Kapitel 1. *Vorurteile abbauen,* und räumen Sie mit eventuell noch bestehenden Zweifeln auf. Auf diese Weise vermeiden Sie, daß Sie gegen sinnlose Blockaden ankämpfen. Außerdem werden Sie den Zustand der hypnotischen Entspannung oder Trance wesentlich schneller erreichen.

Notieren Sie, soweit Sie sich darüber im klaren sind, die Gründe, die Sie dazu veranlassen, eine therapeutische Regression durchzuführen (Kontaktschwierigkeiten, persönliche Schwächen, die Sie nicht überwinden können, Neigung zu heftigen oder zwanghaften Reaktionen, die Ihren Alltag beeinträchtigen) und (je nach Fall) deren Auswirkungen: Zurückweisung durch einen anderen Menschen, Furcht vor den Eltern, Frust, Partnerschaftsprobleme, berufliches Scheitern usw.

Erstellen Sie eine Liste aller Ereignisse, die Ihr bisheriges Leben geprägt haben, das heißt aller traumatisierenden Vorfälle, familiärer Schwierigkeiten, Krankheiten, Trennung, Trauer usw.

Die Regressionssitzung

Lesen Sie zunächst den Ablauf der therapeutischen Regression vollständig durch, bevor Sie selbst eine Sitzung abhalten.

Wenn Sie wollen, können Sie eine Tonkassette mit dem Text dieses Verfahrens besprechen. Sie verstärken dadurch seine Wirkung.

Setzen Sie dabei den Text in die Sie-Form, und orientieren Sie sich an Kapitel 9. Alkoholprobleme überwinden.

Suchen Sie sich zunächst einen ruhigen Ort, an dem Sie zwanzig Minuten lang ungestört sind, und lassen Sie sich bequem nieder.

Sie sitzen auf einem Stuhl. Wenn Ihr Stuhl keine Armlehnen hat, legen Sie die Hände auf die Oberschenkel. Die Arme sind dabei ganz locker. Wenn Sie auf einem Stuhl mit Armlehnen sitzen, legen Sie die Unterarme über die Lehnen, die Hände hängen locker nach unten.

Lassen Sie in beiden Fällen die Schultern locker nach unten fallen. Ihre Arme sollten ohne jede Muskelanspannung wie zwei leblose Gewichte an Ihrem Körper baumeln. Folgen Sie anschließend meinen Anweisungen.

Die therapeutische Regression führt Sie in Ihre Vergangenheit zurück, das heißt zurück zu dem traumatisierenden Ereignis, das Sie überwinden wollen. Sie werden in Zeitabschnitten von zehn Jahren in Ihre frühere Existenz bis in Ihre Jugend und noch weiter, wenn es sich als notwendig erweisen sollte, „hinabsteigen". Sobald Sie in einer Dekade ein Problem entdecken (Empfinden von plötzlichem Unbehagen oder Angst), verfolgen Sie diesen Zeitraum in Jahresschritten zurück, insbesondere wenn es sich um die ersten zwanzig Jahre Ihres Lebens handelt.

Heute herrscht in der Psychoanalyse weitgehend Einigkeit, daß die Persönlichkeit eines Menschen zum größten Teil durch die Ereignisse bestimmt wird, die sich in seinen ersten zwanzig Lebensjahren zutragen. Im Erwachsenenalter haben traumatisierende Erlebnisse einen weit geringeren Einfluß auf die Psyche. Das will nicht heißen, daß spätere Ereignisse weniger wichtig sind, jedoch scheinen wir ab dem zwanzigsten Lebensjahr gegen Schicksalsschläge besser gerüstet zu sein. Deshalb ist Erwachsenen eine Regression in Zehnjahresabschnitten zu empfehlen. Versuchen Sie jedesmal, wenn Sie innehalten, eine sich einstellende traumatisierende Situationen zu erkennen.

Durchleben Sie die allgemeinen Umstände der evozierten Epoche noch einmal, ohne daß Sie sich dabei in unnützen Details verlieren, es sei denn, Sie haben Mühe, eine bestimmte Erinnerung wachzurufen. Wenn diese Erinnerung eines jener Probleme betrifft, die in den vorangegangen Kapiteln dieses Handbuchs behandelt wurden, wenden Sie die entsprechende Methode zur Bekämpfung des fraglichen Problems an. Ist das nicht der Fall, suchen Sie sich die Methode, die Ihnen für seine Beseitigung am geeignetsten erscheint. Befreien Sie sich mit Hilfe dieser Methode von Ihrem Problem.

Nachstehend finden Sie ein konkretes Beispiel. Lesen Sie es sehr aufmerksam durch, denn die Regressionstechnik ist zwar sehr wirksam, aber nicht leicht anzuwenden. Die Person (männlich) in unserem Beispiel ist 40 Jahre alt, und wir gehen bis zu ihrem zwölften Geburtstag zurück, einem Zeitpunkt, zu dem dieser Mann seinen Vater verlor und sich von diesem Schicksalsschlag nicht mehr erholte. Es wurde ihm niemals geholfen, dieses Trauma zu überwinden. Die Mutter machte den damaligen Jungen sogar für das tragische Ereignis verantwortlich, obwohl der Vater bei einem Autounfall in 200 km Entfernung ums Leben kam!

* * *

- Atmen Sie zwanzigmal langsam und tief in den Bauch ein und wieder aus. Führen Sie Ihre Atmung bewußt durch.

Atmen Sie zunächst tief aus, damit die verbrauchte Luft aus Ihrer Lunge ausgestoßen wird. Ziehen Sie während des Ausatmens den Bauch langsam, aber nur soweit wie möglich ein.

Atmen Sie anschließend ein, und blähen Sie dabei den Bauch langsam, aber nur soweit wie möglich auf.

Sprechen Sie dabei folgende Formel:

„Ich atme aus, ich weiß, daß ich ausatme, und mein Bauch wölbt sich wie von selbst nach innen."

„Ich atme ein, ich weiß, daß ich einatme, und mein Bauch wölbt sich wie von selbst nach außen."

Wenn Ihre Atmung zunächst noch kurz und abgehackt ist, ist das nicht schlimm. Erzwingen Sie nichts, sondern folgen Sie dem natürlichen Rhythmus Ihrer Atmung, ohne daß ein Gefühl des Erstickens sich einstellt.

Nachdem Sie diesen Vorgang mehrere Male wiederholt haben, wird Ihre Atmung langsam und tief sein.

- Jetzt werden Sie Ihren Körper vollständig entspannen. Lockern Sie Ihren Körper von Kopf bis Fuß, indem Sie sich jeden Teil Ihres Körpers in dem Moment vorstellen, in dem Sie ihn entspannen.

„Ich amte aus, und ich entspanne meinen linken Fuß... Ich atme ein..."

„Ich amte aus, und ich entspanne meine linke Wade... Ich atme ein..."

„Ich amte aus, und ich entspanne meinen linken Oberschenkel... Ich atme ein..."

„Ich amte aus, und ich entspanne meinen rechten Fuß... Ich atme ein..."

Und so fort.

- Sobald Sie diesen Vorgang abgeschlossen haben, sagen Sie: „Jetzt fühle ich mich gut... sehr gut... Ich verspüre einen tiefen inneren Frieden. Dank der Hypnose werde ich meine privaten oder beruflichen Probleme lösen können."

- Im folgenden werden Sie die beschriebenen Empfindungen verspüren, und zwar in dem Moment, in dem Sie sie laut aussprechen. Legen Sie zwischen jedem Satz eine Pause ein. Diese Pause wird durch drei Punkte angezeigt.

„Ich werde jetzt in meinem Arm ein Gefühl der Schwere spüren, das immer stärker wird..."

„Ich konzentriere mich auf meinen ausführenden Arm (den rechten Arm bei Rechtshändern, den linken Arm bei Linkshändern)..."

„Er wird schwer, immer schwerer... Er hängt tonnenschwer an meinem Körper... Er ist wirklich schwer... und er wird immer schwerer.... Schwer, schwer, dieser Arm wird schwer, immer schwerer. Dieser Arm wird schwer, immer schwerer. Ich will ihn nicht mehr bewegen..."

„Diese Schwere erfaßt nach und nach meinen ganzen Körper... Mein zweiter Arm wird nun ebenfalls schwer, immer schwerer. Er ist wirklich schwer... und er wird immer schwerer... Ich will ihn nicht mehr bewegen... Meine beiden Arme sind nun wie zwei leblose Gewichte, die ich nicht mehr bewegen will..."

„Jetzt werden meine Beine schwer. Sie sind wirklich schwer... sie werden immer schwerer... Ich will sie nicht mehr bewegen... Meine Beine sind nun wie zwei leblose Gewichte, die ich nicht mehr bewegen will..."

„Jetzt wird auch mein Rücken schwer... meine Geschlechtsteile, mein Po werden schwer... Diese Schwere steigt meine Wirbelsäule hinauf... mein ganzer Körper wird von diesem Gefühl der Schwere erfaßt."

„Jetzt werden meine Schultern schlaff. Sie sind schwer... sie werden immer schwerer... Ich will sie nicht mehr bewegen..."

„Jetzt wird mein Hals locker, und nach und nach entspannt sich mein ganzes Gesicht. Meine Kiefer entspannen sich. Mein Mund öffnet sich leicht... ohne Mühe..."

„Meine Augen sind schwer... sie werden immer schwerer. Sie sind vollständig geschlossen, aber nicht verkrampft. Ich fühle mich gut... Ich will sie nicht öffnen, sondern noch tiefer in den Zustand der Hypnose fallen."

„Mein Gehirn und mein Geist entspannen sich. Dieses Gefühl der Entspannung erfaßt nach und nach meinen ganzen Körper..."

„Je mehr ich mich entspanne, desto größer wird meine Gewißheit, daß ich meine Probleme lösen kann..."

„Ich will diesen Zustand der Hypnose nicht verlassen, denn ich fühle mich gut... Ich weiß nun, daß ich mich von diesem Problem, das so schwer auf mir lastet, befreien kann."

- Ihr Körper ist nun vollkommen entspannt. Nach dieser ersten Phase der hypnotischen Entspannung haben Sie nun einen Zustand des Tiefenbewußtseins erreicht, der die therapeutische Regression erleichtert. Sobald Sie in Trance sind, müssen Sie diesen Zustand mit einer geeigneten Methode vertiefen, denn für eine wirklich erfolgreiche therapeutische Regression sollten Sie sich im Zustand der Tiefenhypnose befinden. Hierfür empfiehlt sich nachstehend beschriebene Lethargie-Methode.

- Lesen Sie den folgenden Text langsam, und legen Sie dabei kurze Pausen ein. Beschränken Sie die Übung nicht auf Ihren Verstand, sondern versuchen Sie, die beschriebenen Empfindungen tatsächlich zu verspüren.

„Ich befinde mich nun auf einer Bewußtseinsebene, die mir ermöglichte, meinen Körper vollständig zu entspannen... Jetzt muß ich einen Schritt weitergehen und einen Zustand erreichen, der die therapeutische Regression begünstigt. Dafür werde ich folgendermaßen vorgehen..."

„Mit jedem Atemzug werde ich etwas tiefer in die regressive Trance gehen... Ich werde eine wachsende innere Zufriedenheit verspüren... Dieses Gefühl nimmt nach und nach zu... Mein Körper entspannt sich... Ich lasse mich in diesen Zustand des Wohlbefindens fallen... Ich will mich nicht mehr bewegen, ich bleibe völlig ruhig..."

„Ich werde nun bis 5 zählen... Bei 5 werde ich völlig entspannt sein und meine Regression beginnen... Ich werde meine Umgebung nicht mehr wahrnehmen (Lärm, Geräusche, Gerüche)... und erst am Ende dieser Übung zu meinem normalen Bewußtseinszustand zurückkehren... Schon jetzt erscheinen mir alle äußeren Einflüsse weitaus schwächer..."

„Ich zähle... '1': Die Geräusche verschwinden... '2': Diese Geräusche und auch meine Stimme erscheinen mir weit entfernt... '3': Ich bin von der Welt praktisch abgeschnitten... '4': Ich befinde mich im Zustand der Tiefentrance... '5': Jetzt ist es so weit! Ich beginne meine Reise in die Vergangenheit..."

- Treten Sie nun in die Phase der Post-Suggestionen. Sagen Sie: „Nach dieser zweiten Phase habe ich den gewünschten Zustand erreicht, und ich kann den Prozeß der Regression beginnen... Ich fühle mich gut... bereit, diese große Reise in meine Vergangenheit anzutreten. Ich befinde mich in einer geistigen Verfassung, die es mir ermöglicht, meine Vergangenheit noch einmal zu erleben..."

- Setzen Sie Ihre Sitzung fort, indem Sie den Text langsam lesen. Legen Sie dabei Pausen ein, um die einzelnen Phasen zu verinnerlichen.

„Jetzt bin ich in der Lage, mir sämtliche prägenden Ereignisse meines bisherigen Lebens ins Gedächtnis zu rufen... Unabhängig von der körperlichen und geistigen Wirkung, die sie zu jener Zeit auf mich ausübten, werde ich entspannt bleiben, denn ich weiß, daß ich nichts riskiere... Ich werde sie noch einmal erleben, aber nur im Geiste, ohne daß sie einen Einfluß auf mich haben."

„Ich werde diese Ereignisse lediglich in meinen Gedanken noch einmal durchleben und mir in jedem Moment bewußt sein, daß ich völlig entspannt hier auf diesem Sofa liege (oder in diesem Sessel sitze)..."

„Ich bin nun 40 Jahre alt... Ich bin... (Beschreiben Sie Ihr Äußeres und Ihre geistige Verfassung, geben Sie Ihren Familienstand an: verheiratet, alleinstehend usw.)"

„Ich werde nun in meine Vergangenheit hinabsteigen... Ich gehe bis zu meinem 30. Lebensjahr zurück..."

„Ich bin nun 30 Jahre alt. (Betrachten Sie den Menschen, der Sie damals waren... Versuchen Sie, die Gefühle zu erleben, die Sie damals empfanden.) Ich bin... (Beschreiben Sie Ihr Äußeres und Ihre geistige Verfassung, geben Sie Ihren Familienstand an: verheiratet, alleinstehend usw.)."

„Ich bin nun 20 Jahre alt. (Betrachten Sie den Menschen, der Sie damals waren... Versuchen Sie, die Gefühle zu erleben, die Sie damals empfanden.) Ich bin... (Beschreiben Sie Ihr Äußeres und Ihre geistige Verfassung, geben Sie Ihren Familienstand an: verheiratet, alleinstehend usw.)."

Verlangsamen Sie nun das Tempo, und verfolgen Sie Ihr Leben vom 20. bis zum 1. Lebensjahr - oder noch weiter - in Jahresabschnitten zurück. Manchen Menschen gelingt es tatsächlich, in Ihre früheren Leben hinabzusteigen!

Wir werden nun, um auf unser Beispiel zurückzukommen, im 12. Lebensjahr dieses Jungen stehenbleiben, einer Zeit, in der bei ihm eine starke innere Blockade eintrat.

„Ich bin zwölf Jahre alt. Ich bin... (Beschreibung des Äußeren, der familiären und schulischen Situation usw.). Ich spiele im Garten... *Stellen Sie sich die Szene vor*... Das Wetter ist schön... Ich liege unter einem Baum, neben meiner Mutter... Ich atme den Duft des Grases ein, in dem ich bequem liege... Plötzlich schüttelt meine Mutter mich, sich wirkt aufgeregt... Ihr Gesicht ist voller Traurigkeit... Mein Herz ist beklemmt... Ich spüre, daß etwas Schlimmes geschehen ist... Sie sagt mit gebrochener Stimme: 'Alain,

Dein Vater wird niemals mehr bei uns sein. Er hatte einen Unfall.'

„Sie mußte mir nichts erklären. Ich hatte verstanden." (Dieses Mal wird Sie Ihre Mutter jedoch nicht in Ihrem Schmerz alleine lassen und Ihnen den Tod des Vaters anlasten... Sie wird Sie in ihre Arme nehmen und trösten... Sie wissen, daß Sie sich auf sie verlassen können... Das beruhigt Sie... Versuchen Sie, diese Szene intensiv zu erleben...)

„ Sie flüstert: 'Hör´ mir gut zu. Dein Vater ist von uns gegangen, aber Du und ich, wir werden immer zusammengehören. Er ist nicht mehr am Leben, aber er wird dennoch immer bei uns sein und uns in schwierigen Stunden beistehen. Außerdem bist Du ein Teil von ihm. Er hat Dir das Leben gegeben, deshalb wird auch er nicht tot sein, solange Du lebst..."

Sie sind ganz ruhig... Sie wissen, daß Sie nicht alleine sind... Befreien Sie sich also von dieser Verzweiflung, die so lange auf Ihnen lastete und Sie zu zerstören drohte... Sie werden dieses Gefühl überwinden, das Ihnen so viel Leid verursachte, und es wird ein neues Gefühl der Sicherheit und Zuversicht an seine Stelle treten. Gleichzeitig werden Sie auf sich selbst und Ihre Fähigkeiten vertrauen... Sie sind in keiner Weise für den Tod Ihres Vaters verantwortlich. Er lebt in Ihnen weiter... Sie legen diese Schuldgefühle ein für allemal ab... Jetzt sind Sie frei davon, und Sie wollen zukünftig Ihr eigenes Leben leben. Das ist die beste Art, die Erinnerung an die Vergangenheit zu bewahren.

- Konzentrieren Sie sich zehn Minuten lang auf dieses innere Vertrauen, über das Sie nun verfügen.

„Wenn ich nun in die Jetztzeit zurückkehre, wird mein Wille gestärkt sein. Ich kenne nun die Ursache meines Traumas, und ich bin fest entschlossen, mich davon zu befreien..."

Kehren Sie nun in die Gegenwart zurück.

„Ich bin jetzt 13 Jahre... 14 Jahre... 15 Jahre... 16 Jahre... 20 Jahre... 25

Jahre... 30 Jahre... 40 Jahre. Ich befinde mich wieder in diesem Zimmer. Ich spüre eine starke Energie und Vitalität in mir. Jetzt werde ich gleich mein normales Bewußtsein wiedererlangen."

- Kehren Sie auf folgende Weise zu Ihrem normalen Bewußtseinszustand zurück.

„Die Sitzung ist nun beendet... Ich kehre in den Wachzustand zurück. Ich werde von 1 bis 10 zählen und dabei aus meiner hypnotischen Trance zurückkehren. Bei 10 ist diese Übung der Selbsthypnose abgeschlossen, und ich wache auf..."

Zählen Sie langsam bis 10.

„1... 2... 3... 4... 5... 6... 7... 8... 9... 10..."

„Jetzt habe ich mein normales Bewußtsein wiedererlangt. Mein Trauma ist verschwunden (oder auf dem besten Wege zu verschwinden). Ich fühle mich wesentlich besser als zu Beginn der Sitzung... Ich werde meine gewohnten Aktivitäten im Bewußtsein dieser neuen positiven Geisteshaltung wiederaufnehmen."

* * *

Je nach Schwere Ihrer inneren Blockaden müssen Sie vielleicht mehrere Sitzungen abhalten, bevor Sie sich vollständig davon befreit haben. Wenn während dieser ersten Sitzung keine Angstgefühle in Ihnen aufgekommen sind, ist das bereits ein positives Zeichen.

Sie haben einen therapeutischen Prozeß in Gang gesetzt, der erst dann abgeschlossen ist, wenn Sie alle inneren Hemmnisse überwunden haben, die Sie an Ihrem eigenen Glück hindern.

Halten Sie sämtliche inneren Blockaden fest, die Sie auf Ihrer Reise in Ihre eigene Vergangenheit entdecken. Versuchen Sie jedoch niemals, mehrere

Blockaden gleichzeitig zu lösen. Gehen Sie erst dann zum nächsten Problem über, wenn das erste gelöst oder so gut wie gelöst ist.

Mit Hilfe der therapeutischen Regression können Sie sich selbst erkennen. Sie werden aus dieser Methode Ihr ganzes Leben einen immensen Nutzen ziehen, wenn Sie sie mit Vorsicht anwenden und ihren Ablauf exakt einhalten.

Imprimé en France
Novembre 1999
Durand S.A.
9, rue du Maréchal-Leclerc
BP 69 - 28600 Luisant
02 37 24 48 00